La route sacrée

Des mêmes auteurs

Jean Désy [aux Éditions XYZ]
Un dernier cadeau pour Cornélia, nouvelles, Montréal,
    XYZ éditeur, 1989.
Le coureur de froid, roman, Montréal, XYZ éditeur, 2001.
Du fond de ma cabane. Éloge de la forêt et du sacré, méditations,
    Montréal, XYZ éditeur, 2003.
Nomades en pays maori. Propos sur la relation père-fille, récit,
    Montréal, XYZ éditeur, 2003.
L'île de Tayara, roman, Montréal, XYZ éditeur, 2004.
Au nord de nos vies, récits, Montréal, XYZ éditeur, 2006.
Âme, foi et poésie, essai, Montréal, XYZ éditeur, 2007.
La Poune ressuscitée, roman-théâtre, Montréal, XYZ éditeur, 2007.
Entre le chaos et l'insignifiance, histoires médicales, Montréal,
    XYZ éditeur, 2009.
Toundra/Tundra/ᓄᓇᕗᑦ, poésie, Montréal, Éditions XYZ, 2009.
*L'esprit du Nord. Propos sur l'autochtonie québécoise, le nomadisme et
    la nordicité*, essai, Montréal, Éditions XYZ, 2010.
Vivre ne suffit pas, anthologie, Montréal, Éditions XYZ, 2011.
Nepalium tremens, roman, Montréal, Éditions XYZ, 2011.
L'accoucheur en cuissardes, histoires, Montréal, Éditions XYZ,
    2015.

Isabelle Duval
Le ciel comme passage, poésie, Montréal, Les Herbes rouges, 2014.
Femmes rapaillées (en codirection avec Ouanessa Younsi),
    anthologie, Montréal, Mémoire d'encrier, 2016.

Réalisation
Le prêtre et l'aventurier, Vidéo Femmes, Canada, 2010,
    documentaire [10 min. 30 s].

Jean Désy et Isabelle Duval

La route sacrée

récit

Postface de Pierre-Olivier Tremblay

XYZ éditeur

Catalogage avant publication de Bibliothèque et Archives nationales du Québec et Bibliothèque et Archives Canada

Désy, Jean, 1954-

    La route sacrée

    ISBN 978-2-89772-045-2

    1. Religion et géographie. 2. Pèlerinages – Québec (Province) – Marbre, Antre de. I. Duval, Isabelle, 1976- . II. Titre.

BL65.G4D47 2017   200.9714'115   C2016-942332-81

Les Éditions XYZ bénéficient du soutien financier du gouvernement du Québec par l'entremise du programme de crédit d'impôt pour l'édition de livres et de la Société de développement des entreprises culturelles du Québec (SODEC). L'éditeur remercie également le Conseil des arts du Canada de l'aide accordée à son programme de publication.

Financé par le gouvernement du Canada | Canada

Jean Désy remercie le Conseil des arts et des lettres du Québec pour son soutien à l'écriture de ce livre. Isabelle Duval remercie la mesure Première Ovation de la Ville de Québec pour son soutien lors du développement du scénario de *La route sacrée*.

La carte indiquant le trajet de *la route sacrée* (page 86) est une reproduction de la *Carte du domaine du roy en Canada, 1731 par le père Laure, jésuite missionnaire*, 1731. © BnF, 2016.

Édition : Pascal Genêt
Révision : Julie-Jeanne Roy
Correction : Élaine Parisien
Conception typographique et montage : Édiscript enr.
Conception de la couverture : René St-Amand
Photographies : Isabelle Duval (sauf indication contraire)

Copyright © 2017, Les Éditions XYZ

ISBN version imprimée : 978-2-89772-045-2
ISBN version numérique (PDF) : 978-2-89772-046-9
ISBN version numérique (ePub) : 978-2-89772-047-6

Dépôt légal : 1ᵉʳ trimestre 2017
Bibliothèque et Archives nationales du Québec
Bibliothèque et Archives Canada

Diffusion/distribution au Canada :
Distribution HMH
1815, avenue De Lorimier
Montréal (Québec) H2K 3W6
www.distributionhmh.com

Diffusion/distribution en Europe :
Librairie du Québec/DNM
30, rue Gay-Lussac
75005 Paris, FRANCE
www.librairieduquebec.fr

Imprimé au Canada

www.editionsxyz.com

Au Québec de demain

La route sacrée, c'est le chemin que nous avons parcouru en voiture, à pied, en roulotte et en canot, pour nous rendre dans les collines de quartzite jouxtant la rivière Témiscamie, au lieu dit l'Antre de marbre, à l'est du grand lac Mistassini.

La route sacrée, c'est aussi toute la préparation qui a mené à cette expédition, laquelle constituait une expérience de « réactualisation » d'un fait historique : en 1730, le père Laure, un missionnaire jésuite, atteignit cet endroit, désigné comme chamanique par les Amérindiens, et y aurait dit la messe avec ses guides. Voilà un événement qui évoque pour nous un puissant choc de cultures – pas nécessairement disharmonieux –, duquel nous avons voulu écouter les résonances, presque trois siècles plus tard.

Le récit qui suit est à deux voix. Il possède donc deux tonalités que nous avons liées en tenant compte de nos rapports au monde qui sont différents, certes, mais animés par une même quête, celle d'une route que nous avons voulue sacrée.

Bonne lecture !

Isabelle et Jean

Une histoire sacrée

Isabelle

Je n'avais jamais été particulièrement intéressée par le Nord, le monde autochtone, le bois et les rivières... avant de rencontrer Jean. J'aurais eu de la difficulté à situer Sept-Îles, Chibougamau, Val-d'Or sur une carte. À trente et un ans, je n'avais jamais pagayé dans un canot, jamais conduit une motoneige. Je n'avais jamais considéré la possibilité de passer trois mois sur la route, à écrire, à rêver, à explorer – pourtant, paradoxalement, je ne cessais de dire que *Volkswagen Blues* de Jacques Poulin était mon livre fétiche[1]. Je m'empêtrais dans des études doctorales, mon père luttait contre le cancer et je projetais d'acheter une maison à Québec sans trop savoir de quoi serait faite ma vie.

Sept ans plus tard, à l'été 2014, je vendais ma maison en ville, emménageais dans la forêt au nord de Sainte-Brigitte-de-Laval – chez Jean – et vivais l'aventure de *La route sacrée* en m'y investissant corps et âme.

Que s'est-il passé pendant ces sept années ? Quel lien de chair ai-je tissé avec le Nord au fil des expériences, des témoignages, des rêveries ? Comment en vient-on à

---

1. Toutes les références citées dans le texte se trouvent dans les repères bibliographiques, en fin de volume (p. 389).

habiter et à aimer son pays? À sentir qu'il nous concerne, qu'il parle de nous, qu'il nous fait autant que nous le faisons? Voilà quelques-unes des interrogations qui m'ont portée pendant l'expédition vers la Colline-Blanche et l'écriture de ce récit, de ces poèmes – et qui me portent encore. Je remonte la trame de mes appartenances, je tisse mon pays intérieur.

Bien sûr, *La route sacrée* soulève plusieurs autres questions: tout ce qui touche à la foi, à l'Église, à la pratique religieuse a été l'objet de nombreuses discussions pendant le voyage. Et sans doute le sujet n'a-t-il été qu'effleuré – bien effleuré, tout de même. «Comment être croyant aujourd'hui, au Québec, sans avoir l'air endoctriné, naïf, influençable, pastel, prosélyte?», ai-je écrit sur notre blogue. L'héritage laissé par plusieurs siècles de chrétienté est particulièrement lourd à porter et sème la confusion – il importe en effet de distinguer «christianisme» de «chrétienté»: si le premier renvoie à la religion, le deuxième relève davantage de la politique, du pouvoir. En faisant du christianisme la religion d'État, l'Empire romain a jeté les bases de la chrétienté, et ce n'est que depuis quelques décennies que celle-ci s'effondre. Mais que reste-t-il, alors, du christianisme, du catholicisme – au Québec en particulier? Nous n'avons pas fini de trier tout cela. Nous voici, peut-être, en train de le faire.

Notre but n'est pas de convertir qui que ce soit: simplement de dire ce qui nous importe, de *nous* dire, et de mêler nos voix à celles des autres afin de chercher à construire le meilleur avenir possible. Que le point de vue de croyants soit aussi entendu dans le concert des voix qui résonnent en ce début de IIIe millénaire. Un point de vue que, pour ma part, je souhaite incarné dans une réelle expérience du monde.

Comment se fait-il qu'une partie du monde contemporain occidental ait à ce point évacué la question de Dieu et de la religion, se la relançant comme une patate chaude lors d'événements tragiques, attentats extrémistes, jeunes enjihadés ? « Le monde change », se plaît à répéter notre compagnon d'expédition Pierre-Olivier Tremblay, en guise de boutade, quand un changement de perspective s'impose dans une discussion. Mais comment parler de Dieu dans un monde aussi changeant, où les rares repères culturels qui renvoient au religieux sont soit négatifs, soit historiques ? Et pourquoi trouvons-nous important de le faire ? Ce n'est pas une question simple.

Les prémisses de *La route sacrée* se trouvent dans le film *Le prêtre et l'aventurier*. En 2010, je réalisais ce court documentaire avec ceux qui allaient devenir mes compagnons de voyage quatre ans plus tard : Pierre-Olivier – dit « Pierrot » – et Jean. C'est moi qui ai amené l'un et l'autre à se rencontrer, quelques mois avant le tournage, à un moment où il n'était pas encore question de film. Tout de suite, Jean a été impressionné par ce que dégageait Pierrot : une foi à déplacer des montagnes, certes, mais aussi une intelligence rare dans sa lecture du monde actuel, en plus d'un enthousiasme rafraîchissant. Joie et lucidité. « Bienveillance, vigilance et espérance », comme lui-même le dit souvent (le lecteur comprendra au fil des pages que notre prêtre a le sens de la formule). Globetrotter, fan d'Arcade Fire et du *Seigneur des anneaux*, joueur de go (de calibre olympique), musicien doué,

Pierrot est en plus doté d'un sens de l'humour qui lui permet de déjouer bien des travers de notre époque. Fasciné par les grands courants de pensée, il a le don d'interpréter ce qu'il vit et ce qui se passe dans le monde en se servant de l'Évangile, bien sûr, mais aussi de plusieurs analyses, tant sociologiques que psychologiques. Je savais déjà qu'il existait des prêtres cool, mais Pierrot est certainement un des plus cool que j'aie rencontrés!

Pour ma part, j'avais fait sa connaissance quelques années plus tôt, à Québec, par l'entremise du Tisonnier, un regroupement de jeunes de dix-huit à trente-cinq ans, dont il était l'un des fondateurs. L'intention à l'origine de ce mouvement était de rassembler les gens en cheminement spirituel en petits groupes – des «cellules» –, afin qu'ils vivent leur quête de sens dans un contexte plus adapté à leur réalité et à leurs intérêts que ce que peuvent offrir les paroisses. Pour moi et sans doute pour plusieurs autres, ces cellules étaient – sont toujours – plus significatives et enrichissantes qu'une messe traditionnelle, tout en étant inscrites dans la tradition et la foi catholique.

Au moment de vivre notre expédition, à l'été 2014, Pierrot était depuis quatre ans curé de la paroisse du Sacré-Cœur, directement sur le campus de l'Université d'Ottawa. Il pressentait qu'il aurait à quitter ce poste dans les mois suivants, sans savoir quel prochain lieu lui serait assigné par ses supérieurs – il a d'ailleurs évoqué plusieurs possibilités avec nous au fil des kilomètres. Être dans cette expectative l'a beaucoup fait rêver et a certainement nourri nos discussions. Comme il le dit dans mon film, le creux que l'Église catholique traverse actuellement n'est pas, selon lui, «la fin du catholicisme, mais la fin d'*un* catholicisme[2]», ce qui ouvre la voie à l'émergence de nouvelles structures, d'un nouveau langage, de nouveaux regroupements, d'une nouvelle posture à développer dans les rapports des croyants avec le monde, d'une nouvelle façon de témoigner: des défis qui le passionnent au plus haut point.

Ainsi, le court métrage *Le prêtre et l'aventurier* abordait autant la quête de sens et le rapport des humains à la Terre que l'élaboration d'un «nouveau» catholicisme rejetant les dérives issues de la chrétienté. Le tout était entrecoupé de traits d'humour et de réflexions sur le sacré. Au moment de présenter mon film, au Musée de la civilisation, à Québec, je pris le temps de m'adresser au public. Je dis que j'avais fait ce court métrage pour me garder présente au monde, à un moment où je me sentais saturée d'informations de toutes sortes sur l'environnement, la guerre, les injustices, les maladies, toutes ces causes à défendre. Je me sentais menacée, en train de devenir insensible. Je sentais la nécessité d'un retour aux sources. Mais à quelles sources? J'avouai que j'étais croyante[3], même si je trouvais ma foi «bien vacillante». Mon but était d'entrer en dialogue avec une parole de sagesse liée à ma terre, à mes origines, à mon histoire – celle-ci étant, en partie du moins, catholique. Or c'est un peu cette parole-là que j'entendais lorsque je conversais avec mes amis Jean et Pierrot. J'ajoutai: «Je ne veux pas me faire dire quoi faire, je ne veux pas me faire dire

---

2. Isabelle Duval, *Le prêtre et l'aventurier*, Vidéo Femmes, Canada, 2010, documentaire [10 min 30 s].
3. Dans un contexte aussi profane, on peut bien parler d'un «aveu».

quoi penser, je ne veux pas me faire dire quoi croire. Je veux être *inspirée*. »

Mon court métrage, malgré quelques problèmes techniques, remporta un certain succès… et toucha des cordes extrêmement sensibles. Un ami me confiait le malaise qu'il avait ressenti, en lui et autour de lui, lorsque la question du religieux avait été abordée, tant dans ma présentation que dans le film lui-même. Pierre-Olivier m'écrivit, au lendemain du lancement :

> Sur le plan personnel, j'ai été très touché par ton témoignage de foi courageux, libre et créatif. C'est très fort et, j'en suis convaincu, très nécessaire à notre époque. Sur le plan plus sociologique, ton œuvre a montré hier (du moins, c'est ainsi que je l'ai ressenti) que tu osais t'attaquer à un tabou dans la société québécoise actuelle : la place du religieux sur la place publique (je ne dis pas spirituel, car ça, ça passe bien. On le sentait dans d'autres films de tes collègues). C'est le rapport à l'institution, et en particulier l'institution catholique, qui est troublé actuellement. Tu as su, avec intelligence et intuition, donner un espace à une parole « religieuse » dans ce contexte, et c'est tout à ton honneur comme artiste, croyante et humaine. Bravo !

Qu'est-ce que le « tabou » révèle d'une société ? N'y a-t-il pas là quelque chose à explorer, à tenter de sortir de l'ombre, à purger ? En ce qui concerne la religion catholique au Québec, c'est plus qu'un tabou : c'est un véritable nœud, voire un ulcère, qui, je le crois, nous coupe en partie de nos racines et nuit à notre évolution.

Comment se réaliser pleinement si on a honte de soi? Il ne s'agit pas de ramener tout le monde dans le giron de l'Église, loin de là, ni surtout d'excuser les gestes répréhensibles qui ont été commis – qui le sont malheureusement encore –, mais de mieux comprendre qui nous sommes, de desserrer le nœud de nos origines, de reconnaître que chacun de nous est une histoire sacrée (je reprends ici le titre d'un ouvrage de Jean Vanier).

Il y avait eu malaise, certes, mais le film avait passé. Après cette première expérience cinématographique, où – il vaut la peine de le mentionner – nous avions tous eu beaucoup de plaisir, je cherchai comment réaliser un second film, plus long, avec une équipe technique plus expérimentée. Quelle pourrait être la quête de mes deux «personnages»? Il fallait trouver un lieu susceptible d'intéresser vraiment Jean et Pierrot, sans qu'il y ait besoin de mise en scène. Un lieu unique, un peu secret et mystérieux, digne d'un aventurier au long cours et d'un homme d'Église dégourdi.

À partir de quand peut-on dire qu'une expédition est commencée? Le premier pas? Le premier kilomètre? Ou la première rêverie, la première étincelle dans le regard, la première accélération cardiaque à la pensée de tout ce qui s'en vient, de ce délicieux *possible*? Dans le cas de *La route sacrée*, je peux situer l'étincelle assez précisément: le 5 mars 2011, au cours d'une fin de semaine avec des amis géopoéticiens de la Traversée[4], pour la plupart

---

4. La Traversée est le nom de l'Atelier québécois de géopoétique qui fut créé en 2004, dans la foulée d'un colloque intitulé «Nomades, voyageurs, explorateurs, déambulateurs: les modalités du parcours dans la littérature» (Montréal, 4 et 5 décembre 2003) et de la journée d'étude

professeurs et étudiants en littérature à l'UQAM. Après une randonnée en forêt, alors que nous soupions, je discutai avec l'écrivain André Carpentier de mon futur film. Je prévoyais à ce moment-là aller avec Jean et Pierrot au bout de la route 138, «là où l'asphalte arrête», peu après Natashquan : remonter toute la Côte-Nord pour mieux saisir notre lien avec le territoire, avec les Innus, avec le fleuve, avec l'histoire. Il manquait toutefois certains fils à mon scénario. La conversation avec André s'avéra déterminante.

En tant que géopoéticien, André réfléchit beaucoup aux liens sensibles qui unissent l'homme aux lieux qu'il traverse, qu'il façonne et qui le composent. Qu'est-ce que les lieux disent de nous ? Ces réflexions géopoétiques sont à ce point intégrées chez lui qu'elles deviennent pratiquement un mode de vie, colorant sa façon de voir le monde – des rives du Saint-Laurent au mont Kailash, en passant par les ruelles d'Hochelaga –, imprégnant son œuvre. C'est en parlant avec lui que je réalisai à quel point *Le prêtre et l'aventurier* rendait compte de réflexions de nature géopoétique. La Traversée organise régulièrement des «ateliers nomades» prodigieusement intéressants : tournée de quelques villages fantômes en Gaspésie, exploration de l'estran du fleuve couvert de glaces, vingt-quatre heures au phare de l'île Verte, etc.

De fil en aiguille, nous en sommes venus à nous demander quels étaient nos lieux sacrés au Québec, hormis les sanctuaires catholiques comme Sainte-Anne-de-Beaupré ou l'oratoire Saint-Joseph. Et c'est là que

«Géopoétiques : art et mémoire de la terre» (Chicoutimi, 8 décembre 2003).

Jean se mit à raconter son passage à la Colline-Blanche de la rivière Témiscamie avec son ami Gérald Dion, un lieu sacré pour les Cris, mais aussi pour les Innus. Une grotte étonnante, toute ronde, blanche, faite de quartzite, qu'on appelle l'Antre de marbre. Les éclats qui se détachent des parois de la montagne sont des silex tranchants qui servaient de pointes de flèches ; selon Jean, des archéologues trouvèrent de ces éclats – ceux de cette Colline précisément – jusqu'au Nunavik, et même au Mexique ! C'est son mentor, le géographe Louis-Edmond Hamelin, qui lui fit connaître ce lieu : celui-ci s'y est rendu à quelques reprises et a même publié un article sur sa géologie, texte où il fait également mention du passage d'un missionnaire, un certain père Laure, qui y aurait dit la messe au XVIIIe siècle.

Éberluée, j'écoutai Jean raconter tout ça. Et moi qui tâtonnais dans mon scénario depuis plusieurs semaines, cherchant quel lieu serait assez significatif pour y envoyer mes personnages. C'est à la Colline-Blanche qu'il fallait aller ! Je m'imaginais très bien demander à Pierrot de célébrer la messe ou à tout le moins d'animer un temps de prière dans cette fameuse grotte, en mémoire du passage du père Laure – voilà qui serait tout à fait son style. Autre coïncidence signifiante : c'est une région que Pierrot connaît bien puisqu'il a habité pendant plusieurs années à Chibougamau.

Le projet de film a été abandonné en cours de route, pour toutes sortes de raisons, mais l'ancrage dans l'imaginaire de la Colline-Blanche a tenu le coup. Quand j'entendis Jean parler de l'Antre de marbre, je sus que c'était le lieu qu'il nous fallait parce qu'il nous permettait en plus de toucher au monde autochtone et à l'histoire du Québec. Tout de suite, j'ai trouvé passionnant de réfléchir à la symbolique de la Colline-Blanche, au rituel qu'il serait possible d'y vivre en fonction de ce que le lieu signifiait jadis et de ce qu'il signifie aujourd'hui.

C'est aussi grâce à Jean que je connus un peu mieux la parole autochtone et que je réalisai à quel point celle-ci était nécessaire. «Nécessaire» n'est pas le bon mot: ce n'est pas qu'elle est nécessaire, c'est qu'elle *est*, tout simplement. Elle est même de plus en plus. Nous avons besoin d'elle comme de notre parole, car elle est aussi notre parole. L'autochtonie arrive jusqu'à moi par la poésie, par le territoire, mais aussi par le sang. Au printemps 2015 m'est née une petite nièce, dont la grand-mère est innue, de Pessamit. En ce moment même, je répète des mots innus sur mon ordinateur, tentant de me faire l'oreille à la musique de cette langue, qui dit mon pays autant que ma propre langue.

En juin 2015 s'achevait la Commission de vérité et réconciliation du Canada. Le monde change, décidément – je veux y croire. J'aurais aimé que sur la route nous rencontrions plus d'Indiens (je laisse délibérément de côté le terme «Amérindien» puisque eux-mêmes l'utilisent très peu), que notre quête serve de prétexte pour échanger au sujet de notre vision du monde et du sacré. Onze jours pour parcourir autant de distance, voilà qui n'a pas favorisé les rencontres spontanées. Cela viendra, peut-être. Cela, certainement, m'a ouvert les yeux et le cœur à de futures rencontres. Cela m'a *inspirée*. Il y a en moi le rêve d'un parcours semblable qui s'effectuerait à pied, en canot, qui s'échelonnerait sur une plus longue période. Je n'ai pas complètement abandonné l'idée de faire un film avec ce pèlerinage. Je reconnais cependant que ne se soucier que de nous trois durant ces onze jours a permis une grande liberté dans nos échanges.

Ce fut beau et bon de vivre cette expédition – ce fut aussi frustrant à bien des égards de rester autant sur ma faim. Ce livre existe pour rendre compte de tout cela, dépasser la frustration, s'approcher de la légende, poursuivre la Création, qui naît de la rencontre, du dialogue, de l'inspiration.

L'Âme du monde

Jean

Explorer, ce n'est plus fouiller ou ratisser le monde pour être victorieux, plus maintenant en tout cas, pas au XXIe siècle. Explorer des lacs, des cascades comme des chemins de gravelle, c'est regarder en soi la folie harmonieuse qui donne envie de caresser une feuille de potamot dans un muskeg ou de photographier un grand orignal empanaché. L'exploration géopoétique demande plusieurs connaissances scientifiques, en plus d'une attention logique aux choses et aux êtres, mais par-delà tous ces savoirs rationnels, elle demande aussi d'habiter le monde avec art, émotion et sensibilité. Avec de l'âme, ai-je envie d'ajouter.

Mais qu'est-ce que l'âme? Pour bon nombre d'esprits formés scientifiquement à chercher des preuves, une fois les hypothèses évoquées, l'existence de l'âme relève du loufoque. Je persiste néanmoins à croire que la qualité de tout lien humain dépend du contact «d'âme à âme». Cette conviction m'est venue le jour où, un peu par hasard, j'ai découvert un livre de William Blake intitulé *Le mariage du Ciel et de l'Enfer*, qui contient sa définition de l'âme. Sans cette vision unitaire de l'être humain, où l'âme forme un tout, j'aurais continué à jongler avec des notions séparées

de soma et d'esprit – l'esprit avec un petit *e* ou un grand
E –, mais sans jamais savoir très bien comment y accoler
la notion d'«âme», celle dont traitent les philosophes, les
penseurs et les poètes depuis l'Antiquité. Ce qui était mon
intuition – et c'est devenu ma quasi-certitude –, c'est que
mon âme personnelle, ma «petite» âme, se trouve liée à
l'Âme du monde. J'aime imaginer mon âme intégrée à
l'Âme du monde. Et comme elle est magnifique, cette
expression : «Âme du monde»!

Pour moi, l'Âme du monde est à la fois associée au
cosmos, donc à l'infiniment grand, et au divin, ce qui,
d'une certaine manière, la ramène à ma mesure, c'est-
à-dire au plus intime de moi, à mon âme. *A fortiori*,
on pourrait identifier l'Âme du monde à Dieu. J'aime
croire que l'âme personnelle garde le pouvoir d'entrer
en résonance avec l'Âme du monde, de la même façon
que l'âme personnelle est capable de nourrir l'Âme du
monde. Les deux entités ont la possibilité, en quelque
sorte, d'être en état de «coexistence», dans une espèce
d'amalgame mystique.

Géopoétiser le monde, c'est accepter une vision cir-
culaire qui est proche de l'esprit nomade et amérindien,
cet esprit ne cessant de nous rappeler, depuis des millénaires, que le monde ne nous appartient pas. C'est nous
qui appartenons au monde; le monde est en nous, dans
notre ventre; il virevolte autour de nous. Bien des êtres
sensibles et courageux, les gens qui traversent les océans
à la voile pure ou qui savent grimper le K2 sans oxygène,
reconnaissent que la véritable exploration de la planète
ne fait que commencer, dans la mesure où cette exploration est intérieure.

La route sacrée a tout à voir avec une exploration géopoétique. C'est au cours d'une expédition qui le mena jusqu'au Labrador que l'écrivain Kenneth White, d'origine écossaise, eut l'idée du mot «géopoétique», mot qui fait dorénavant partie d'un arsenal langagier permettant de considérer le monde avec plus de poésie – avec plus d'âme –, comme d'ailleurs les mots «nordicité» et «glaciel» inventés par Louis-Edmond Hamelin. Certaines personnes sont des créateurs de mots : à partir d'une simple juxtaposition de lettres et de syllabes, elles savent lancer des univers entiers à la face des vivants. «Géopoétique» comme géologie d'une folle équipée à travers les mots *ouananiche*, *Piékouagami*, *banique* et *Ashuapmuchuan*. «Géopoétique» comme géographie d'un territoire à explorer de mille et une façons, mais d'abord en respirant à fond, en admirant les libellules, en acceptant même la présence des mouches noires.

Je ne suis pas un contemplatif. En règle générale, je suis beaucoup plus dans l'action que dans la méditation. La littérature, la poésie, l'écriture m'obligent à m'arrêter. J'ai besoin de silence, absolument. Quand je marche en forêt, dans certains lieux grandioses comme la toundra ou la haute montagne, toujours, je me sens animé par une force nettement plus imposante et plus vaste que ma seule petite force à moi.

Je crois que c'est la communion profonde entre moi-même et certains lieux naturels qui m'a le plus intensément animé dans ma vie. Jamais je ne me suis senti anxieux au sein des espaces géants. Je dirais que le gigantesque m'inspire. J'y respire mieux, physiquement, allant même jusqu'à sentir que mon âme y respire avec allégresse, ce qui pourrait être considéré par certains comme une espèce de délire poético-mystique. Dans certains de mes poèmes, j'ai parlé du vol de mon âme. J'ose croire en ce vol, mon sentiment profond étant que je suis véritablement constitué d'une âme, essentielle partie de mon être. Peut-être que ma raison, que la portion rationnelle de ma psyché, que ma raison scientifique – j'ai tout de même été formé comme un scientifique –, est mise en veilleuse par cette sensation intense d'être un élément agissant au sein du cosmos, mon âme se trouvant en état de connivence avec l'Âme du monde.

C'est en nature que je crois avec le plus de force en l'existence de l'Âme du monde et, par le fait même, en mon âme personnelle. Lorsque je dois à nouveau déambuler sur des trottoirs de ciment, je doute parfois de la validité même de l'existence, comme de la validité de toutes les existences humaines, innombrables vies agitées, mais peut-être agitées sans aucun sens. Et si ces millions de jambes de millions de corps, et si ces millions de regards ne faisaient partie que d'une excitation sans finalité ? Quel courage, tout de même, d'admettre que la transcendance ne puisse être qu'une idée parmi d'autres, une illusion, seulement une illusion.

À ce moment-ci de mon existence, mes enfants sont devenus des adultes assumés. J'ai la chance de ne pas avoir vécu de trop grandes souffrances, sauf l'éclatement de ma famille. J'ai le bonheur de vivre avec une jeune femme qui se trouve en pleine possession de ses moyens créateurs. Mais bien au fait de toutes ces chances, je demeure en état de combat face à une angoisse existentielle qui a été mienne depuis toujours, depuis l'âge de cinq ans. La vérité, c'est qu'à tout moment je m'interroge sur le sens de mon existence. J'y crois, en la valeur de ma vie, en sa pertinence dans le monde infini qui tournoie autour de moi, je veux y croire, comme j'ai toujours eu foi en la parole d'amour du Christ, mais – et j'insiste sur ce « mais » – je demeure torturé par un doute profond à propos de ce possible néant qui m'attend, ou même pire, dans lequel j'évolue sans même m'en apercevoir. Et si ma vie comme toutes nos vies était absurde ? Est-ce que nous ne serions pas tous appelés ou « rappelés » vers le néant ? Se pourrait-il que ma petite vie d'insecte sur Terre ou de poussière d'étoiles, si éphémère, ne soit qu'une espèce d'illusion triste ? Cela me préoccupe, je ne le nie pas. Et en même temps, ma préoccupation face au Mal ambiant reste permanente. Comment toutes les souffrances peuvent-elles avoir un sens, même minimal ? À moins qu'il n'y ait aucun sens, comme il n'y en eut jamais et n'y en aura jamais. Est-ce totalement mais simplement dans la souffrance rédhibitoire absurde que l'humanité doit continuer de voguer, au gré d'un seul apparent hasard omnipotent ?

Ma vocation première étant d'être enseignant, j'ai envie de dire à des étudiantes et étudiants qui ont vingt ans : « Lisons ensemble des textes en nous interrogeant sur le sens du monde, mais aussi sur le sens ou le non-sens du Mal, ce mal qui nous habite tous, sans exception. Demandons-nous, en lisant par exemple *Crime et châtiment* de Dostoïevski, pourquoi Raskolnikov, un étudiant à l'idéal si élevé, finit par tuer une vieille femme de même que sa sœur alors qu'il ne souhaitait que servir les autres et être utile à son monde. »

Bien que conscient de plusieurs de mes faiblesses et de mes fragilités, je souhaite me battre pour que la fonction spirituelle ne soit pas totalement oblitérée dans la société qui est la mienne. Certes, je pourrais me dire que « je m'en sacre » – de la société, du progrès – et me réfugier dans le Nord, dans une cabane isolée ou sur le bord de la mer, sur la Côte-Nord, par exemple, là où je pourrais tenter de réinventer mon monde, en espérant que mon amoureuse accepte de m'y accompagner, en espérant aussi que j'arriverais à me nourrir tout en me protégeant des intempéries. Il est vrai que je m'ennuierais de l'enseignement et de mes amitiés avec les autres poètes. Par contre, je sais que j'ai un devoir. Ayant eu la chance de vivre dans une société paisible et jusqu'à maintenant plutôt pacifiste, même si cette société m'apparaît parfois passablement troublée, sinon totalement hystérisée par les attraits du matérialisme, je considère que mon devoir d'homme est de redonner ce que j'ai reçu de la part de mes parents et de mes mentors, quelques chefs scouts et quelques professeurs, qui m'ont donné foi en cette vie, foi en la beauté du monde, foi en l'amour christique.

Une de mes passions étant d'écrire en courant le monde, particulièrement le monde du froid, celui de la forêt boréale, de la taïga et de la toundra, j'ai eu envie de cette expédition avec l'idée de mieux réfléchir à la spiritualité en général comme à ma propre spiritualité.

Ensemble, Isabelle, Pierre-Olivier et moi, nous avons décidé de nous diriger vers l'Antre de marbre de la Témiscamie, un lieu chamanique dont j'avais appris l'existence grâce aux écrits du géographe Louis-Edmond Hamelin. L'Antre de marbre a depuis des milliers d'années été visité et parfois habité par des Innus et des Cris. Dans une caverne creusée au flanc d'une petite montagne de quartzite pur, sur les bords de la rivière Témiscamie, le père Laure, un jésuite, accompagné par des guides innus, aurait dit la messe en 1730. Ce qui paraît certain, si on prend la peine de lire son journal, c'est qu'il l'a fait entouré par ses guides, sans nier ou renier la valeur chamanique du lieu. Il va de soi que certains sites ou paysages ont plus de valeur sacrée que d'autres, comme le Devils Tower dans le nord-est du Wyoming, lieu hautement chamanique pour les Indiens, et cela depuis des millénaires. Il est souvent plus facile d'entrer en prière dans un lieu sacré ou consacré. On prie pour entrer en intimité avec soi-même ; mais c'est aussi en état de prière qu'on communie avec son environnement. À mon sens, les mots « communion » et « prière » ont plus que jamais leur importance.

J'avais déjà vu l'Antre de marbre avant d'y retourner avec Isabelle et Pierre-Olivier en août 2014. Un beau jour, en compagnie de Gérald Dion, un grand ami médecin qui a travaillé presque toute sa vie auprès des populations indiennes du Nouchimii Eeyou (l'inland cri) et du Winnebeoug Eeyou (le pays cri bordant la baie de James), j'ai remonté une portion de la Témiscamie en canot, jusqu'à la Colline-Blanche. Gérald connaissait déjà l'endroit pour l'avoir visité à quelques reprises. L'année précédant notre excursion, il y avait même campé, couchant dans la grotte principale.

C'est en canotant, en marchant dans la montagne jusqu'au sommet, en récitant de la poésie, en discutant et en jouant de la flûte que nous avons pu goûter l'atmosphère sacrée dégagée par ce lieu. Gérald arrivait tout juste d'un périple en Arizona où il avait eu le plaisir de faire la connaissance du poète québécois Pierre Nepveu. Tous les deux, et depuis longtemps, s'intéressaient à l'univers des Indiens d'Amérique, à leur spiritualité plus particulièrement. Le médecin et le poète s'étaient liés d'amitié. Pour notre excursion à l'Antre de marbre, Gérald avait eu l'idée d'apporter un texte de Pierre, qu'il avait pris la peine d'encadrer, intitulé *Chant pour un passage*. À la fin de la journée, de retour dans notre embarcation, j'ai demandé à Gérald s'il acceptait de me faire à voix haute la lecture de ce poème. J'avais envie de le filmer. Tout de suite, il a acquiescé. À la dérive sur les eaux tranquilles d'une petite baie de la Témiscamie, nous avons eu le sentiment que les épinettes noires et blanches, tout autour, nous regardaient, nous écoutaient, nous scrutaient, curieuses, un peu moqueuses peut-être. Sans conteste, nous vivions un moment de grâce ✪ [1]. Nous étions la rivière, le canot, le poème :

Nous montons et nous descendons,
nous avons connu l'écriture braille des grands murs,
nous avons lu des vies anciennes sur les hautes parois,
nous ignorions jusque-là combien était haute la
    hauteur
et combien profonde était la profondeur,
nous sommes plus vastes que nous le croyions –
et j'en demeure stupéfait,

---

1. Les symboles ✪ indiquent qu'un clip vidéo de la scène racontée est disponible sur le site Internet laroutesacree.com, dans la catégorie «Vidéos».

je t'ai parlé, genévrier,
et tu as trouvé ma voix
vibrante et caverneuse,
tu l'as trouvée troublante d'échos,
c'est qu'elle avait perdu toute mesure,
c'est qu'elle parlait du plus profond des âges
comme si le canyon m'avait prêté sa gorge
de vieille cathédrale, de grandes orgues
qui désirent Dieu et tous ses infinis.

Et pourtant j'ai voulu la simplicité
d'une seule note basse et grave,
j'ai voulu partager le silence de tous,
à présent nous sommes là
assis dans la poussière
parmi des pierres qui disent soleil et dragon,
qui disent aigle et serpent,
mais qui ont la chaleur du pain bien cuit,
nous prions en silence pour nos morts et nos vivants,
nous sommes tout accueil et tout désir,
nous sentons que l'immensité a trouvé son centre,
nous savons que rochers et falaises,
rivières et mesas, cactus et sauge
sont une seule chorale dans le désert,
nous entendons la note unique, l'accord parfait
au fond de nous – nous qui ne sommes
rien sinon le creux où babille le monde,
le foyer infiniment petit qui contient tout[2].

2. Pierre Nepveu, extrait du poème « Chant pour un passage », *Les verbes
majeurs*, Montréal, Éditions du Noroît, 2009, p. 95. Reproduit avec
l'aimable autorisation des Éditions du Noroît.

L'ÂME DU MONDE

La poésie ajoutait un sens accru à notre expédition. Bien sûr que nous avions perçu, senti et ressenti tout le sacré de l'Antre de marbre. Mais c'est le poème, en quelque sorte, qui faisait le pont entre nous et la réalité si sacrée dans laquelle nous étions plongés.

Nous avons repris le courant, pagayé, beaucoup parlé en partageant nos éblouissements. Certains bosquets d'épinettes couvrant les îles éparses, surtout sur la rive gauche, semblaient avoir qualité de chefs-d'œuvre. Nous aurions voulu qu'un peintre soit avec nous pour nous aider à mieux capter la subtilité des teintes et des formes, la splendeur du ciel moutonneux comme des eaux légèrement tourmentées qui nous emportaient vers l'ouest. Nous nous trouvions dans le meilleur sens du mot *poïesis*, qui, pour Platon, permet de passer du « non-être à l'être », et cela malgré tout le labeur, malgré certains risques aussi. Descendre une rivière en canot comporte toujours quelques dangers. Mais le sacré n'exclut surtout pas le danger. Il est trop facile, et en même temps insignifiant, de considérer qu'il faut se satisfaire d'un parc balisé ou d'un enclos bien délimité parce que ailleurs la vie est dangereuse. Il faut plutôt accepter de risquer sa vie, parfois, quand le temps est venu. Le défi et même le danger sont nécessaires aux humains. Si on est capable, si on en a les moyens, il faut tenter l'ascension du mont Blanc, en Europe, du Denali, en Alaska, ou même du Chomolungma, en Asie. Car tout cela, cette vie, nos vies comme nos expéditions, petites ou grandes, n'ont peut-être qu'un but : trouver le sens.

Il n'y a rien de plus humain que de chercher le sens, à tout le moins un sens à ce qu'on fait, à sa vie comme

31

aux autres vies qui s'activent autour de soi. J'ajouterais cependant que plus on cherche rationnellement le sens, moins il arrive qu'on le frôle. Il faut accepter de se livrer au monde pareil à un enfant de six ans, dans la pure poésie du monde. Certains des poètes que j'apprécie le plus, Hector de Saint-Denys Garneau, Marie Uguay, Geneviève Amyot, Arthur Rimbaud, René Char, Pierre Perrault et Gaston Miron, n'hésitent pas à partager leur quête de sens, et cela, parfois, dans l'angoisse la plus totale. « Je ne suis pas bien du tout assis sur cette chaise/Et mon pire malaise est un fauteuil où l'on reste/ Immanquablement je m'endors et j'y meurs », écrit Saint-Denys Garneau, sachant bien qu'il révèle quelque chose qui sera peut-être jugé maladif, sinon schizophrène, surtout quand il avoue : « Je marche à côté d'une joie/D'une joie qui n'est pas à moi/D'une joie à moi que je ne puis pas prendre[3]. » Ah ! Si le poète pouvait se joindre à cette joie qui marche à côté de lui, parvenant à un état de parfaite communion avec le plus grand sens de sa vie.

J'ai rêvé de cette expédition en espérant de tout mon cœur pouvoir « communier » avec mes camarades, de manière à ce que nous nous retrouvions aussi souvent que possible en état de prière, nous joignant à cette joie qui marche à côté de nous.

---

3. Hector de Saint-Denys Garneau, *Regards et jeux dans l'espace*, Montréal, Bibliothèque québécoise, 1993, p. 19 et 85.

Prologue

Isabelle

Au commencement était la louve
et l'esprit de la louve était en moi
et la louve était moi
elle était au commencement avec ses fourrures
    ses frémissements ses secrets
par elle tout était fier et j'aimais la lueur de ses yeux
    dans mes yeux
j'étais dans l'ensemencement de mon âge
les ténèbres s'élevaient dans ma caverne
et les ténèbres me redoutaient
il y eut un soir il y eut un matin je voyais au loin
    palpiter les feuillages
j'étais dans le début de mon allure
avec le souffle prodigieux des bêtes
j'avançais au rythme de la chair
et la chair était en moi
et la chair était moi
elle était là dans mes entrailles mes fleurs
    mes écartèlements
il y eut un soir il y eut un matin
est-ce moi qui fis la meilleure morsure

est-ce la louve
j'étais aux frontières de mon pelage
je goûtais ma salive pour la première fois
l'univers me recevait avec sa poésie ses meutes
    ses hurlements
je n'étais pas de l'univers mais je ne le savais pas encore
j'attendais le grand prédateur
j'étais dans le rayonnement de ma nature
mon ombre pour toujours était là
elle rendait témoignage à la lumière
et l'esprit de mon ombre était en moi
et mon ombre était moi
il y eut un soir il y eut un matin
la louve était insaisissable
la nuit j'écoutais ses coups de dents
s'inscrire dans ma nuit
je cherchais les lois qui me liaient à l'espace
    aux murs aux fenêtres
mais le rouge était plus fort et mon sang chantait
    comme un oiseau de passage
il y eut un soir il y eut un matin
j'apprenais la suite de l'ombre l'embellie
la noirceur dans les muscles où loge la grâce
cela se mouvait sans rien dire
et ce mystère faisait toute sa force
il y eut un soir il y eut un matin
est-ce la louve qui se tendit la première vers la forêt
    est-ce moi
mes songes me précédaient sur l'eau je nageais
    je m'écoulais je déferlais
j'étais dans ma plus belle métamorphose

PROLOGUE

est-ce la louve qui inventait le chemin
est-ce moi[1]

---

1. Une version différente du poème «Prologue» est parue, sous le titre «La louve», dans le collectif *Femmes rapaillées* (Mémoire d'encrier, 2016).

Préparatifs

Territorialité de l'Antre de marbre

Jean

Louis-Edmond Hamelin, géographe et linguiste, a sans contredit été l'homme qui a le plus influencé ma route nordique et autochtonienne, peut-être parce qu'il fait partie de ma famille – il est le cousin de mon père –, mais aussi parce que sa vision de la nordicité et du «Tout-Québec», comme il aime l'appeler, a profondément rejoint celle que je me forgeais durant l'adolescence, alors que je campais le plus souvent possible en forêt, sous la tente, en hiver comme en été, rêvant de chevauchées en canot d'écorce sur de grands fleuves nordiques conduisant à Inuvik.

J'ai eu à plusieurs reprises le bonheur de converser avec Louis-Edmond, longuement. Au cours de l'hiver 2008, il m'est même venu l'idée de tourner un film à ses côtés, afin de le voir en action sur les glaces de l'estran de la pointe d'Argentenay, à l'île d'Orléans, en train d'exposer certaines de ses idées les plus essentielles. Pendant toute une semaine, en plein air, face au glaciel mouvant du Saint-Laurent, nous nous sommes réunis autour de sa parole. J'ose croire qu'un jour le public aura le plaisir de visionner certaines images de Louis-Edmond en train de discourir à propos de notre autochtonie fondamentale comme de la nécessaire vision circumpolaire que nous nous devons d'acquérir[1]. Louis-Edmond habillé d'un vieil *attigi* inuit datant de ses longs séjours autour de la mer de Beaufort, portant fièrement de non moins vieilles mitaines en peau de loup-marin.

Pour la petite histoire, il vaut la peine de souligner que c'est exactement au même endroit qu'Isabelle allait filmer *Le prêtre et l'aventurier*, trois ans plus tard, au printemps. Certains lieux sont décidément le cadre de moments essentiels.

C'est donc Louis-Edmond Hamelin qui m'a mis sur la piste du jésuite Pierre-Michel Laure, grâce à un article intitulé *L'Ouitchchouap du Tchiché Manitou, comme patrimoine*, où il cite le missionnaire décrivant à son supérieur, dans sa *Relation*, un « antre de marbre », soit une formation géologique située au bord de la Témiscamie et nommée par les Autochtones « Tchichémanitou ouitchchouap » (la Maison du Grand Esprit) ou « Waapushkamikw » (l'antre du Lièvre[2]) ».

Or cet Antre de marbre de la Colline-Blanche, situé sur la rive sud de la rivière Témiscamie, non loin de son embouchure dans le lac Albanel, se trouve pour ainsi dire au cœur géographique du Québec. La proximité des monts Otish y est pour quelque chose : ils ne sont

---

1. De ces dix heures de tournage, un livre est né : *La nordicité du Québec*, réalisé en collaboration avec Daniel Chartier et publié aux PUQ. La matière de ce bouquin, en plus d'une substantielle introduction composée par Daniel concernant l'œuvre exhaustive du géographe, est basée sur le verbatim des tournages.
2. Louis-Edmond Hamelin, « La Colline-Blanche au nord-est de Mistassini. Géomorphologie et sciences humaines », *Travaux*, n° 6, Centre d'études nordiques, 1964, 28 p.

qu'à une centaine de kilomètres plus à l'est – avec un sommet qui culmine à 1 021 mètres –, et représentent le pivot hydrographique de toute la péninsule Québec-Labrador. Pour les Cris de Mistissini, le massif des monts Otish est E'weewach, qui signifie «là d'où viennent les eaux[3]». Trois grands axes de rivières y prennent leur source: le premier, qui se dirige franc nord, via le réservoir Caniapiscau puis la rivière du même nom, aboutit dans la rivière Koksoak qui coule devant Kuujjuaq, avant de terminer sa course dans la baie d'Ungava; le second, en direction ouest, passe par les lacs Albanel et Mistassini avant d'alimenter le réseau des rivières Rupert et Broadback pour enfin atteindre la baie de James; le troisième axe, pointé vers le sud, forme le réservoir Manicouagan et rejoint, par la rivière Manicouagan, le fleuve Saint-Laurent, tout près de Baie-Comeau.

D'un point de vue géologique, l'Antre de marbre, composé de deux chambres, est le résultat de processus érosifs fluvioglaciaires survenus à la fin de la dernière glaciation, au creux d'une petite montagne essentiellement composée de quartzite. D'autres grottes ou «marmites», une vingtaine environ, mais de moins grandes dimensions, creusent aussi la montagne. La rivière Témiscamie, avec ses innombrables méandres entaillant une plaine sablonneuse, chemine à travers une forêt d'épinettes blanches et noires. Certains explorateurs contemporains, notamment le nordiste Alain Hébert, qui fut directeur du parc des Grands-Jardins pendant

---

3. Jean Désy et François Huot, «Au cœur de la péninsule Québec-Labrador», dans *La Baie-James des uns et des autres*/Eeyou Istchee, Québec, Éditions FH, 2010, p. 47.

dix ans, la considèrent comme la plus belle des rivières du Québec. Pour la majorité des nordistes, Autochtones et non-Autochtones réunis, le véritable trésor de ce pays est d'abord constitué par ses rivières, petites et grandes, par ses dizaines de milliers de cours d'eau, de même que par ses lacs, qui dépassent le million, tous faits d'une eau encore potable… Un joyau! Matière première plus précieuse que toutes les autres!

Plusieurs éléments d'importance font de l'Antre de marbre un point névralgique de la nordicité québécoise. Lieu d'abord chamanique et religieux, lieu de passage des Mistassins (les Cris de Mistissini) et des Piékouagamiens (les Innus de Mashteuiatsh), puis des coureurs de bois, Canayens et Métis, et enfin, des prospecteurs et autres aventuriers contemporains. Il est bon de rappeler que l'Antre de marbre, jusqu'à maintenant, est resté à l'abri des sévices de la modernité comme des assauts d'un trop grand nombre de visiteurs, mais aussi des visées des compagnies forestières ou minières. Il est vrai qu'une mine de diamants, avec le projet Renard de Stornoway Diamonds, a ouvert ses portes en 2016, un peu au nord de la Témiscamie.

« Antre de marbre » et « Colline-Blanche » : lieux fondamentaux pour la géographie, la géologie et l'hydrologie, mais surtout pour le sacré de tout le pays, dans l'esprit du Tshishe Manitu[4], pour les liens humains qui y ont été créés et qui se créeront encore, entre Autochtones et non-Autochtones, afin d'aboutir à une métisserie

---

4. Dans le but d'harmoniser la graphie, nous utiliserons pour la suite du texte l'orthographe Tshishe Manitu, telle qu'employée couramment dans la littérature innue actuelle.

autant physique que spirituelle, seul gage d'une plus grande harmonie.

*

En prévision de notre future expédition à la Colline-Blanche, Isabelle et moi rendons visite à Louis-Edmond, chez lui, dans sa maison de Sillery, au début de l'été 2013, afin de l'entendre nous parler plus à fond de ce lieu, du chamanisme et de l'Antre de marbre lui-même. Nous avons décidé de filmer cet entretien, accompagnés par une amie cinéaste, Geneviève Allard, pressentant qu'il se dira là des choses essentielles à notre quête.

✪ Louis-Edmond nous rappelle que pendant des milliers d'années, les environs du lac Mistassini ont attiré différents groupes amérindiens, d'abord parce que les nomades – les jeunes hommes surtout – cherchaient à entrer en contact avec les femmes des autres groupes, mais aussi parce que la matière minérale trouvée à fleur de terre, le quartzite de la Colline-Blanche, permettait de fabriquer les pointes de flèches, essentiels outils pour la chasse et la survie en forêt. Certaines de ces pierres furent retrouvées chez les Inuits, beaucoup plus au nord. Les Innus de la Côte-Nord, via le Saguenay, la rivière Ashuapmushuan et le lac Chibougamau, connaissaient donc les lacs Albanel et Mistassini, de même que l'Antre de marbre où certains initiés, des chamans, recevaient la voix du Grand Esprit, en général dans la plus grande intimité, par certains rites de passage précis et, comme le souligne Louis-Edmond, «dans la puissante imagination du lieu». Ces voyages qui duraient parfois des années, entre la Côte-Nord et la Témiscamie, constituaient de véritables pèlerinages, comblant la vie des pèlerins comme celle de leur communauté, à leur retour, pendant des années, contribuant à l'émergence de multiples contes et légendes.

Lors de ses premiers voyages dans le Nord, entre 1948 et 1954, Louis-Edmond passa à quelques reprises, en avion, au-dessus de la Colline-Blanche. C'est ainsi qu'il put identifier le lieu, malgré la couverture d'arbres. Il s'y rendit lui-même pour la première fois en 1963, accompagné par Benoît Dumont, un agronome. Aidés par une petite compagnie du Nord, ils aboutirent au lac Albanel avant de remonter la Témiscamie et d'accéder au site sacré. Louis-Edmond avoue que ce qu'il souhaitait, lors de cette première excursion en canot, c'était s'imprégner de «l'atmosphère» de ce qui avait pu se dérouler au moment du passage du père Laure, en 1730. Il décrit cette atmosphère en évoquant trois composantes: la Colline – «un petit mont dont on ne voit qu'un versant»; l'Antre de marbre, nommé ainsi pour le quartzite, qui est blanc («très beau à côté de la forêt qui est verte»); et finalement, «surtout», le Saint-Esprit, à cause de l'imaginaire qui veut que «le Grand Manitou appara[isse] à cet endroit pour recevoir les demandes des Autochtones, en même temps que les Autochtones auraient la chance de parler, de poser des questions et de se faire répondre». Louis-Edmond termine cette description en s'exclamant: «Alors c'est beau, beau, beau!» À propos du Tshishe Manitu, il indique, non sans une pointe d'humour, «qu'on ne sait pas quand il vient… On ne le voit pas. Il faut l'attendre longtemps… pour l'entendre… peut-être».

Il y a lieu de considérer l'étonnement – sinon l'éblouissement – du père Laure lorsqu'il parvint à l'Antre de marbre. Il est fort probable, comme le notait Louis-Edmond dans son article de 1964, que «le visiteur religieux français, interprétant le plafond convexe de la caverne comme celui d'une chapelle et utilisant une surface intermédiaire bien polie et à bonne hauteur pour y déposer ses objets de culte, [y ait] dit la messe[5]». En tant que jésuite, le père Laure considérait qu'il allait de soi de célébrer l'eucharistie, bien sûr, et particulièrement dans un endroit pareil – il est permis de le croire. Dans *Mission du Saguenay*, il écrivait:

La plus remarquable de toutes les curiositez qui se voyent dans ces bois-là, en tirant du côté de Nemisk8, est un antre de marbre blanc, qu'il semble que l'ouvrier ait travaillé et poly. L'entrée en est aisée et éclaire le dedans; la voute par son brillant répond à ses appuys. Il y a dans un coin une croute de la même matière, mais un peu brute qui saillissant fait une espèce de table comme pour servir d'autel. Aussi ces sauvages pensent que c'est une maison de prière et de conseil ou les Génies s'assemblent. C'est pourquoi tous ne prennent pas la liberté d'y entrer, mais les jongleurs comme leurs prêtres vont en passant y consulter leurs oracles[6].

---

5. Louis-Edmond Hamelin, «La Colline-Blanche au nord-est de Mistassini. Géomorphologie et sciences humaines».
6. Pierre-Michel Laure, *Mission du Saguenay/Relation inédite du R.P. Pierre Laure, S.J. 1720 à 1730*, Montréal, Archives du collège Sainte-Marie de Montréal, 1889, p. 38.

De l'avis de Louis-Edmond, il est fort probable que les guides autochtones avaient vu et entendu le père Laure dire la messe un peu partout pendant leur voyage. Ont-ils été surpris d'être conviés à un rite religieux catholique dans l'Antre de marbre ? Était-ce par vantardise que le missionnaire souhaita poser ce geste dans un espace si mythique, si sacré pour les Innus ? A-t-il surtout agi en «colonisateur» en officiant cette messe, ne tenant pas compte des rituels religieux autochtones ? Comme Louis-Edmond, on peut se demander si, culturellement, l'acte du père Laure était une reconnaissance objective de l'intérêt du lieu, une agression ou bien une démonstration du rituel de la «vraie» religion. Toutes ces interrogations sont loin d'être anodines, mais pour Louis-Edmond, une chose est sûre : il faut reconnaître la sincérité du père Laure. Un réel lien de confiance s'est créé entre lui et ses guides, et ce lien fut assez fort pour que ceux-ci acceptent de le conduire jusqu'à la Colline-Blanche.

Il aurait été vraiment surprenant qu'après la découverte d'un espace si sacré, le père Laure n'ait pas eu envie d'y dire la messe. Cela déplut-il vraiment aux Indiens ? Pour ma part, j'aime croire que, dans un contexte d'évangélisation, les guides ayant de leur plein gré fait connaître ce lieu au prêtre, il y eut possiblement plus de «syncrétisme» religieux que de «brisure». À la manière indienne, on peut considérer que l'ajout d'une sacralisation à un lieu déjà si hautement signifiant ne fit qu'enrichir l'espace de l'Antre de marbre plutôt que d'en ébranler les bases.

Le père Laure avait été désigné par le père Pierre de la Chasse pour rouvrir les missions du Saguenay abandonnées depuis une vingtaine d'années, faute de missionnaires. Au cours du mois de juin 1720, il partit en direction de Chicoutimi, alors qu'il se trouvait « en » Canada, à Québec plus précisément, depuis 1711. En ce temps-là, il n'existait pas de route asphaltée à double voie dans le parc des Laurentides! Le père Laure dut prendre le bateau pour Tadoussac, où il n'y avait alors qu'une seule maison en bois, en plus d'un magasin et de quelques « cabanes » utilisées par les Indiens pour la traite des fourrures. Le missionnaire précise dans ses écrits que ces « cabanes » étaient emportées par les Indiens lorsqu'ils repartaient. Osons penser que ces habitations démontables et transportables devaient être plus du type « tentes » que « campes en bois rond »!

Imaginons le père Laure sur le Saint-Laurent, puis sur la rivière Saguenay et enfin sur la Témiscamie. Imaginons-le après plusieurs semaines, sinon des mois de canotage, de voyageage, de portageage, après certains jours de tempêtes et d'innombrables attaques menées par des nuées de mouches noires. Il n'oublie pas son rôle premier. Pourtant, et bien qu'il soit quasiment arrivé au centre du pays, il ne se sent pas imbu de quelque pouvoir extraordinaire que ce soit. Il sait bien que son devoir de prêtre est d'évangéliser. Mais en ce moment unique de sa vie, on peut imaginer qu'il est prêt à être conquis par les appels du Tshishe Manitu. Bien sûr qu'en tant que jésuite, il est porteur des traits d'une civilisation qu'on nommera celle des « Lumières ». Il connaît plusieurs techniques sophistiquées. Il est issu d'un monde qui a inventé l'imprimerie et le télescope. Bien des colonialismes sont nés et naîtront de ce monde, pour le meilleur et pour le pire.

Il s'agit de lire les écrits du père Laure pour réaliser à quel point c'est autant le goût de l'aventure que la foi qui l'ont mené jusqu'à Tadoussac avant qu'il pousse plus au nord, toujours au nord. L'homme était un missionnaire et aussi un habile cartographe, en plus de travailler à l'élaboration d'un dictionnaire et d'une grammaire innus. Ses cartes furent d'ailleurs copiées et utilisées par bien des voyageurs. En ces jours où il canote sur la Témiscamie avec des hommes qui lui ont tout enseigné à propos de la survie en forêt, sur un territoire totalement vierge (et qui l'est resté, en partie, trois cents ans plus tard), imaginons-le, ce père Laure, séduit par la magie des lieux, par la pureté des eaux, par les impénétrables étendues de résineux qui l'entourent. Dans ses écrits, il prend la peine de souligner que les Mistassins vénèrent un rocher à la forme particulière, situé sur la rive ouest de l'immense lac, précisant que *michta* signifie «grand», tandis qu'*assini* veut dire «pierre»:

> Ce seroit un crime pour eux de passer proche sans y laisser quelque marque de leur superstition envers Tschgig8che8, le dieu du beau et du mauvais tems, qui selon leurs fables y a choisi par prédilection sa demeure. D'ordinaire leur encens est un peu de tabac, ou quelque galette, quelques os de castor ou de poisson qu'ils mettent dessus. Mais d'autres sauvages moins dévots et affamez de fumer, enlèvent souvent le tabac au bon ou mauvais génie qui n'a pas eu soin de profiter de la dévotion de ses adorateurs[7].

7. Pierre-Michel Laure, *Mission du Saguenay*, p. 35.

Quelle belle façon de montrer une autre facette de la psyché indienne, cette capacité de prendre contact avec le sacré d'un lieu en y déposant, par exemple, différentes offrandes, comme du tabac, mais en n'excluant pas le sens du partage, ici associé à un trait d'humour. Tout Indien soudainement excité par l'envie de fumer ne voit pas pourquoi il se priverait de puiser dans une telle réserve de tabac, même « sacrée », déposée là par quelque dévot! Il n'y pas lieu de se surprendre que le père Laure utilise souvent le mot « superstitions » pour parler des coutumes religieuses d'origine chamanique. En tant que missionnaire catholique, et fort de sa foi, il est là pour évangéliser. Le père croit profondément à la valeur de sa tâche. Pourtant, c'est toujours de façon sensible et respectueuse qu'il traite de la vie des Mistassins, ne se privant pas de relever leur sens de l'humour.

Si on a un tant soit peu navigué sur les eaux des rivières boréales, on peut imaginer que le père Laure fut totalement gagné par le courage patient et l'humour de ses guides. Grâce à eux, grâce à leur talent de canoteurs et à leur connaissance intime des puissances de la Nature, il est parvenu aux portes de la Colline-Blanche dont il va bientôt nommer la plus vaste des grottes « Antre de marbre ». En même temps, au creux de son embarcation, on imagine que cet homme venu de France se sentait petit, tout petit, face à un paysage si grandiose et si sauvage, certes, mais aussi face à des guides qui possédaient tant de moyens que lui ne possédait pas, eux qui étaient d'une civilisation tellement différente de la sienne. Bien sûr que des villes comme Québec avaient été bâties grâce aux compétences des architectes et des ouvriers français. Bien sûr que l'Europe avait créé les mousquets et des manières de tuer et de détruire plus efficaces que celles des Indiens. Bien sûr que les Innus avaient été ébahis par l'apparition de grands voiliers capables de franchir les mers. Mais ces gens d'Amérique, avec leurs canots d'écorce, ils savaient se donner les moyens de traverser le continent, du sud au nord, de Tadoussac jusqu'au grand lac Mistassini, en passant par le lac Albanel, pour aboutir au cœur de la Témiscamie. Même que plusieurs de leurs frères et sœurs de pagayage atteignaient les baies de James et d'Ungava en partant du Saint-Laurent! Les Innus de Pessamit, de Uashat, d'Ekuanitshit et d'Unamen Shipu, depuis des générations, faisaient de véritables pèlerinages jusqu'au Mushuau-nipi, aux sources de la rivière George. Ah, tout cela, le père Laure le savait bien. C'est pourquoi on peut imaginer qu'il faisait beaucoup plus que respecter ses guides : il les admirait! Une fois la Colline-Blanche gravie, ce n'était pas seulement une messe qu'il s'apprêtait à célébrer à l'Antre de marbre, non! C'était une manière de fêter une remarquable équipée, comme un grand remerciement sacré aux puissances chtoniennes, maritimes et célestes réunies. J'ose penser que c'est pour cela que les Innus acceptèrent de prier avec lui.

*

Louis-Edmond raconte qu'au cours des dernières décennies, il est arrivé que de jeunes Cris lui demandent de les guider jusqu'à l'Antre de marbre et de leur parler de l'histoire et de la géologie du lieu, d'où sa conviction

que la Colline-Blanche a conservé toute sa valeur sacrée
pour les Indiens contemporains. Avec la création du parc
Albanel-Otish, on peut penser que des visiteurs de plus
en plus nombreux voudront y faire halte[8]. Une seule
obligation : que le caractère sacré de l'Antre de marbre
ne soit jamais perdu, ni altéré ni profané. La préparation mentale de quiconque voudrait aller à la Colline-
Blanche est-elle plus essentielle que toutes les autres
préparations ? Louis-Edmond insiste : « Il ne faut pas que
les gens aillent là pour rire ou pour s'obstiner à ne rien
comprendre. Ce sont de petits faits, mais c'est des petits
faits qui remplissent des vies. »

Et la visite chez Louis-Edmond de se terminer, après
deux heures de conversation. Nous sommes littéralement enthousiasmés par la force tranquille du verbe de
ce géographe nordiciste.

*

Je ne peux m'empêcher, ici, de tisser un lien entre l'histoire
du père Laure et ma lecture du livre *Inuk* que je fis il y a
quelques années, livre écrit par le père Roger Buliard, un
oblat – comme Pierre-Olivier. Cet aventurier passa plus de
quinze ans chez les Inuits de l'Arctique canadien au cours
de la première moitié du XXe siècle. Dans ses notes, il traite
de certaines des qualités remarquables de ses hôtes :

---

8. Les sites archéologiques de la Colline-Blanche ont été classés « site
patrimonial » par le ministère de la Culture et des Communications du
Québec, en mars 1976, et ont été désignés « Lieu historique national
du Canada » par la Commission des lieux et monuments historiques
du Canada en avril 2009.

À la louange (de l'Inuit), j'ai mis en valeur sa remarquable adaptation à ce pays inhumain, son inébranlable gaieté, son courage indéfectible, son étonnant stoïcisme dans l'épreuve, sa splendide hospitalité. Quand j'ai parlé à son détriment, j'ai tâché d'excuser ses crimes et d'expliquer ses immoralités[9]...

Le récit du père Buliard m'a touché. Ayant moi-même passé dix-sept années de ma vie à courir le Grand Nord québécois, le Nunavik, de village en village en tant que médecin-dépanneur-nomade, j'ai pu apprécier l'évident amour de ce missionnaire qui choisit de s'établir dans une contrée au climat extraordinairement exigeant – c'est un lieu commun de le rappeler – et qui, pour assurer sa propre survie, dut apprendre à pêcher et à chasser. Bien sûr que sa tâche initiale était d'évangéliser les Inuits. Bien sûr qu'en tant qu'Européen il débarquait avec ses propres expériences, son éducation, sa culture, ses préjugés. Bien sûr qu'il était prêtre catholique. Mais en lisant son récit, on découvre un homme qui n'eut de cesse de remercier les Inuits en soulignant leurs capacités, leur intelligence hautement débrouillarde en même temps que leur bonne humeur – malgré bien des travers, il est vrai. Le père Buliard laisse entendre que c'est la vie inuite elle-même qui le convainquit de la beauté du monde, que son rôle de missionnaire fut secondaire comparé à son rôle de coureur de froid et d'amoureux du Nord.

---

9. Roger Buliard, *Inuk: «Au dos de la terre!»*, Paris, Éditions O.P.E.R.A, 1977, p. 71.

La création du blogue

Isabelle

J'ai pris au sérieux la préparation spirituelle de l'expédition à venir : dans un grand désir de me libérer de certaines possessions gênantes, j'ai décidé de vendre ma maison ! J'emménagerai chez Jean quelques semaines avant le grand départ, fixé au 20 août 2014. Je passe mes soirées à faire des boîtes et à créer notre blogue d'expédition : les deux se complètent bien, comme si mon déménagement équivalait à me mettre en état d'aventure, à me lancer sur la route, dans le pays, dans mon histoire – et en moi-même.

Le projet sur *La route sacrée* est dans l'air depuis plusieurs mois – depuis plus de deux ans, en fait –, mais comme il s'est avéré difficile de trouver du financement pour faire un film avec l'expédition, les choses ont stagné quelque peu. Nous avons bien rencontré un producteur, mais il n'y a pas eu de suites à cette discussion, malheureusement. Ces derniers mois, nous avons filmé Louis-Edmond Hamelin, ce qui nous semblait primordial, puis tenté de convaincre des amis cinéastes de prendre en charge le projet – cela m'aurait permis de vivre l'expédition sans être en même temps la réalisatrice du film. Il faut dire aussi que mon expérience comme cinéaste est bien mince. Mais nos amis ont leurs propres projets et m'ont plutôt encouragée à prendre le taureau par les cornes, à relever le défi. Nous en étions là dans nos réflexions quand une autre amie nous a suggéré de faire un livre avec toute cette aventure. Après tout, mieux vaut un livre sur l'expédition que pas d'expédition du tout! Jean n'a-t-il pas réalisé plusieurs petits et grands voyages desquels il a souvent tiré un récit? Pour ma part, j'ai commencé une série de poèmes inspirés par le bois, la vie sauvage et certains textes bibliques; il est certain que l'écriture tient une place importante dans ma vie et je n'en suis pas, d'ailleurs, à mon premier blogue de voyage.

Pierre-Olivier s'est montré ravi que nous allions de l'avant avec ce projet qui lui tient aussi à cœur. Film ou livre – cela, finalement, est secondaire. L'idée d'aller prier à l'Antre de marbre lui plaît depuis longtemps. Il y voit l'occasion de favoriser la réconciliation des Québécois avec leur héritage catholique de même qu'avec le monde autochtone, ce qui évidemment n'est pas rien! Le départ a donc été prévu pour la fin de l'été – une période de loin préférable si on veut éviter l'effervescence des mouches –, et la préparation physique, intellectuelle et spirituelle va bon train. Jean se charge des aspects techniques et mécaniques; Pierrot, des références bibliques et des méditations plus spirituelles relatives au pèlerinage; et moi, de la création du blogue: une plateforme qui nous servira à diffuser différentes informations liées à l'expédition – avant, pendant et après –, à partager les réflexions qu'elle suscite et à présenter des gens, des œuvres, des récits qui nous inspirent. Comme les réseaux sociaux sont désormais incontournables, nous créons en plus une page Facebook qui servira à relayer nos articles. Mon ami Éric Fortier, blogueur d'expérience, a accepté de m'aider à réaliser l'architecture de base de ces deux médias.

Nous avons identifié trois enjeux au projet qui nous semblent fondamentaux, soit la quête religieuse et identitaire, les liens avec l'autochtonie et l'exploration du territoire sur le mode aventurier et géopoétique. Les articles que nous publierons seront donc tous liés à ces enjeux, de près ou de loin. Mettre en mots les objectifs de l'expédition, choisir les illustrations du site Web, tout cela m'amène à approfondir mes propres motivations et à préciser mes connaissances sur l'histoire, la géologie, la théologie.

La religion catholique, si centrale en Nouvelle-France jusqu'à la Conquête et même après, a depuis été ébranlée par toutes sortes d'événements, jusqu'à la césure survenue entre l'État et l'Église lors de la Révolution tranquille. Le questionnement sur le religieux, primordial pour Jean, Pierrot et moi, s'est transformé en problème pour bien des gens. Ce que nous souhaitons d'abord, à travers ce projet, c'est nous pencher sur le malaise actuel à l'égard du religieux et de la vie missionnaire : cela nous donne l'impression d'une société qui, en mettant le religieux de côté – en le reniant parfois carrément –, se coupe de ses racines, ce qui entrave dans la foulée sa marche vers l'avenir.

Si on se promène sur les plaines d'Abraham et qu'on passe devant le pavillon Gérard-Morisset du Musée national des beaux-arts, on voit sur la frise l'ancien blason du Québec – fleurs de lys françaises, léopard britannique et feuilles d'érable canadiennes – surmonté d'un castor, bien au centre. Du côté gauche, trois Amérindiens et, du côté droit, des Européens : Champlain, probablement, tout en cape et en épée, et juste à côté un religieux – croix bien mise en évidence –, puis un ouvrier courbé sous le poids d'un gros sac. Le questionnement me hante chaque fois : à qui peut-on s'identifier aujourd'hui lorsqu'on regarde ces personnages emblématiques, fondateurs de notre nation ? On ne sait trop comment se rattacher aux Indiens ; on conteste l'œuvre missionnaire catholique. Heureusement que Champlain passe (encore) la rampe, car le pauvre ouvrier écrasé dans le coin droit – extrémité de la frise oblige – fait peine à voir.

Reste que l'artiste a bien représenté deux peuples fondateurs : les Indiens et les Français. J'ai été à ce titre fort impressionnée par le documentaire *Québékoisie*, de Mélanie Carrier et Olivier Higgins, qui tente de remonter la trame de nos origines métisses. Il est indubitable que du sang autochtone coule dans les veines des Québécois. Des études génétiques l'ont prouvé : plus de la moitié des Canadiens français d'aujourd'hui comptent au moins un ancêtre amérindien dans leur arbre généalogique [1]. Pourquoi cette métisserie n'est-elle pas plus mise en valeur ? Dans *Québékoisie*, Serge Bouchard dit que c'est le clergé qui « va interdire le récit métis » au début du XXe siècle, parce que l'on considère à l'époque que les Indiens d'Amérique sont une race inférieure et qu'on veut préserver la pureté du sang européen qui coule dans les veines des Canadiens français, en faisant comme si

---

1. Il s'agit d'une des conclusions du projet BALSAC mené par Hélène Vézina, laquelle est interviewée dans le documentaire.

le métissage n'avait jamais existé. Le genre de théorie – Bouchard évoque le «racisme scientifique» – qui a mené au nazisme en Europe et… aux pensionnats autochtones en terre canadienne. Dans l'extrait retenu au montage, Bouchard ne met la faute que sur le clergé, mais évidemment que des décisions politiques ont joué aussi : la pendaison de Louis Riel, figure métisse par excellence, a eu lieu en 1885. Il me semble que le clergé a le dos large… Loin de moi la volonté d'excuser ou de minimiser toutes les fautes commises par l'Église (ni bien sûr de contredire Serge Bouchard !), mais il me semble trop facile – et passablement toxique – de n'incriminer qu'elle dans des situations comme celle-ci et de mettre par ailleurs tous les religieux dans le même panier dès qu'il est question des torts que certains ont eus.

Je pense à Pierrot qui me disait récemment qu'il remettait en question notre façon de nommer certains pans de notre histoire, notamment la période pré-Révolution tranquille : «Je refuse l'appellation de Grande Noirceur.» Ces termes ont progressivement été associés dans l'inconscient collectif québécois à une volonté de l'Église de garder ses ouailles dans l'ignorance, mais cette interprétation simpliste s'avère, selon Pierrot, dommageable. Pour lui, cette période est plutôt un moment de préparation, de bouillonnement, pour les années qui viendront. Et on peut dire que l'Église a aussi contribué à ce bouillonnement : plusieurs prêtres ont par exemple œuvré dans les mouvements de syndicalisation.

Car il y a tout de même eu parmi les récollets, les jésuites, les ursulines, les oblats, toutes les congrégations religieuses et les diocèses, des milliers d'hommes et de femmes qui ont donné leur vie pour le pays en œuvrant avec et pour ses habitants de façon saine et louable. Le tableau n'est pas que négatif! S'il n'y avait pas eu ce rêve missionnaire, le Québec existerait-il aujourd'hui? Comment relire notre histoire, remettre les pendules à l'heure, mieux comprendre les agissements de nos ancêtres au lieu d'en avoir honte? Le but de notre expédition: aller aux sources de l'identité spirituelle des gens de notre collectivité, remonter le courant, en espérant trouver certaines réponses quant à un avenir commun que nous souhaitons le plus harmonieux possible. Nous allons chercher certaines bribes de ce «souffle» qui inspira toute une société, pendant des siècles, avant de se scléroser pour quasiment disparaître. Quelle place et quel avenir possède toujours le catholicisme dans notre société? Comment se réconcilier avec l'héritage religieux? Jusqu'à quel point les forces nordistes et autochtones de notre époque ont-elles le pouvoir de contribuer à une spiritualité de plus grande qualité?

*

Je ne crois pas que nous épuiserons ces grandes questions en une dizaine de jours d'expédition (il y a assez de matière pour nourrir quelques doctorats), mais les mettre en mots permet du moins de poser les bases de notre quête sur l'interface du blogue et d'orienter nos esprits.

Je me bute cependant – ce n'est pas une surprise – à la difficulté de parler du religieux. Voilà un élément majeur, évidemment. Le vocabulaire propre au religieux,

à l'expérience de la foi, est lui-même étiqueté péjorative-
ment, chargé de significations plus ou moins surannées
pour la majorité de mes contemporains (plusieurs me
semblent même y être devenus allergiques), quand il ne
renvoie pas directement à des jurons, les bien nommés
« sacres ». Alors, comment parler du but de l'expédition,
qui est de célébrer l'eucharistie dans un lieu sacré indien,
sans rebuter nos éventuels lecteurs ?

Je n'ai pas de recettes ni de réponses toutes faites. Et
c'est très bien ainsi. En fait, voici peut-être, paradoxalement, une piste à suivre : ne pas tenir mordicus à
donner des réponses. Au contraire. Si la plupart de mes
contemporains refusent les réponses préfabriquées que
donnait le petit catéchisme (ce que je rejette aussi), personne ne s'insurge, ce me semble, devant une question
justement posée, qui traduit une démarche authentique.
Notre quête est sans doute plus une affaire de questions
que de réponses. En réalité, il s'agit surtout de poser les
bonnes questions : libre à chacun, par la suite, de se les
approprier, d'entreprendre un cheminement, de trouver
les réponses qui lui conviennent.

Mon intuition quant au type de langage à utiliser
n'est pas qu'une affaire de rhétorique puisque, de toute
façon, j'ai l'impression que ma propre foi est davantage portée par des questions que par des certitudes.
N'ai-je pas déclaré, au moment de présenter *Le prêtre
et l'aventurier* au Musée de la civilisation : « Je ne veux
pas me faire dire quoi faire, quoi penser, quoi croire » ?
J'ai dit vouloir « être *inspirée* ». Tel est toujours mon
but : être inspirée et, peut-être, contribuer à ce que les
autres se sentent aussi inspirés. La foi est un mystère,

la foi est poétique, la foi est ouverte, vivante, chan-geante, vibrante. Nous sommes en quête, en marche, en dialogue, en pèlerinage – et non dans la conquête, le triomphe, l'étalage de supposées vérités. Et nous ne sommes pas seuls à chercher. Il faut de toutes nos forces, collectivement, créer un espace où la quête spirituelle peut se vivre, où on a le droit de poser la question du sens à donner à nos vies. Peut-être que c'est en voulant à tout prix la reléguer à la vie privée de tout un chacun que les dérives extrémistes surviennent ?

Néanmoins, il n'est pas question sur ce blogue d'affi-cher ce qui fait partie de ma vie intime. Je ne tiens pas à préciser publiquement quelle est ma foi ou comment je me situe dans l'Église. Ce serait déplacé. Le blogue est un espace où notre quête se manifeste – et non un lieu où on fera étalage de notre vie privée. En revanche, au moment d'énumérer ceux et celles qui constituent des guides pour notre expédition, j'ajoute le nom de saint François d'Assise et celui de Jésus-Christ. Je suis assez fière de ce que je compose sur ce dernier :

Jésus-Christ, pour nous, n'est pas qu'une figure historique incontournable. C'est le Dieu vivant – mystérieusement vivant – qui nous précède et nous encourage à passer sur l'autre rive, à changer notre regard, à changer le monde, à nous méfier de l'endurcissement des cœurs. Affirmer sa foi dans la société occidentale du XXIe siècle est une entreprise hautement délicate. L'héritage laissé par des siècles et des siècles de chrétienté est particulièrement lourd à porter et sème la confusion. Comment être croyant sans avoir l'air endoctriné, naïf, influençable, pastel, prosélyte? Telle est peut-être la question fondamentale qui meut cette expédition.

Et pour, justement, que notre entreprise n'ait pas l'air trop «pastel», je décide de donner aux différentes pages du blogue une allure très *western*. Je choisis mes plus belles photos du Nord, prises pour la plupart près de Waswanipi, et applique des filtres, question d'adopter une esthétique *vintage*. Jean aime beaucoup ce que j'ai fait avec sa photo. Il m'écrit:

On dirait un coureur de bois, un *gawa*, un *hobo*, un farceur d'Indien, une tête de Canayen, un descendant de Guillaume Couture, un D'Iberville pacifiste, un trappeur de loutres ravies, un coureur de jupons, un abandonné à son meilleur sort, un pif humant l'odeur du brochet, une caricature de poète zébré, un amateur de moules (zébrées), un partant pour les monts Otish, un mangeur de filets de doré, un marcheur invétéré, un vétéran de la dernière glaciation, un amoureux des Brigades de canots à la Baie-James du temps où les femmes attrapaient le lièvre et la perdrix pour nourrir les portageurs au cours d'expéditions qui pouvaient durer trois ou quatre mois. On dirait tout ça, en plus d'une âme qui volette, qui volette, au-dessus des épinettes.

Il a certainement fière allure, l'aventurier, en train d'embrasser son gros brochet! Pour la page d'accueil, je retrouve une image de mon périple en train vers

Clova, en Haute-Mauricie, là où le chemin de fer passe au beau milieu du réservoir Blanc. Certes, nous ne voyagerons pas en train, mais l'univers est bel et bien celui de la forêt boréale, et sur cette photo sont alliées routes terrestres et maritimes. En fouillant sur les sites des archives nationales de France, je repère aussi plusieurs cartes anciennes, très émouvantes[2]. Une d'elles a été faite par Louis Jolliet lui-même, en 1679! Grâce aux *Remarquables oubliés*, les livres de Serge Bouchard et Marie-Christine Lévesque (inspirés par l'émission du même nom diffusée à Radio-Canada), les explorateurs, canoteurs, coureurs de bois, ensauvagés et découvreurs de la trempe de Louis Jolliet ont pris chair dans mon imaginaire, tout comme les femmes extraordinaires qui «ont fait l'Amérique». Ces deux livres ont changé ma vie, ni plus ni moins, en nourrissant mes rêves et mon appartenance au pays. Dans la préface d'*Ils ont couru l'Amérique*, j'ai souligné ceci:

> Qu'avons-nous en commun avec lord Elgin, le marquis de Denonville ou la princesse Louise Caroline Alberta, quatrième fille de la reine Victoria? Nous sommes plutôt les enfants de femmes briseuses de conventions, les rejetons d'hommes libres et d'Indiens souverains. Nous descendons de ceux et celles qui ont fait une «nouvelle nation» ainsi que la rêvait

2. J'ai vu quelques-unes des cartes du père Laure en faisant mes recherches sur Internet, mais aucune n'avait une assez bonne résolution pour être reprise sur le blogue. Il fallait faire une demande par écrit pour obtenir une numérisation haute résolution de la Bibliothèque nationale de France, ce que les Éditions XYZ ont fait en préparant la publication de l'ouvrage.

Louis Riel, dans le courage, dans le mélange des genres[3].

Voici ce que nous voulons affirmer nous aussi à travers cette expédition. Si notre histoire est véritablement « une épopée », elle vient de la force de ces hommes et de ces femmes, de leurs extraordinaires capacités d'adaptation, de leur talent d'interprète, de leur esprit large comme le territoire qu'ils étaient assoiffés de découvrir, à leurs risques et périls.

Nous sommes évidemment guidés par « notre » missionnaire, le jésuite Pierre-Michel Laure. D'autres religieux nous inspirent aussi : Roger Buliard, Albert Lacombe et Alexis Joveneau, missionnaires oblats qui ont œuvré toute leur vie pour et avec les Inuits, les Métis et les Indiens (respectivement) ; Kateri Tekakwitha, première Amérindienne à être canonisée par l'Église catholique ; Marie Guyart, dite de l'Incarnation, fondatrice des ursulines de la Nouvelle-France (en l'honneur de laquelle on nomma le Complexe G à Québec, où est situé le ministère de l'Éducation) ; et finalement Esther Wheelwright, jeune Anglaise capturée par des Abénaquis dans le Maine, devenue à la suite de palpitantes tribulations mère supérieure des ursulines de Québec, en 1759, pendant la Conquête.

Il me faut également souligner l'influence qu'a eue la Grande Sauterelle, personnage de jeune métisse créé par Jacques Poulin dans son roman *Volkswagen Blues*, sur mon imaginaire. Sa traversée de l'Amérique, aux côtés

---

3. Serge Bouchard et Marie-Christine Lévesque, *Ils ont couru l'Amérique*, Montréal, Lux éditeur, 2014, p. 13.

de Jack Waterman, constitue pour elle l'occasion de «se réconcilier avec elle-même», vaste entreprise qui l'oblige à revenir sur plusieurs faits historiques impliquant des tribus indiennes tout au long du périple. Comme c'est souvent elle qui guide son compagnon – qui fait les premiers pas lors des rencontres importantes, répare leur véhicule, a l'intuition de la bonne route à prendre –, il est permis de penser qu'elle a un peu de Sacagawea en elle, cette Indienne shoshone qui joua un rôle si important dans l'expédition de Lewis et Clark, au début du XIXe siècle. La Grande Sauterelle, même si elle est un personnage de fiction, n'en est pas moins une figure extrêmement évocatrice de la force métisse, moderne et lucide, qui cherche à assumer à sa façon ses doubles origines.

Le Chiiwetau

Jean

Les préparatifs d'une expédition demeurent toujours
essentiels. Il faut savoir se préparer physiquement, maté-
riellement, mentalement aussi. Peut-être que la meilleure
« pratique » que nous pouvons vivre, Isabelle et moi, en
vue de notre voyage à la Colline-Blanche, est de canoter
en plein Eeyou Istchee, non loin de Waswanipi, là où
je me rends régulièrement dans le cadre de mon travail
médical.

À un mois du grand départ, nous décidons d'aller
découvrir le « vieux Waswanipi », ce fameux Chiiwetau
dont j'ai tant entendu parler chez les Cris. Plusieurs habitants de Waswanipi, ceux qui ont aujourd'hui cinquante
ans et plus, y sont nés. Il subsiste apparemment sur le
site de nombreuses constructions – une soixantaine : des
campes, des chalets, des tipis – servant aux rassemblements,
surtout au printemps et en été, pour les jours de festival de
pêche au doré. Mais l'endroit est seulement accessible par
voie d'eau, à moins de posséder un hélicoptère !

Ayant pu obtenir de précieuses informations concernant la direction à suivre de la part de mon fils Michel,
ingénieur forestier en Abitibi, et qui connaît fort bien
la région puisqu'il a été consultant pendant quelques

années pour la scierie crie de Waswanipi, nous prenons la route 113. À quelques kilomètres du village, un peu à l'est, nous virons franc nord pour traverser une vaste zone où tous les arbres ont été bûchés. Autour des andins géants faits de branches sèches et de longues grumes maigres, la végétation a un peu repoussé, les coupes ayant été effectuées il y a une quinzaine d'années.

Après dix kilomètres, nous faisons halte devant une castorerie. Nous comptons six cabanes distribuées un peu partout autour de l'étang, certaines étant assurément habitées si l'on se fie aux branches d'aulnes fraîchement écorcées. Devant une longue digue, plusieurs troncs de bouleaux sont sculptés. Combien de castors peuvent habiter ici? Ces rongeurs emblématiques font la pluie et le beau temps dans les chemins forestiers en les barrant à qui mieux mieux…

Alors que nous nous dirigeons vers la rivière Waswanipi, un petit ours passe devant nous. Il galope comme s'il avait le feu aux trousses, ombre noire dans les arrachis. Un panneau cloué sur un arbre nous indique que nous sommes sur la bonne route. Encore quelques kilomètres… Soudain, la rivière apparaît. Il sera facile de mettre le canot à l'eau. En plein centre d'un dégagement assez grand pour accommoder une centaine d'autos ou de camionnettes, une croix blanche semble marquer la mort d'un enfant: deux toutous y sont fichés.

Une fois les bagages chargés dans le canot, nous commençons la remontée du courant, plutôt vif. J'ai installé ma canne à pêche derrière moi – on ne sait jamais. Un petit vent d'ouest nous souffle en pleine face. Après une vingtaine de minutes, han! Un brochet! Encore une fois, la Toronto Wobbler qui traînait au bout de ma ligne a été efficace! Le temps d'une petite bataille pour sortir le poisson de l'eau et l'assommer – il fait cinq ou six kilos –, nous nous rendons compte que nous avons dérivé plus loin que notre point de départ, à cause du vent et du courant. Nouvelle lancée! Grand pagayage! Voilà certes un bel entraînement pour la canotée vers la Colline-Blanche.

La route sacrée se veut une aventure inscrite dans l'autochtonie du pays. Si nous nous préoccupons d'espaces et de paysages, nous souhaitons aussi rencontrer d'autres humains, qu'ils soient Chicoutimiens ou Innus de Mashteuiatsh, Chibougamois ou Cris de Mistissini. Nous voyageons dans l'espoir de boire un peu de l'eau de l'Ashuapmushuan, de pêcher les brochets les plus gros dans certaines anses secrètes du lac Mistassini, sachant que des gens de bien des origines ont profité, et profitent encore, des largesses de ce territoire.

Quelle identité avons-nous maintenant au XXIe siècle? Habiterons-nous un jour la *Québékoisie*, pour reprendre le beau titre du documentaire de Mélanie Carrier et Olivier Higgins? En tant que descendants de Canayens, en tant que Canadiens français ou Québécois, nous possédons des liens multiples, ancestraux et essentiels avec l'autochtonie. L'univers autochtonien dans lequel nous évoluons, c'est le pays innu, le Nushimit du lac Saint-Jean et de la Côte-Nord, c'est le pays cri de la Baie-James et plus particulièrement celui du Nouchimii Eeyou, autour du lac Mistassini. La vision autochtonienne, elle fait partie de nous, grâce au métissage qui eut lieu pendant des siècles entre les coureurs de bois et les femmes des groupes papinachois, piékouagamiens ou mistassins. Plus que jamais nous sommes fascinés par une vision du monde qui croit plus aux vertus de l'harmonie qu'à celles du seul « progrès ».

Je connais bien peu la langue crie, mais j'ai côtoyé depuis vingt-cinq ans ces Indiens que j'apprécie, même si parfois c'est « intense » – particulièrement quand ils consomment trop d'alcool et de cocaïne. Dans l'ensemble, ces années-ci plus particulièrement, ils manifestent une manière de vivre et d'aborder le monde de la nature qui pourrait enfin paraître « saine » aux Occidentaux urbains citadins et « civilisés », tous les pressés de nos sociétés qui ont érigé le consumérisme comme valeur première. Et la planète a mal.

Le père Laure avait, j'en suis sûr, plus qu'à cœur de connaître ses ouailles. Dans ses écrits, on voit bien qu'il tient Marie Outchiouanish, Montagnaise de Chicoutimi, en haute estime. C'est elle qui lui apprit la langue :

En maître elle conduisait mes études, et dès le premier mot qu'elle m'entendit prononcer : c'en est fait, dit-elle aux autres, notre Père a parlé notre langue, je ne lui parlerai plus françois ; et malgré mes instances elle garda sa parole ; et à force de le faire deviner, elle mit son écolier en état de precher à Noël le mystère sans papier[1].

Que les Indiens et les missionnaires aient été en aussi bonnes relations nous semble digne d'être souligné.

1. Pierre-Michel Laure, *Mission du Saguenay/Relation inédite du R.P. Pierre Laure, S.J., 1720 à 1730*, p. 41.

Marie Outchiouanish a beaucoup aidé le père Laure dans sa confection d'un dictionnaire français-montagnais.

Depuis le temps que je travaille dans le Nord, auprès des Innus d'abord, puis avec les Inuits et maintenant avec les Cris, je réalise que je n'ai jamais appris autre chose que des mots, ici et là, sans pouvoir formuler de véritables phrases. J'ai beaucoup parlé anglais au Nunavik et au Eeyou Istchee. Mais aucune véritable connaissance des langues premières qui étaient parlées dans mon Nord il y a mille ans, toutes des langues de chez moi, langues qui firent l'histoire de mon pays, de mon terroir, de mes racines, de ma raison de vivre et d'être (comme elles seront ma raison de mourir). Depuis peu, je découvre de nouveaux mots, grâce entre autres à ma correspondance avec la poète Rita Mestokosho, mais aussi grâce à la lecture d'un bestiaire innu écrit par Daniel Clément, dans lequel les propos du père Laure sont souvent cités. Quelle richesse langagière, chez les Innus, pour nommer les habitudes, l'anatomie et la vie des bêtes !

> Le phoque commun a une bonne ouïe (*petam*), mais il voit surtout très loin (*mishtanâpu*). Lorsqu'il perçoit le danger, il en fait part aux autres phoques par la parole (*aiamu*). Le phoque commun peut aussi émettre d'autres sons d'avertissement comme appeler d'un ton plaintif (*tepueu*), crier (*tshitu*) ou souffler très fort (*pûtâsheu*). Les grondements du phoque sont imités par les Innus lorsque ces derniers cherchent à les attirer (*ashkuâtshukuâteu*) pour les abattre[2].

2. Daniel Clément, *Le bestiaire innu. Les quadrupèdes*, Québec, PUL, 2012, p. 107.

*

Après deux heures de voyagement, au loin, Isabelle croit apercevoir une tôle, comme un objet métallique… Sommes-nous sur la bonne voie? Franchissant un large bras de rivière, nous abordons une presqu'île. Ça sent le village… Rien à l'horizon cependant. Aucun Chiiwetau. Nous faisons une pause sur la terre ferme pour bivouaquer. M'avançant sur une pointe de roches pour découper des filets dans les flancs du brochet, qu'est-ce que j'aperçois, sur ma gauche? Le Chiiwetau, avec toutes ses constructions regroupées dans les hautes herbes, encerclées par de grands peupliers! Il ne semble y avoir personne sur place, et pourtant, il règne un air de bonheur. De larges toiles bleues recouvrant le toit de certains campes battent au vent. Nous imaginons ce que peut être la vie ici quand se réunissent cent ou deux cents personnes pour une semaine, comme pour fêter «l'ancien temps». En canot, nous virons et rêvons dans la baie devant le Chiiwetau, pendant plusieurs minutes. Le retour, dans le sens du courant cette fois, est aisé. Nous filons. Cinq Cris à bord d'une chaloupe à moteur, fonçant en direction du Vieux Waswanipi – les premiers humains que nous croisons aujourd'hui –, nous saluent joyeusement.

L'autochtonie nordique nous intrigue et nous meut, elle qui est marquée par une psyché nomade faite d'entraide et de solidarité. Le monde que nous aimons explorer est dirigé par des forces plus circulaires que linéaires. Ce pays de l'Antre de marbre qui nous attire n'est pas à nous. Nous ne le possédons pas. Sur un mode de pensée autochtonien, nous considérons que le pays, c'est nous. Nous en faisons partie de manière intrinsèque. Impossible d'acheter la moindre parcelle de terre dans le but de la posséder en solitaire, de la spolier ou de la détruire. Le territoire est en nous. Il représente nos membres, notre langue et nos yeux. Voici un trait, parmi d'autres, de la pensée autochtonienne. Il nous paraît primordial de ne rien oublier de nos racines. Ensemble, Autochtones et non-Autochtones, nous avons comme tâche d'évoquer les particularités d'un espace nommé Kébec. Nous croyons que la métisserie, c'est-à-dire le métissage culturel des univers autochtone et non autochtone, représente notre avenir le plus dynamique. « Sud » et « Nord » doivent accepter d'amalgamer leurs forces, leurs richesses comme leurs manières de voir le monde.

Je crois avoir pris conscience de la splendeur de la vie dans les bois lorsque j'avais treize ans, lors de mon premier camping d'hiver sous la tente, en tant que jeune scout. J'ai été capable de survivre par moins vingt-cinq dans une tente chauffée avec un simple poêle à bois, en compagnie d'amis. J'ai pour ainsi dire amadoué l'hiver et ses forces, tout fier d'avoir appris des techniques anciennes, mais si utiles, au sein d'une nature qui m'apparaissait plus majestueuse encore qu'en été. Par ailleurs, je me souviendrai toute ma vie de la première fois où je me suis posé dans la toundra, le 3 janvier 1990, à Puvirnituq, au Nunavik. Tout à coup, j'ai eu le sentiment que je me trouvais exactement là où je devais être. J'avais existé, mais à ce moment précis, face à l'immensité de la toundra, toute mon existence prenait sens. Tous, je crois, nous sommes appelés à toucher un jour ou l'autre à cette destinée personnelle qui nous est impartie. Le défi, et c'est vocationnel, est de mettre en place les choses de sa vie pour en arriver là, sachant bien que le «lâcher-prise» s'avère tout aussi important que la volonté si on souhaite aborder les rivages de son destin. Parfois, tout dépend des gens qu'on choisit. Parfois, tout est lié à un lieu qu'on visite ou qu'on souhaite habiter. Ce qui est sûr, à mon sens, c'est que la découverte de son destin ne se fait pas sans recherche ou même sans souffrance. Ce n'est jamais dans la facilité que survient l'entrée en contact avec son meilleur avenir.

Repérage

Isabelle

C'est un grand jour : je vais enfin voir de mes yeux la Colline-Blanche, si Dieu le veut! À moins d'un mois du départ officiel, Jean et moi avons décidé de faire le trajet jusqu'à l'Antre de marbre, question d'avoir une meilleure idée des distances, de prévoir un itinéraire. Nous sommes déjà dans la région de la Baie-James, puisque Jean travaillait à Waswanipi depuis deux semaines.

L'été est plutôt frais jusqu'à maintenant. On ne peut pas dire que le beau temps soit de la partie aujourd'hui : il fait à peu près douze degrés et il pluviote. Mais comme dit Jean, s'il fallait attendre les conditions idéales pour faire quoi que ce soit dans notre pays, «on ne ferait jamais rien!» Rarement l'ai-je vu remettre à plus tard une expédition à cause de la météo. En fait, le temps est tellement gris aujourd'hui qu'il semble avoir fait fuir les mouches, ce qui en soi est une bonne nouvelle...

Nous commençons donc notre remontée de la Témiscamie en canot. Les deux semaines à Waswanipi m'ont permis de m'entraîner à de plus longues séances de pagayage et cela a porté des fruits : la canotée s'effectue plutôt bien. La forêt est luxuriante. J'ai l'impression d'effectuer un voyage dans le temps, de remonter la rivière de mes origines. On dirait une forêt vierge. Je ressens presque un malaise à l'idée de troubler cette grande quiétude sauvage : « Ces arbres-là n'ont pas besoin de nous ! » dis-je à Jean. « Peut-être, me répond-il, mais ils sont bien heureux qu'on ne les magane pas et qu'on les trouve beaux ! »

Comme souvent lorsque nous sommes en canot, Jean entonne ses chansons scoutes avec ferveur ✪, dont le fameux *Cantique des patrouilles* :

Seigneur, rassemblés près des tentes
Pour saluer la fin du jour,
Tes scouts laissent leurs voix chantantes
Voler vers Toi, pleines d'amour.
Tu dois aimer l'humble prière
Qui de ce camp s'en va monter,
Ô Toi qui n'avais sur la terre
Pas de maison pour t'abriter.

Nous venons toutes les patrouilles
Te prier pour Te servir mieux.
Vois au bois silencieux
Tes scouts qui s'agenouillent.
Bénis-les, ô Jésus dans les cieux !

Le scoutisme a été essentiel dans la vie de Jean, à plusieurs niveaux : pour ce qui est de son rapport à la nature et à l'expédition, certainement, mais aussi en ce qui concerne sa foi. Il me parle souvent de ses chefs scouts et de ses aumôniers, qui ont été ses guides en forêt, de réels compagnons d'aventure, avec lesquels il a pu admirer le ciel, en canot, la nuit, et vivre de multiples péripéties. Nous avons justement croisé l'un d'eux en ville il y a quelques semaines : Jacques Roberge, devenu depuis le directeur du Séminaire de Québec. Il fallait les voir se remémorer ensemble leurs meilleures expéditions.

Les modèles dans la foi jouent un rôle important. Il y a le milieu familial, bien sûr, mais à l'adolescence, rencontrer des croyants inspirants peut avoir un impact déterminant. Pour ma part, bien que j'aie grandi dans une famille catholique pratiquante, c'est surtout durant mes années de cégep que j'ai l'impression de m'être approprié ma foi, grâce à l'équipe de pastorale et à ses animateurs, un prêtre et un laïc qui, sans se prendre au sérieux, visaient juste dans leur façon d'être présents à la communauté étudiante, du moins en ce qui me concerne. Je me souviens de soupers interminables où on chantait des chansons de Richard Desjardins, de fins de semaine au monastère de Rougemont, de discussions existentielles sur les vieux divans du café étudiant. Voilà des événements fondateurs. Chanter dans un chœur de musique classique m'a aussi amenée à connaître de l'intérieur toutes sortes d'expériences spirituelles de différentes époques et traditions : je ne suis pas sortie indemne du *Messie* de Haendel, de la *Passion selon saint Jean* de Bach, du *Miserere* d'Arvo Pärt, du *Requiem* de Fauré, de la *Misa Criolla* de Ramirez, des negro-spirituals, du *Salve Regina* de Poulenc, des *Vêpres* de Rachmaninov. Chercher la juste interprétation de ces œuvres implique – pour ma part du moins – de vivre une réelle rencontre avec le sacré, en ressentant à travers la musique toutes les émotions qui teintent la vie d'un croyant : joie, soulagement, détresse, affliction, colère, désespoir, reconnaissance, compassion, supplication, renoncement, abandon, confiance... Je réalise que cette activité chorale a façonné ma sensibilité artistique et religieuse.

Je me demande comment les choses se sont passées pour Pierrot. Je ne connais pas bien cette partie de son cheminement, même si je le côtoie depuis plusieurs années. Quels modèles a-t-il eus ? Comment un jeune homme décide-t-il de devenir prêtre ? Il me semble l'avoir entendu dire qu'il avait senti l'« appel » très jeune. Je sais qu'il est passé par le Centre de formation chrétienne Agapê – un lieu de formation pour les jeunes adultes qui désirent vivre une expérience concrète de vie chrétienne en communauté – quelques années avant que j'y passe moi-même, afin de vivre une expérience d'engagement missionnaire au Québec et à l'étranger (au Mexique). En ce qui me concerne, cette année a été riche de prises de conscience de toutes sortes. Même si j'ai souvent eu l'impression que ma foi était plus « païenne » que celle des autres participants, quinze ans plus tard, je continue d'en recueillir les fruits.

*

Après deux heures de pagayage, miracle ! Le soleil semble se pointer le bout du nez. On se prend au jeu des découvreurs et on baptise une petite île : ce sera désormais pour nous l'île iPhoune, en l'honneur de mon nouvel iPhone, acheté expressément pour l'expédition. Cet engin – toujours à portée de main – permet de filmer, d'enregistrer une conversation, de prendre des photos. Mais pas de signal cellulaire ici : le contraire aurait été surprenant et, à vrai dire, choquant, tant il est vrai que, dans la forêt

profonde, on veut la sainte paix! Jean sort la carte topo-
graphique pour vérifier si nous approchons du but. Dur
d'identifier où nous sommes exactement, mais on croit
reconnaître cette petite baie, là, et cette bande de terre...
Un peu plus loin, on remarque une plaque blanchâtre sur
le haut d'un petit mont, entre les épinettes. La Colline-
Blanche, enfin! En prenant à droite, on entre dans une
espèce de bras de rivière, assez étroit, qui débouche sur
une petite baie enclavée. Un dernier effort! Nous accostons dans les hautes herbes et la boue.

Tout est là: les coulées de quartzite; la montée (il
y a bel et bien un sentier et un escalier de bois – tout
défoncé –, même s'il doit venir pas plus de cinq visiteurs
par année); les anfractuosités dans la falaise, où on devine
plein de petites grottes (Louis-Edmond parlait de «marmites»); l'Antre de marbre lui-même, beaucoup moins
blanc que je l'aurais cru, mais tout lisse, avec une grande
cavité ronde à l'arrière; et surtout le haut de la Colline,
avec la vue sur la rivière et la mer d'épinettes. Les pierres
sont décorées de lichen jaune pâle (comme s'il était phos-
phorescent) tout en arabesques. Le sol au grand complet
est recouvert de mousse de toutes les couleurs: blanc,
beige, vert tendre, vert foncé, jaune, ocre, rougeâtre, brun.
Sommes-nous dans un monde enchanté? Deux couleuvres
en état de grâce, lovées l'une autour de l'autre, dorment
dans la mousse à caribou et le thé du Labrador. Dans une
autre vie, j'étais une couleuvre moi aussi.

Nous pique-niquons dans l'Antre de marbre, un
délicieux restant de *fish and chips* de brochet – pêché
par nous-mêmes! –, réchauffé sur le brûleur, avec du
ketchup et du porto. Mission accomplie!

Éléments techniques

Jean

Pour la voyagerie qui sera la nôtre, les trois éléments techniques les plus importants sont l'auto, la roulotte et le canot. L'auto, ma Subaru usagée, tirera une petite roulotte en fibre de verre, une Trillium de quinze pieds, encore plus usagée, Isabelle et moi l'ayant utilisée pour trois grands tours de l'Amérique du Nord, atteignant même le cercle polaire au nord de Fairbanks, en Alaska. Cette roulotte peut facilement accueillir trois ou quatre convives pour les repas à l'abri des intempéries et surtout des moustiques. Mais elle reste confortable pour deux dormeurs plutôt que trois ; j'apporte donc ma tente d'expédition à deux places (deux places et demie), dans laquelle je dormirai quand nous serons en camping, tente qui deviendra plus qu'utile lorsque nous passerons à l'Antre de marbre.

Quant au canot, il s'agit d'un esquif de marque Prospecteur, sans quille, qui fait seize pieds de long, en Royalex ; extrêmement manœuvrable, parfait pour les descentes de rapides, nous devrons prendre garde lorsque nous serons trois dedans, en plus des bagages : un faux pas en embarquant, un mauvais coup de pagaie dans les eaux vives et ce pourrait être le grand dessalage.

Nous l'utilisons en particulier parce qu'il est léger, très léger – il ne fait pas plus de trente-cinq kilos, même mouillé! –, ce qui rend les portageages faciles, aériens et, surtout, donne un sentiment de grande force à tout portageur solitaire.

Nous traînons aussi une caméra dans une valise imperméable, de même qu'un trépied et deux micros. Il y a bien sûr nos effets personnels, sans oublier les maillots de bain, mais aussi des vêtements chauds, au cas où! On ne sait jamais, dans le Nord! Je me souviens d'une descente de la rivière Koroc, à partir du mont d'Iberville, au nord-est de Kangiqsualujjuaq, dans les Torngat... Chacun des premiers jours du mois d'août, il avait neigé, à l'aube. Il est vrai que la Témiscamie est passablement plus sudiste que la Koroc.

Pierre-Olivier transporte dans ses bagages son charango, le célèbre instrument qui sert pour toute forme d'occasion festive, obligatoire pour couvrir nos fausses notes, surtout quand nous chantons avec trop d'entrain. Nous nous sommes procuré une petite glacière ronde, en plastique, dans laquelle sera placée la nourriture qui pourrait attirer les bêtes sauvages, particulièrement quand nous vivrons en plein bois. J'ai aussi mon antique carabine de calibre 22 pour nous défendre, même s'il y a vraiment peu de chances (ou de malchances) de devoir le faire – pensons ici aux ours noirs –, en plus des nécessaires gréements de pêche (deux cannes, deux moulinets, quelques grosses mouches et des leurres métalliques) qui serviront pour toutes bonnes raisons, au cas où nous déciderions d'un commun accord de séjourner dix jours, voire six mois, dans les environs de la Colline-Blanche, gagnés par un enthousiasme explorateur délirant, ou peut-être parce que nous serions égarés, ma boussole ayant perdu le nord.

Je me rappelle de ma plus grande expédition à vie, en compagnie de mon ami Jean-Benoît Cantin, dans le Grand Nord, alors que nous avions comme objectif de faire un tour complet du Québec par voie de terre, en motoneige. Cherchant à rallier Schefferville à partir de Kuujjuaq, nous avions dû affronter des bancs de neige de deux mètres dans la taïga, plutôt que les habituels dix centimètres de poudreuse de la toundra. Bien des problèmes techniques, dont la chute d'une motoneige entre les deux couches de glace d'un ruisseau qui avait gelé en plusieurs strates, nous avaient subtilisé passablement de carburant, assez pour que nous restions immobilisés pendant quasiment une semaine au lac Nachicapau, dans une tente de pourvoirie, en attendant de trouver de l'essence pour enfin revenir à Kuujjuaq. La carabine que j'avais apportée avait un peu servi, plus pour abattre quelques perdrix que pour tuer un caribou, les grandes bêtes étant absentes du paysage.

Enfin, pour compléter l'équipement, nous transportons une sciotte, une hachette, trois pagaies, de même qu'une veste de sauvetage pour chacun, de la corde à brêlage, mais aussi le fameux Duct Tape – dont ne se prive aucun explorateur contemporain! –, des bougies, une paire de jumelles, des cartes routières, en plus des cartes topographiques couvrant les régions situées au nord-est de Chibougamau, aux portes des monts Otish. Finalement, nous avons des réserves de nourriture et du porto!

Inauguration

Isabelle

Le départ est imminent. La route nous habite. Nous avons hâte de nous abandonner à elle. Pour les derniers préparatifs, je songe à un rituel afin d'inaugurer l'expédition : un rituel poétique inspiré par le désir des Indiens de se référer aux quatre directions lors des grandes cérémonies, comme une façon de s'imaginer dans le grand Tout, avec tous ses âges. S'inscrire dans un ordre qui nous dépasse ne permet-il pas de lâcher prise ?

Que le meilleur advienne sur cette route sacrée !

Prière aux quatre directions

Isabelle

Au sud je suis une enfant qui court
Dans son haleine et ses énigmes
Mes poupées ont des griffes invisibles
La vérité se fait neuve
Je m'échappe
Je suis une souris
Je vais voir ailleurs
Le ciel avale tout sur son passage

Ô Grand Sud
célèbre la croissance de nos artères

À l'ouest je suis nubile
Nymphe sous la pluie
J'attends ma vision à moi
La suite des méridiens
Là-bas les rivières coulent dans les deux sens
Et mon âme s'arrondit comme un ours
Je veille sur la trajectoire de mon rêve

Ô Grand Ouest
sois notre fétiche notre fumée noire

Au nord j'enfante
Je baigne bisons et nébuleuses
Je sais où loge la clarté
Comment vivre avec le feu
La peur n'a plus cours près des racines
J'abandonne ma vie meilleure

Ô Grand Nord
donne-nous l'endurance de tes plus forts sabots

À l'est je décide de mon pas
Comme un chasseur éphémère
Mon cœur est un aigle qui parle
Le territoire me regarde
Et moi je guette le jour naissant
La prochaine illumination est mon embarquement

Ô Grand Est
accueille nos fléchissements notre silence

Au centre qui suis-je
Vide et polarisée
Partirais-je enfin allège
Pour m'élever plus près des cieux

Ô Grand Esprit
guide-nous dans les turbulences de nos âges

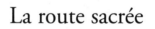

La route sacrée

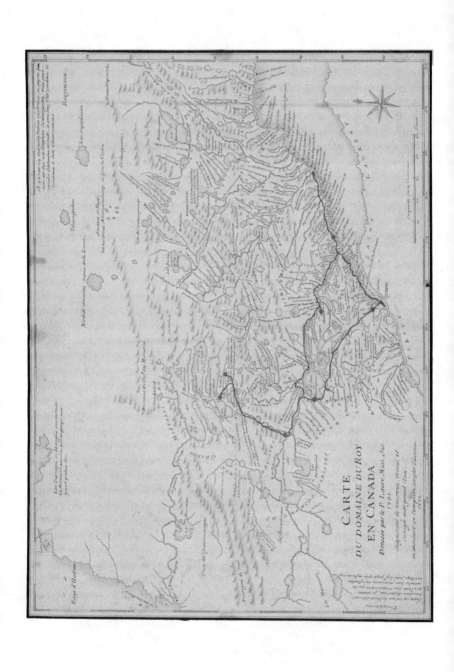

Moment de veille[1]
Québec

La veille de notre départ, nous allons nous recueillir sur la tombe de Bernard, le père d'Isabelle, en compagnie des membres de sa famille et de quelques amis. Au cours d'un pique-nique, nous sommes quatorze à souligner la joie de nous rassembler autour d'un «aîné» qui n'est plus mais qui demeure, qui représente en quelque sorte la figure de proue de notre quête. Pourquoi vouloir ainsi nous lier aux ancêtres, et plus particulièrement à un être remarquable comme le père d'Isabelle? Pourquoi ce cérémonial, même s'il est tout simple? Sûrement parce que nous croyons en l'importance du mot «mission», le coup d'envoi de celle-ci, aussi humble soit-elle, étant donné auprès d'un homme qui compta beaucoup pour sa fille. Ce n'est pas uniquement par respect que nous avons souhaité nous rendre au cimetière pour prier, manger ensemble et avoir du plaisir. C'est parce que nous croyons en la pérennité des

---

1. Le récit *La route sacrée* a été écrit à quatre mains, les textes de Jean Désy étant à gauche et ceux d'Isabelle Duval, à droite.

actions et des gestes, de ce qui nous a précédés comme de ce qui viendra après nous.

Nous sommes tous émus de nous retrouver ici, même ceux qui n'ont pas connu
mon père. La soirée est particulièrement
douce: nous nous trouvons face au fleuve,
au parc des Voiliers, un endroit où mon
père aimait beaucoup se promener – nous
avons été reconnaissants, à l'époque, qu'il
puisse être enterré juste à côté de ce parc,
au beau cimetière Mount Hermon. C'est la
première fois depuis l'enterrement – il y a
sept ans – que je me retrouve autour de sa
tombe avec ma mère, mon frère et ma sœur.
Nous étions peut-être un peu perplexes, au
début, de nous retrouver ici tous les quatre,
ne sachant trop comment vivre ce moment
sans être « écrasés » par la charge symbolique.
Quand prend-on le temps de pique-niquer
sur la tombe d'un défunt – ou du moins près
de celle-ci? Jamais, me semble-t-il, pas au
Québec en tout cas. Est-ce par pudeur, par
peur, par crainte de trop de morbidité, ou
serait-ce que les cimetières sont de moins en
moins adaptés au recueillement? Je conseille
aux gens de faire ça au moins une fois dans
leur vie, le plus simplement possible, sans
s'empêtrer dans trop de cérémonial.

Peu à peu, nous apprivoisons le lieu, le
fait d'être là. L'amitié et la douceur de l'air

font le reste. Jean a brièvement connu mon
père, puisqu'ils ont chanté ensemble dans
le chœur des Rhapsodes pendant quelques
années ; ils ont eu l'occasion de parler médecine et poésie. Jean m'a déjà dit que mon
père est un des seuls médecins qui lui ait
parlé de ses chroniques littéraires dans la
revue *Médecin du Québec*. Pierrot aussi l'a
rencontré : c'est lui-même qui lui a donné
le sacrement de l'onction des malades, la
veille de sa mort, à l'hôpital de l'Hôtel-Dieu.
On avait chanté ensemble le *Notre Père* de
Pierick Houdy, et mon père, heureux de ce
moment, l'avait remercié chaleureusement
en lui disant « On lâche pas ! » – ce qui nous
avait tous fait sourire. Je rends grâce à Dieu
pour la sérénité que j'ai sentie chez mon père
à ce moment crucial de sa vie.

Mais on est loïn de cette chambre de
mort, maintenant. Nous sommes, je dirais,
dans le meilleur de ce qu'il nous a laissé : une
douceur, une force tranquille, un idéal, une
volonté de cohérence. N'est-ce pas dans cet
esprit que nous entreprenons ce pèlerinage ?
Cohérence : avec ce que nous sommes, avec
ceux qui nous ont précédés. Ancrage : dans la
force tranquille de nos origines. Idéal : celui
de changer le monde, avec douceur. Nous
goûtons déjà, il me semble, un des fruits de
l'expédition à travers ce rassemblement, prétexte pour inaugurer le voyage. Surpris de la

paix ressentie, on se dit qu'on devrait faire ça plus souvent. La mort est peut-être bel et bien notre «petite sœur», comme l'écrit François d'Assise. Quelqu'un a déposé un petit bouquet de fleurs en tissu sur la pierre tombale – ma mère y reconnaît le geste d'une amie. Il y a de la vie ici.

Après le repas, nous faisons silence dans le cimetière, autour de la pierre tombale de Bernard, pendant que les enfants courent dans l'herbe ou grimpent sur de vieux monuments funéraires. Certains adultes sont assis sur le gazon ; d'autres sont restés debout. Puis Pierre-Olivier anime un court temps de prière, en profitant pour lire quelques textes, dont la *Prière aux quatre directions* d'Isabelle. Celle-ci choisit ensuite de lire le *Cantique des créatures*, la prière de saint François d'Assise, qui évoque toute la Création : le soleil, la lune, le vent... À voix haute, nos amis nous disent bon voyage, prenant le temps d'énoncer, à tour de rôle, certains souhaits plus précis. Nous en profitons pour leur faire part de nos attentes. Pierre-Olivier joue du charango, ce qui fait danser la petite Marianne, deux ans et demi. Elle applaudit après chaque chanson. C'est la fête, mais une fête feutrée, en accord avec ce que nous avons envie de vivre.

Cantique des créatures

Saint François d'Assise

Très haut, tout-puissant et bon Seigneur,
à toi louange, gloire, honneur,
et toute bénédiction ;
à toi seul ils conviennent, ô Très-Haut,
et nul homme n'est digne de te nommer.

Loué sois-tu, mon Seigneur, avec toutes tes
créatures,
spécialement messire frère Soleil,
par qui tu nous donnes le jour, la lumière :
il est beau, rayonnant d'une grande splendeur,
et de toi, le Très-Haut, il nous offre le symbole.

Loué sois-tu, mon Seigneur, pour sœur Lune et les
étoiles :
dans le ciel tu les as formées,
claires, précieuses et belles.

Loué sois-tu, mon Seigneur, pour frère Vent,
et pour l'air et pour les nuages,
pour l'azur calme et tous les temps :
grâce à eux tu maintiens en vie toutes les créatures.

Loué sois-tu, mon Seigneur, pour sœur Eau,
qui est très utile et très humble,
précieuse et chaste.

Loué sois-tu, mon Seigneur, pour sœur notre mère
la Terre,
qui nous porte et nous nourrit,
qui produit la diversité des fruits,
avec les fleurs diaprées et les herbes.

Loué sois-tu, mon Seigneur, pour ceux
qui pardonnent par amour pour toi ;
qui supportent épreuves et maladies :
heureux s'ils conservent la paix
car par toi, le Très-Haut, ils seront couronnés.

Loué sois-tu, mon Seigneur,
pour notre sœur la Mort corporelle
à qui nul homme vivant ne peut échapper.

Malheur à ceux qui meurent en péché mortel ;
heureux ceux qu'elle surprendra faisant ta volonté,
car la seconde mort ne pourra leur nuire.

Louez et bénissez mon Seigneur,
rendez-lui grâce et servez-le
en toute humilité !

Premier jour
Sainte-Brigitte-de-Laval – Pessamit

Nous quittons Québec en traînant notre vieille roulotte. Avec le canot chargé sur le toit de l'auto, nous avons l'air de bohémiens, et cela nous plaît. Il fait un temps de fin d'été splendide.

Tout le monde est en forme pour ces premiers kilomètres. Après avoir autant pensé cette expédition, préparé quantité de choses, il est bon d'être enfin partis! Le départ, pour moi, est synonyme de libération en ce premier matin. Jean est au volant, je suis à côté de lui, en tant que navigatrice officielle, Pierrot est derrière. J'ai mon iPhone à portée de main, prête à enregistrer la conversation si jamais je sentais que nous touchions un point important du pèlerinage. Grâce à la connexion réseau, j'ai accès à tout l'univers du Web, ce qui pourra s'avérer précieux pour effectuer toutes sortes de recherches, vérifier des faits historiques entre autres. J'ai aussi plusieurs livres et photocopies – romans, essais, recueils de poèmes, Bible, guides touristiques et même un bouquin sur les plantes sauvages boréales – pour pouvoir faire la lecture à mes compagnons : nous avons sélectionné des textes en prévision de chaque portion du voyage, question de donner à l'expédition une réelle qualité géopoétique, tout en nous ancrant dans l'imaginaire. Pierrot, en tant que théologien, se charge de trouver une « parole du jour » en associant un passage biblique à l'événement qui s'avérera le plus représentatif de la journée.

En ce premier matin, nous laissons cependant de côté cet aspect du voyage pour nous abandonner à la route, nous éveillant peu à peu à notre réalité de voyageurs. Pierrot nous dit qu'il fait ces temps-ci des rêves très signifiants. Son mandat comme curé de la paroisse Sacré-Cœur, à Ottawa, tire à sa fin – il y est depuis quatre ans –, mais il ne sait encore où ses supérieurs lui demanderont d'aller. Être dans cette expectative l'amène à redéfinir, de façon plus aiguë peut-être, le sens de sa vocation, à reconsidérer ses objectifs de vie en fonction des différentes possibilités susceptibles de se présenter à lui. Il a l'impression que son inconscient se mobilise déjà à vivre cette transition : cette nuit, il a rêvé qu'il rencontrait le pape. Sachant toute l'importance que les Indiens accordent aux rêves, nous nous interrogeons sur le possible sens à donner à celui-ci et convenons finalement qu'il y a là un bon augure pour notre voyage. Je suis touchée qu'il se sente à l'aise de partager avec nous ses « visions » et ses aspirations.

Nous faisons un premier arrêt à Sainte-Anne-de-Beaupré. Il nous semblait valoir la peine de faire une halte dès les premiers kilomètres afin de nous inspirer du sacré qu'impose la basilique. Les environs ont beau être hideux, bousculés par les façades de motels et par les panneaux promotionnels clinquants, une fois qu'on a gravi les marches conduisant au parvis, on se sent mieux, capté par une impression de monumental et de dignité en partie liée à l'histoire et aux traditions. Je ne suis pas souvent venu dans cette église ; à une occasion spéciale, j'y suis entré avec une amie bouddhiste qui m'avait demandé de l'y emmener afin qu'elle puisse y prier. Les Innus sont depuis longtemps de grands amateurs de pèlerinages à Sainte-Anne-de-Beaupré. Chaque année, au cours de l'été (la fête de sainte Anne est le 26 juillet), ceux de la Basse-Côte-Nord comme ceux d'Ekuanitshit, de Maliotenam, de Uashat, de Pessamit et d'Essipit y viennent en grand nombre. Leur dévotion à sainte Anne remonte au temps de la colonie. Les Innus semblent avoir su incorporer au catholicisme ambiant plusieurs traits de chamanisme,

95

particulièrement en ce qui concerne bien des formes de guérison spirituelle.

Je me souviens de Jean-Claude Filteau, un professeur de théologie qui nous disait que chaque fois qu'il visitait une église avec des étudiants, il ne manquait pas de leur poser la question suivante : « Qu'est-ce qui est le plus important dans cette église ? » Les étudiants réfléchissaient : « La croix ? Le tabernacle ? L'autel ? La Bible ? » Et le professeur se faisait un malin plaisir de répondre : « Non, le plus important... c'est vous ! » Je n'ai jamais oublié cette anecdote, qui me semble remettre les choses dans la bonne perspective : l'église n'existe pas pour elle-même, mais pour permettre la rencontre entre l'humain et le sacré.

C'est avec mes grands-parents que j'ai découvert Sainte-Anne-de-Beaupré. Chaque été, lorsque cela leur était possible, ils ne manquaient pas de venir prier la « bonne sainte Anne » à la fin de juillet, pendant la neuvaine. Mon grand-père, un homme sérieux, intellectuel, très pratiquant, me disait qu'enfant il avait d'importants problèmes de vue et que c'est en priant sainte Anne que les choses avaient fini par s'arranger. Il avait alors fait le vœu de revenir prier à la basilique chaque année, lorsque le voyage était possible. Récemment, il m'a d'ailleurs demandé, en tant qu'aînée de ses petits-enfants résidant dans la région de Québec, de continuer cette tradition. Que penser d'une telle chose? Naïveté? Aveuglement? Légende? Miracle? Pour ma part, je choisis simplement une attitude d'ouverture face à la confidence. En m'acquittant de mon «devoir» de petite-fille, je sens une filiation se perpétuer, comme si ainsi je prenais soin d'une de mes racines.

Je suis contente que nous ayons choisi de nous arrêter ici. Alors que nous faisons face au portique, à l'extérieur de l'église, Pierrot se souvient d'une visite précédente, au cours de laquelle un de ses amis théologiens lui avait expliqué plusieurs des symboles intégrés à l'architecture – celle de l'intérieur de la basilique, bien sûr, mais aussi celle du portique, ce qui avait le plus marqué Pierrot. Il y va donc d'un exposé improvisé sur l'importance du portique – le portique en tant qu'espace symbolique favorisant l'entrée dans une démarche spirituelle, lieu où l'on se prépare à vivre la rencontre avec le sacré, «car la grandeur demande le respect et s'y préparer est un signe de respect». Il s'avère en fait que le portique de la basilique Sainte-Anne-de-Beaupré évoque la Création au grand complet, qui se prépare à entrer dans le Saint des Saints, dans l'église. «Le cosmos tout entier, dit Pierrot, est sollicité à se disposer au sacré, à la rencontre, à ce qu'il y a de plus beau. » Je n'avais jamais vu les choses ainsi, mais quand on s'y attarde, c'est en effet d'une grande beauté : ceux qui ont construit et orné la basilique ont ainsi accordé toute une symbolique au portique à travers les mosaïques, les icônes, les sculptures. On y retrouve les règnes végétal et animal, le soleil, la lune, l'océan, les saisons, mais aussi l'humain : différents métiers sont représentés, jusqu'aux signes astrologiques. Me reviennent en tête les mots de saint François d'Assise : ce portique me semble inspiré par son cantique, qui évoque lui aussi toutes les « créatures ». Quelle beauté ! J'aime sentir que je suis invitée à m'unir au cosmos pour rencontrer « notre » Créateur. Le fait de passer tous les trois à travers ce portique, en ce début de montée vers la Colline-Blanche, c'est reconnaître que dans la tradition chrétienne, il y a aussi cette volonté de communion avec la nature. C'est nous préparer, nous aussi, à la rencontre.

En guise de « parole du jour », Pierrot évoque le récit de la Genèse, mais aussi un verset de la lettre de saint Paul aux Romains : « Or, nous savons que, jusqu'à ce jour, la création tout entière soupire et souffre les douleurs de l'enfantement. » (Rm 8, 22) Le monde n'a pas été créé une fois pour toutes : il est encore en train d'être créé, en voie d'atteindre une existence plus pleine, plus totale. Et quand on dit « le monde », c'est aussi de nous-même qu'on parle : chacun est appelé à poursuivre son propre enfantement. Le chemin qui est proposé ici, à la basilique, c'est la rencontre de ce qui nous transcende, le Très-Haut − ou le Très-Bas, comme le dit Christian Bobin. J'aime être capable de lire ces symboles, de mieux comprendre l'architecture. J'ai l'impression soudainement d'avoir les yeux assez ouverts pour lire le monde, y trouver du sens. Côtoyer Pierrot me donne souvent ce type d'impression.

Tout en décrivant le portique, Pierre-Olivier nous explique ce qu'il entend par une spiritualité de « cadre de porte », fondamentale à son avis. Dans sa paroisse du campus de l'Université d'Ottawa, il a baptisé « Le Portik » le local de pastorale qui s'adresse aux jeunes : on y a mis des divans, des tables pour travailler, un coin café. Il aime bien s'y retrouver. Le portique est cet espace où, souvent, les dialogues sont les plus vrais : on ne se trouve pas dans l'officiel ni dans les convenances, on est entre les deux, dans un espace que Pierrot décrit comme « liminal », lieu de passage entre la vie dite normale et une autre plus sacrée. C'est dans le portique, ou entre deux portes, que bien des gens livrent très souvent l'essentiel de ce qu'ils ont à raconter.

Si la spiritualité y est plus accessible, c'est parce qu'on y dit les choses simplement. C'est un espace où on ne veut pas se laisser : l'ami est prêt à s'en aller « mais il reste et on jase, on jase ». Le portique est ainsi beaucoup moins formel ou solennel que l'église : les échanges ne sont pas unilatéraux, puisqu'on se situe dans le dialogue. Pierrot insiste sur l'accueil, l'accompagnement et la rencontre avec cette « spiritualité de cadre de porte ».

Dans ma vie de médecin, combien de fois ai-je eu le sentiment que la chose la plus importante que certains patients voulaient me confier n'était formulée qu'à la toute fin de la consultation, une fois la main sur la poignée de la porte, particulièrement lorsqu'il s'agissait de problèmes liés à la sexualité. C'est à l'instant de partir, lorsque s'ouvre une première porte, celle du bureau conduisant au couloir menant à la porte extérieure, que le malade ressent parfois l'urgence de raconter plus en détail, sinon avec plus de passion, bien mieux que lorsqu'il était assis sur une chaise droite, ou pire encore, couché sur une table d'examen.

Après quelques moments de déambulation et de recueillement dans la basilique, voilà que nous retraversons le portique, en espérant que nous franchirons l'entrée de l'Antre de marbre avec le même sentiment de profonde camaraderie que celui qui nous lie en ce moment, mêlant notre envie de vivre à une nécessaire humilité devant les splendeurs du monde. Dehors, au sud, nous apercevons le dos rond de l'île d'Orléans. Dans la voiture, nous nous remémorons avec plaisir le tournage du documentaire *Le prêtre et l'aventurier*, point de départ de cette route sacrée. Je me souviens du moment où j'étais assis sur une pierre de la pointe d'Argentenay, face au cap Tourmente : un espace qui est pour moi sacré. Pierre-Olivier avait mis une main sur mon épaule en disant : « Mais le sacré, il est en toi, mon Jean ! » Je venais tout juste de m'exclamer à propos de l'hallucinante beauté des lieux où nous devisions, alors qu'un voilier d'oies blanches passait à une centaine de mètres au-dessus de nos têtes en cacardant avec cette fougue qui donne tout son charme au Saint-Laurent, au printemps et à l'automne.

La pointe d'Argentenay de l'île d'Orléans m'a toujours inspiré, que j'y accède par la rive ou en kayakant sur la mer, une mer qui commence à cet endroit précis, le fleuve s'élargissant considérablement, les eaux y devenant saumâtres. Tout le paysage paraît là comme dominé par le cap Tourmente, le ciel se mariant au fleuve avec une étrange perfection. Le fait que l'écrivain Jacques Poulin ait en quelque sorte « sacralisé » plusieurs des îles qu'on aperçoit au sud de la pointe (dans *Les grandes marées*), l'histoire du cap Tourmente lui-même, admiré par Jacques Cartier dès 1535, tout cela avait probablement contribué à stimuler mon enthousiasme au moment où je m'exclamais à propos du caractère sacré des lieux. Pierre-Olivier avait cependant tenu à me rappeler que l'essentiel, en ce qui concerne le sacré ou la vérité, n'est pas «extérieur» à nous. Il ne nous est pas imposé par un artiste, par un philosophe, par la société ou par un quelconque diktat: il s'inscrit plutôt au plus intime de notre psyché, collé aux grands axes qui nous forgent et nous dirigent, et, surtout, nous donnent envie de vivre.

À la manière du maître de musique dans *Le jeu des perles de verre* de Hermann Hesse – un roman que j'ai mis à l'étude à quelques reprises dans mes cours de littérature –, Pierrot aurait pu dire: «La divinité est en toi, elle n'est pas dans les idées ni dans les livres. La vérité se vit, elle ne s'enseigne pas *ex cathedra*[1].» Nous avions beaucoup réfléchi, en classe, à cette citation.

Les différents lieux physiques ou géologiques du monde ne sont en eux-mêmes ni sacrés ni profanes. Ne peut-on pas considérer que tout est sacré dans le monde, que la nature est sacrée, qu'il faut vivre de manière

---

1. Hermann Hesse, *Le jeu des perles de verre*, Paris, Éditions Calmann-Lévy, 1991.

sacrée ou de la façon la plus sacralisée possible? De toute évidence, la nature «est», ainsi que le propose clairement Fernando Pessoa dans un poème tiré du recueil *Le gardeur de troupeaux*. Isabelle retrouve les mots exacts grâce à son iPhone. Le poème se termine de cette façon:

> De la pierre, je dis: «c'est une pierre»,
> de la plante je dis: «c'est une plante»,
> de moi je dis: «je suis moi»,
> et je n'en dis pas davantage. Qu'y a-t-il
> d'autre à dire[2]?

Les structures de pierre les plus esthétiques, comme la Delicate Arch du parc des Arches, près de Moab, en Utah, ou les impressionnantes cataractes à l'embouchure de la rivière Rupert, à la Baie-James, sont ce qu'elles sont: différentes, certes, d'un simple caillou isolé dans la toundra ou d'un petit ruisseau, mais pas plus sacrées que chacune des pierres recouvertes de lichen. Ce sont les humains qui ont le pouvoir particulier de sacraliser les lieux et les manières de faire, de les «consacrer» grâce à des visites ou à des pèlerinages, grâce à des chants, à des peintures, à des photographies, à des films ou à

---

2. Fernando Pessoa, *Le gardeur de troupeaux* (et les autres poèmes d'Alberto Caeiro, avec *Poésie* d'Alvaro de Campos), Paris, Gallimard, 1997, p. 123.

des prières. Le lieu devient sacré à cause de son inscription dans l'histoire, parce qu'en le visitant, on participe à l'expérience que d'autres en ont faite. Il n'en demeure pas moins que le sacré semble mieux s'inscrire dans certains espaces plus « magiques » que d'autres, comme la pointe d'Argentenay, à l'île d'Orléans, ou la basilique de Sainte-Anne-de-Beaupré, ou certaines grottes, comme celles de la Colline-Blanche au Eeyou Istchee.

La réflexion de Jean sur le sacré me fait penser à une phrase de saint François de Sales, qu'un ami m'a dite à un moment où je n'en pouvais plus de perdre autant d'énergie dans des tâches en apparence très futiles : « Quitter Dieu pour aller vers Dieu[3]. » Ce n'est pas parce qu'on est sorti de la basilique qu'on n'est plus dans un espace sacré, dans la mesure où toute la Création l'est. De même, ce n'est parce qu'on a arrêté de prier ou de méditer qu'on n'est plus en présence de Dieu ou du sacré. Ce n'est qu'un autre visage du sacré. Cela dit, est-ce qu'on est en présence de Dieu quand on fait le ménage de son auto, quand on paie ses factures, ses impôts ? Et pourquoi pas ? On ne peut pas toujours

---

3. La citation exacte se lit ainsi : « Quitter Dieu pour Dieu. » (François de Sales, *Œuvres complètes*, tome 3, Paris, Éditions Albanel et Martin, 1839, p. 295).

être en train de se dire que ceci ou cela est sacré – ce serait épuisant et plutôt agaçant –, mais on peut tenter de se disposer à adopter une telle perspective. Pour ma part, je ressens le désir de donner sens à l'ensemble de mes gestes, de mes projets, à commencer par cette expédition. Certes, notre route est polarisée par la perspective de nous rendre à la Colline-Blanche, mais il n'y a pas que la Colline-Blanche : nous considérons que c'est aussi toute la route pour s'y rendre (et en revenir) qui est sacrée.

J'ai envie de partager cette anecdote à mes compagnons : un jour, autour de la maison que j'habite près de la rivière Montmorency, j'étais occupé à ramasser des dizaines de bouleaux morts, de bonne grosseur, qu'un bûcheron avait abattus parce qu'ils représentaient trop de danger pour les promeneurs. Je tronçonnais les arbres en rondins de quatre pieds pour les transporter, à l'aide d'un VTT. Je comptais par la suite les couper en bûches que j'allais fendre, de quoi empiler trois ou quatre cordes qui devraient sécher pendant plusieurs saisons avant de pouvoir être utilisées comme bois de chauffage. Quel labeur ! Mais aussi quelle perte de temps apparente, sachant que l'achat de la même quantité de bois, déjà fendu et même préalablement séché, aurait coûté deux fois moins cher, sans considérer les dizaines et dizaines d'heures «dépensées». Mais en agissant ainsi, à force de sueur, est-ce que je ne sacralisais pas d'une certaine façon des arbres morts qui, autrement, auraient été voués à la pourriture (ce qui n'est tout de même pas anodin), en leur disant merci d'avoir existé, d'avoir abrité des oiseaux ou des rongeurs, merci d'exister encore parce qu'ils allaient me permettre de chauffer ma maison?

Le sacré est affaire humaine. Chaque être humain a le pouvoir de profaner comme de sacraliser le monde qui l'entoure, de même que son propre monde intérieur. À mon sens, la notion de «sacré» dépend d'une vision du monde bien particulière, celle d'être ou de ne pas être dans un rapport de plus grande harmonie avec le monde, avec soi, au cœur du monde.

*

Nous stoppons au bord du fleuve, à Saint-Irénée, pour y prendre notre premier repas, un simple lunch, dans le confort de la roulotte. Manger fait du bien, mais surtout, il s'agit d'un nouveau moment pour échanger. Il fait une chaleur caniculaire, en ce 20 août. Hypersensibles à ce qui nous entoure, nous notons que le fleuve se meut lentement, presque imperceptiblement. Comme il n'y a pas un brin de vent pour le faire frissonner, nous étudions les rives de même que le large avec attention, pour savoir si le courant géant qui va de Québec vers la Gaspésie n'est pas contrecarré par une force encore plus majestueuse qui rend les eaux du Saint-Laurent si vivantes : la marée. Pierre-Olivier nous dit qu'il plongerait volontiers dans les eaux de cet animal marin, pour l'instant amadoué. Nous reprenons toutefois la route, ne souhaitant pas nous baigner si près de la 138. Un peu plus loin, nous faisons halte à Baie-des-Rochers, haut lieu de forêt boréale et de lumière tamisée où les meilleures conditions sont réunies pour que nous nagions dans les eaux du fleuve, toujours ébahis par ce beau temps inespéré.

Rassérénés, nous repartons en direction du Saguenay. Après le traversier et Tadoussac, en prévision de notre arrivée imminente à Pessamit, Isabelle nous lit des passages du recueil *Bâtons à message/ Tshissinuatshitakana*, de Joséphine Bacon. C'est grâce au collectif d'écriture *Aimititau!/ Parlons-nous!*, publié aux Éditions Mémoire d'encrier, en 2009, que j'ai eu le bonheur de connaître celle que plusieurs surnomment avec affection « Bibitte ». Joséphine Bacon, originaire de Pessamit, a vécu une grande partie de sa vie à Montréal. Elle a réalisé des films, a été et demeure une parolière

de choix pour la chanteuse Chloé Sainte-
Marie. Ces années-ci, elle vogue plus que
jamais en poésie, avec toute la ferveur de sa
voix de femme innue :

Le Nord m'interpelle.

Ce départ nous mène
vers d'autres directions
aux couleurs des quatre nations :
blanche, l'eau
jaune, le feu
rouge, la colère
noir, cet inconnu
où réfléchit le mystère.

Cela fait des années que je ne calcule plus,
ma naissance ne vient pas d'un baptême,
mais plutôt d'un seul mot.

Sommes-nous si loin
de la montagne à gravir ?

Nos sœurs de l'Est, de l'Ouest,
de Sud et du Nord
chantent-elles l'incantation
qui les guérira de la douleur
meurtrière de l'identité ?
Notre race se relèvera-t-elle
de l'abîme de sa passion ?

Je dis aux chaînes du cercle :
Libérez les rêves,
comblez les vies inachevées,
poursuivez le courant de la rivière,
dans ce monde multiple,
accommodez le songe[4].

Il faut – au moins une fois dans sa vie – entendre Joséphine Bacon dire sa poésie, en innu puis en français. Sa voix est à elle seule un poème, un récit. La première fois que je l'ai entendue, c'était à La Baie, dans un souper un peu chic à l'occasion du Salon du livre du Saguenay, où j'accompagnais Jean. Un gros party ! Mais quand Joséphine a commencé à lire, on aurait entendu voler une mouche. L'intensité n'a pas d'autre nom. J'aime beaucoup mon exemplaire de *Bâtons à message*, car il a une histoire. Le 21 juin dernier, lors de la fête des Autochtones, le Cercle Kisis avait organisé un grand événement à Québec, au Cercle, rue Saint-Joseph, y conviant, entre autres artistes, Joséphine. Or, Joséphine avait oublié d'apporter une copie de ses textes en prévision de sa lecture. Je l'ai donc dépannée en lui prêtant mon propre exemplaire de son livre – que

---

4. Joséphine Bacon, *Bâtons à message*/Tshissinuatshitakana, Montréal, Mémoire d'encrier, 2009, p. 28. À noter que chacun des poèmes est traduit en innu dans le recueil. Reproduit avec l'aimable autorisation des Éditions Mémoire d'encrier.

j'avais dans mon sac par un heureux hasard. Elle me l'a autographié pour la circonstance : « Quel bonheur de trouver un bâton à message avant d'en laisser d'autres. Merci. »

Ce fut une soirée forte en événements synchroniques. Jean et moi avions aussi croisé Mélanie Carrier, la coréalisatrice de *Québékoisie*, en compagnie d'Isabelle Kanapé, justement de Pessamit, qui figure parmi les personnages du film. Jean avait salué Isabelle comme si elle était une amie, alors qu'il ne l'avait en fait jamais rencontrée : il l'avait simplement vue dans le film ! Tout ça a beaucoup fait rire Isabelle, Mélanie lui disant qu'elle était dorénavant une vedette ! Au Cercle, nous avions aussi entendu Julie Rousseau, une jeune chanteuse avec laquelle Jean avait déjà présenté un spectacle de poésie et de musique, *Ô Nord, mon amour.* Julie était sur scène avec une Ontarienne et deux Attikameks pour livrer le résultat d'une séance de composition qui avait eu lieu à Manawan quelques mois plus tôt. Beau projet de partage, de dialogue et de cocréation. Et lors du même événement, je rencontrai aussi Wim Dombret, un prêtre missionnaire jésuite aussi impliqué dans le mouvement du Tisonnier – un ami de Pierrot –, à qui j'avais brièvement parlé déjà de notre expédition sur les traces de son confrère d'une autre époque, le père Laure. Le monde

autochtone intéresse beaucoup Wim, mais il
me disait qu'il lui était bien difficile de nouer
quelque contact avec les Indiens de Québec,
les Wendats. Beaucoup de méfiance subsiste,
le passé a laissé des blessures, qui demandent
un long apprivoisement. En fait foi, peut-
être, cet autre poème de Joséphine :

> J'ai su écrire en lisant
> le *Tshishe Manitu* des missels.

> Je n'étais pas esclave,
> Dieu a fait de moi son esclave.

> J'ai cru, j'ai chanté ses louanges.

> Indien donc indigne,
> je crois en Dieu.

> Dieu appartient aux Blancs.

> Je suis sédentaire[5].

Saurons-nous un jour exprimer à quel
point ces dérives de la religion – je pense
surtout ici à l'histoire des pensionnats –
sont épouvantables, inexcusables ? Comme
croyante, je veux moi aussi m'indigner de ce
que d'autres croyants ont fait, dire que je suis

---

5. Joséphine Bacon, *Bâtons à message*/Tshissinuatshitakana, p. 80.

blessée par ces actes – même si ma blessure, je le reconnais bien, n'a aucune commune mesure avec celle des Indiens. Je repense à Pierrot qui, dans *Le prêtre et l'aventurier*, se réjouit de la fin d'un type de catholicisme autoritaire, culpabilisant. Il avoue sans détour comprendre ceux qui sont vindicatifs envers l'Église, ajoutant même : « Ce dont ils ont souffert, j'en souffre autant ! Le Dieu qu'ils dénoncent, je le dénonce tout autant ! Je ne veux rien savoir d'un Dieu qui se complaît dans la souffrance de son Fils ! » Il donnait l'exemple du *Minuit, chrétiens*, où il est dit que Dieu fait volontairement souffrir son Fils, lequel meurt pour « de son Père apaiser le courroux ». Pierrot s'insurge qu'on ait charrié de telles horreurs. Je suis bien de son avis ! On devrait entendre plus souvent les prêtres actuels condamner de telles dérives.

En fin d'après-midi, nous parvenons à Pessamit où nous sommes accueillis par notre amie Geneviève ainsi que par Marco et Natasha, ses deux collègues du Wapikoni mobile, des studios de cinéma ambulants fondés par la cinéaste Manon Barbeau et qui roulent sur un mode nomade, plusieurs mois par année, pour se poser dans différentes communautés autochtones. Les films qui y sont produits, souvent avec grand soin, dénotent toute la vigueur actuelle de la culture des Premières Nations. Nous nous promettons de visiter dès demain le studio du Wapikoni. En attendant, nous garons la roulotte dans le stationnement de la maison qui a été prêtée aux cinéastes. Je monte la tente juste derrière, dans l'herbe. Nous aidons ensuite nos hôtes à préparer un souper de délicieux homards, qui leur ont été donnés par des gens de la communauté. Pendant ces préparatifs, Ronald Bacon nous rend une brève visite. Il nous a contactés il y a quelques jours afin de nous parler d'un lieu très particulier qu'il connaît bien, dans les monts Otish. Nous convenons que nous le reverrons chez lui le lendemain matin.

Nous nous installons dans la roulotte. La table devient une couchette double, où dormira Pierrot. Je m'installerai sur le banc de l'autre côté, assez long pour devenir un lit simple. Jean choisit de dormir dans sa tente. Il y a beaucoup de place sur le terrain. Nous serons bien pour cette première nuit *on the road*. Je suis contente que nous soyons à Pessamit – j'ai dû insister un peu auprès de Jean pour qu'il accepte de faire ce détour. En début d'expédition, il lui semblait préférable de ne pas trop nous éloigner de notre tracé, quitte à prendre un peu d'avance sur l'horaire, au cas où une panne surviendrait. Mais nous avons confiance !

C'est une chance d'avoir un contact avec le Wapikoni, grâce à mon amie Geneviève, qui a une longue expérience de ce type de travail. Ses premières escales remontent à une dizaine d'années, alors que l'organisme en était encore à ses débuts. L'année dernière, elle était chez les Micmacs, à Gesgapegiag. Geneviève est croyante, pas vraiment pratiquante. Marco se dit athée. Natasha, quant à elle, semble plus attirée par la spiritualité et les rituels autochtones que par la religion catholique. Dans la conversation autour de la table, quand nous parlons de notre expédition, les pôles qui ressortent le plus sont surtout ceux de l'autochtonie, de l'histoire, de l'aventure en tant que telle (itinéraire, canot, etc.). L'aspect religieux est laissé en veilleuse. Nos hôtes savent que Pierrot est prêtre, mais peu de questions lui sont adressées sur ce sujet – pas qu'il y ait de malaise à proprement parler... mais il y a bien quelque chose, comme si on sentait plus ou moins consciemment qu'on n'osait aborder l'essentiel de ce qui nous meut. Mais quand a-t-on l'occasion de parler de l'essentiel, directement, comme ça, sans qu'il y ait eu apprivoisement véritable de part et d'autre ? C'est sans doute le contraire qui aurait été surprenant. Pour ma part, je suis touchée de réaliser à quel point ces cinéastes se dévouent entièrement à leur travail au sein de la communauté. D'ailleurs, le souper s'achève tôt, car Marco doit se lever à quatre heures du matin pour un tournage qui aura lieu au lever du soleil. Pour notre part, on peut dire que la journée a été remplie ! Avant de m'endormir, je relis certaines pages de *Kuessipan*, de Naomi Fontaine, que j'avais prévu lire à mes compagnons aujourd'hui. Je reste marquée par ce texte en particulier, si évocateur, qui me donne le goût d'écrire à mon tour sur ce qui me (nous) compose :

> Celui qui était beau ; celle qui prie pour mieux qu'on se sente ; celui qui fabriquait des tambours en bois de caribou, de ses mains vieillies par le sapinage et les chemins à bâtir ; celle qui nous nourrissait de pain frais sur lequel le beurre fondait et de macaronis longs aux tomates et au bacon ; celui qui a migré vers la nouvelle réserve lorsque d'autres refusaient ; celui qui fumait ; celle qui était là à mon gala, à ma graduation, aux premiers jours de mon enfant ; celle qui a vécu le XXe siècle sans jamais parler un seul mot français, mais qui dans notre langue avait toujours trouvé le mot juste pour nommer telle modernité ou telle menace à sa liberté ; celui qui a vu naître tous ses enfants sous les tentes ; celui qui n'a jamais vendu sa terre ; ceux

qui autrefois ont arpenté le pays, d'un océan à l'autre, pour ne jamais rester au même endroit; et ceux que nous sommes devenus[6].

---

6. Naomi Fontaine, Kuessipan/*À toi*, Montréal, Mémoire d'encrier, 2011, p. 78. Reproduit avec l'aimable autorisation des Éditions Mémoire d'encrier.

Deuxième jour
Pessamit – Grandes-Bergeronnes

Nous nous retrouvons pour déjeuner, après cette première nuit qui s'est passée sans anicroche. Pessamit est un village bien calme. Comme prévu, Marco est parti aux petites heures. Natasha et Geneviève se préparent pour leur journée. Il est convenu que nous reverrons Geneviève vers la fin de la matinée, à la roulotte du Wapikoni, après notre rencontre avec Ronald. De lui, nous connaissons peu de choses pour l'instant; nous savons toutefois qu'une quête intense le pousse à visiter certains lieux du Nord. Sa nièce, Anne, est depuis quelques mois la blonde de mon frère. C'est elle qui nous a mis en contact avec lui et nous a envoyé un extrait vidéo d'un projet de film intitulé *Le peuple perdu*. À ma grande surprise, en visionnant la bande-annonce dudit film il y a quelques jours, j'ai vu que Ronald utilisait une carte du père Laure. Toute une coïncidence! Nous arrivons donc chez lui un peu fébriles, ne sachant trop à quoi nous attendre...

Ronald Bacon souhaitait ardemment nous rencontrer. Comme il le dit, lui aussi vit une «quête sacrée». Par dix fois jusqu'à maintenant, il s'est rendu au nord de Pessamit, à environ trois cents kilomètres à l'ouest de Fermont, toujours en hydravion, pour se poser dans le pays de ceux qu'il nomme le «Peuple de la loutre», aux environs de Nitchequon, un ancien poste de traite de la Compagnie de la Baie d'Hudson situé près du lac Nichicun. Une station météorologique avait été mise en service à cet endroit dès 1942. Demeurée en fonction jusqu'en 1985, elle fut déterminante pour la planification et la conception des ouvrages du complexe hydroélectrique La Grande au cours des années soixante-dix. La fermeture de la station et de l'aérodrome a porté un coup fatal à la communauté de Nitchequon, bien que le territoire reste fréquenté à l'occasion par des trappeurs et des pêcheurs de Mistissini.

Alors que nous sommes rassemblés autour de la table de cuisine, Ronald nous dit que le Peuple de la loutre aurait un jour été décimé, ce qui expliquerait, en partie du moins, pourquoi si peu de gens connaissent son histoire. «Décimés par une guerre?» lui demande-t-on. Ronald n'est pas clair à ce propos. Pointant le mur au-dessus de la table, il nous désigne une carte du père Laure – que nous connaissons bien! –, précisant qu'au début du XVIIIᵉ siècle, on parlait déjà du Peuple de la loutre. Il en est même question sur cette carte. C'est son grand-père chaman qui, le premier, a évoqué pour lui l'existence de ce peuple, après avoir été «visité par un esprit». Dessinant une carte avec cinq lacs à son petit-fils, il lui a dit: «C'est là que tu dois te rendre!» Ronald ajoute qu'il n'avait pas le choix: «J'avais quelque chose à faire dans la vie, c'était mon destin.»

L'Innu est mû par un sentiment d'extrême urgence. Ce qu'il souhaite, c'est s'associer à tout prix au monde du Peuple de la loutre. Pour cela, il nous confie devoir réunir plusieurs «items» sacrés – il hésite à nous les énumérer –, en même temps qu'il souhaite regrouper des gens de différentes nations indiennes: des Cris, des Attikameks, des Mohawks. La plupart du temps, Ronald monte seul au Nord. À quelques reprises, cependant, certains l'ont accompagné, dont son frère. Un jour, celui-ci, ayant apporté une arme à feu, a tiré sur un hibou. Mais Ronald et lui se sont vite rendu compte que l'animal n'était pas un hibou. Qu'était-ce? Il ne le dit pas. Il ajoute seulement: «Ce n'était pas un hibou!»

Ronald s'exprime avec verve, pointant du doigt à tout moment plusieurs photos épinglées sur le mur, autour de la carte du

père Laure, la plupart ayant été prises dans
le pays du Peuple de la loutre. Ronald nous
avoue ses peurs, nombreuses, face à un tel
monde. Il nous raconte qu'un jour, peu après
son arrivée – c'était tard en automne –, il
se mit à neiger. Alors qu'il coupait du bois
à l'aide d'une sciotte, il entendit chanter.
Même s'il ne parvenait pas à voir qui pouvait
chanter de cette façon, il savait que c'était un
Indien. En vitesse, il est entré dans sa tente
pour cogner sur des chaudrons afin d'effrayer
cet «esprit». «Je me suis demandé si j'étais
fou», nous confie-t-il. Le chant a cessé. Mais
le soir venu, alors que Ronald était couché
dans la tente, il a entendu un cri, pareil à
celui d'un hibou. Il a alors senti qu'il devait
aller dehors, à la rencontre de cet être. Mais
il n'est pas sorti. Le lendemain, à l'aube, le
«chansonnier» – c'est le terme employé par
Ronald – a recommencé son chant. Ronald
s'est remis à cogner sur des chaudrons afin
d'éloigner cette satanée voix. En fin de journée, il a entendu un autre hululement, plus
long celui-là. À nouveau très apeuré, il est
resté à l'intérieur.

Dès son retour à Pessamit, il a tenu à
rendre visite à ses grands-parents. Sa grand-
mère lui a demandé s'il avait entendu quelque
chose quand il se trouvait auprès du Peuple de
la loutre. Ronald a répondu par la négative.
Sa grand-mère lui a répliqué qu'elle et son

mari étaient sûrs qu'il avait entendu quelque chose. À ce moment, le grand-père lui a dit que Ronald avait sûrement dû apprendre des chansons là-bas. « Qu'est-ce qu'ils t'ont donné ? » a-t-il demandé. Ronald a répondu : « Ils ne m'ont rien donné ! » « Mais tu n'es pas sorti de la tente quand tu les as entendus ? » s'est exclamé le grand-père. Ronald a avoué que non. Le grand-père l'a grondé : « Mais tu aurais dû sortir ! » Et Ronald de s'exclamer : « Ils n'avaient qu'à entrer ! » Le grand-père a conclu : « Les esprits n'entrent pas dans les tentes. »

Ronald nous fait l'aveu qu'à son avis cette histoire est le signe qu'il ne saisissait pas bien, à ce moment, tout le sens du sacré inscrit dans ce lieu. En désignant une petite photo de paysage en noir et blanc, il ajoute que son grand-père lui a un jour confié : « J'ai rêvé à toi. Je marchais. Tout à coup, je suis parvenu à un endroit où je ne pouvais plus avancer. J'ai regardé vers le haut. Il y avait là des montagnes. J'ai vu quelque chose que je n'avais jamais vu : une arche de pierre ! C'est là ! Le massacre a eu lieu tout près de cette arche ! C'est comme ça que le Peuple de la loutre a été éliminé. »

Ronald met fin à ses confidences. Nous lui répétons que notre expédition nous conduira beaucoup plus à l'ouest que Nitchequon, à une latitude peut-être équivalente, mais qu'il n'est pas dans notre intention de visiter le pays du Peuple de la loutre. Pas tout seuls et pas cette fois-ci, en tout cas! Ronald ajoute que c'est bien comme ça, comme s'il nous signifiait que cette région mystérieuse, qui le fascine tant, devait demeurer un terrain de recherches privilégié pour lui. Nous lui faisons savoir en revanche que nous prierons pour le Peuple de la loutre et ceux qui tentent de l'aider dans sa quête.

Quelle rencontre! Dommage que le temps file et que nous devions partir. Ronald est fascinant – je comprends qu'on veuille tourner un film sur lui. J'accueille ses confidences un peu comme j'écoutais mon grand-père parler du miracle de sainte Anne lorsque ses yeux guérirent, c'est-à-dire avec ouverture, consciente que la vie souvent nous dépasse. Nous n'avons pas beaucoup parlé de notre expédition à nous, qui m'a paru soudainement un peu pâle à côté de la sienne… Il nous a posé quelques questions, ne semblant pas trop comprendre quel était notre «vrai» objectif, mais disant avoir quand même bon espoir de comprendre «à un moment donné». Nous repartons avec des images plein la tête… et une photocopie de la carte du père Laure, que nous offre gentiment Ronald. Avant de le quitter, je lui donne un éclat de quartzite que j'avais rapporté de la Colline-Blanche lors de notre repérage. Il semble surpris. Qui sait ce qu'il y verra ? Nous avons lu que ce quartzite était apparemment renommé pour ses propriétés chamaniques à travers tout le continent nord-américain. À suivre… Nous aurons certes beaucoup à dire sur la quête de Ronald. Pour l'instant, nous avons rendez-vous avec Geneviève, à la roulotte du Wapikoni.

Celle-ci est en train d'achever une séance de montage avec l'une des réalisatrices ; nous en profitons pour aller visiter le centre communautaire, tout près d'où est garée la roulotte. On nous avait parlé des panneaux laminés sur l'histoire de la Côte-Nord, situés dans le hall. Y sont présentés de nombreux missionnaires, incluant « notre » père Laure : nous revoyons une reproduction semblable à la carte que possède Ronald, bien mise en évidence, avec une indication particulière au sujet d'un « Antre curieux de marbre : Les Sauvages l'appellent Tchitchémanitu ouit-chouap, c'est-à-dire La Maison du Grand Esprit ». Eh bien ! Il faudra revenir ici pour tout observer. Je quitte le centre communau-taire à regret tant les textes et images réper-toriés sont intéressants. Mais trêve de passé : le présent nous attend. Et le présent, en l'occurrence, c'est la parole des Innus, jeunes et moins jeunes, hommes et femmes. Dans la roulotte du Wapikoni, nous avons droit, grâce à mon amie Geneviève, à une visite guidée des studios, où nous rencontrons Isabelle Kanapé, que nous avions justement croisée à Québec en juin – celle que Jean croyait connaître après l'avoir vue dans *Québékoisie*. Le monde est petit! Isabelle est en train de réaliser un film composé d'images créées par ombres chinoises – elle étudie présentement avec Geneviève différentes manières de traiter ces images avec le logiciel de montage. La roulotte du Wapikoni est étonnamment spacieuse : studio d'enregistrement insonorisé avec console, salle de montage avec ordinateurs et moniteurs, petite cuisine et banquettes pour les rassemblements. Tout a l'air neuf. Nous sommes impressionnés.

En fin de matinée, nous repartons en direction de Tadoussac. Ce que j'ai apprécié des studios ambulants du Wapikoni, c'est l'atmosphère de travail qui y régnait, dans une quiétude mêlée de bonne humeur. J'ai eu l'impression de me retrouver dans un dispensaire innu, là où les enfants et les adolescents donnent le ton.

Dans l'auto, nous nous interrogeons sur ce que nous avons pu vivre en compagnie de Ronald. Assurément, cet homme se sent investi d'une mission, mais c'est humblement qu'il a osé nous parler de ses peurs,

de ses angoisses. S'il paraissait parfois avoir
envie d'exagérer, son propos est resté cohé-
rent tout au long de notre entretien. Il s'est
dit rassuré que nous fassions notre voyage à
sa manière, c'est-à-dire «pauvrement», avec
peu de moyens. Ronald est de toute évidence
animé par une puissante quête personnelle
concernant un peuple qui a souffert. Des
«voix» lui ont dicté d'aller de l'avant pour
en savoir plus. En ce sens, sur notre propre
route sacrée, nous n'oublions pas qu'il faut
nous préoccuper de nos ancêtres, que nous
devrons prier pour les défunts. Ce qui est
remarquable dans la démarche de Ronald,
c'est qu'il parle avec une telle affection d'un
peuple qui fut exterminé. C'était bien la première fois, au cours de ma vie nordique, que
je rencontrais un Indien qui me faisait part
d'une quête de ce genre.

Nous notons également que Ronald
s'est très peu adressé à Pierrot. Pour Ronald,
comme peut-être pour nos amis du Wapikoni
– et pour beaucoup de monde –, Pierrot n'est
pas «que» Pierrot : il porte sur ses épaules
le poids du ministère, comme si ce n'était
pas vraiment lui qui était assis à table, mais
plutôt un représentant de toute l'institution.
Tout un fardeau! Voilà qui ne doit pas être
facile à vivre… Heureusement que c'est une
bonne nature et qu'il a le sens de l'humour,

en plus de la faculté de voir au-delà de ce fardeau, de se décharger de ce qui ne lui appartient pas. De fait, notre Pierrot est de bien bonne humeur. Entre lui et Jean, c'est un feu roulant de discussions, de blagues, de références à la pensée de grands intellectuels en vue d'éclairer ce que nous vivons. Je me sens pour l'instant plus à l'aise de les écouter, de méditer tous ces événements et de prendre des notes plutôt que de me joindre à la conversation.

Tandis qu'ils parlent de la rencontre avec Ronald, je repense pour ma part à un commentaire que faisait Natasha hier soir, au sujet de la spiritualité autochtone. Elle nous confiait qu'elle était touchée par tous les rituels prévus pour accompagner la vie. Je suis d'accord avec elle, naturellement, sans bien connaître, toutefois, ces rituels. En revanche, ce que je connais davantage, ce sont les rituels prévus par la religion catholique. Et ceux-là aussi accompagnent la vie, tant dans les temps forts que dans la quotidienneté. Qu'est-ce que le bénédicité sinon une prière de remerciement à la Terre-Mère, à la Création, à ceux qui ont travaillé pour que nous puissions nous nourrir? Certes, cette prière n'a pas de sens si elle est récitée de façon mécanique, si elle est imposée et, j'ajouterais, si la nourriture que l'on s'apprête à manger est composée d'aliments de provenance trop industrielle pour qu'on sente un lien réel avec la nature. Devrait-on alors parler de nourriture « impure » ? Mais cette prière a son sens, elle a sa place dans la vie de personnes qui souhaitent se disposer à percevoir le sacré dans ce qui nous entoure, ce qui nous constitue.

Peut-être devrions-nous nous pencher sur ce qui a inspiré tous ces rituels catholiques : j'y vois pour ma part beaucoup de respect pour l'humain, dans toute sa complexité. Je me rappelle m'être déjà fait cette réflexion à propos du sacrement de réconciliation, la fameuse « confesse ». Quel dommage de penser que ce sacrement a été perverti, l'est peut-être encore dans certains milieux. Car d'un point de vue strictement psychologique, d'un point de vue humain, lorsqu'on a le sentiment d'avoir mal agi ou d'avoir blessé quelqu'un, le fait de pouvoir l'exprimer – littéralement « faire sortir » de soi –, d'avoir un espace où on peut manifester que l'on regrette, est un pas vers la libération, surtout si celui qui recueille notre confidence ne nous juge pas. Voilà quelle est, à mon sens, l'origine de ce sacrement. Quel est le rite pour demander réparation dans la culture autochtone ? Cela m'intrigue… Nous devrions nous attarder à nos ressemblances plus qu'à nos différences. À la suite de la discussion avec Ronald, Pierrot nous disait que la conversation entre des croyants de deux approches spirituelles différentes démontre qu'il faut beaucoup de temps pour arriver à une authentique rencontre. En fait, il faut une patience, une charité, une vérité dans « le très subtil et le très intime ». C'est un immense défi! Selon lui, « pour arriver à vraiment échanger autour de notre foi, il faut du temps, de la confiance, de l'amitié, de l'implication commune (pour des causes) et des temps d'intériorité. Après tout cela, peut-être serons-nous prêts à faire de la théologie ensemble ». En ce sens, *La route sacrée* n'est qu'une amorce... Mais mieux vaut une amorce que rien du tout.

Sur la photocopie de la carte du père Laure que nous a donnée Ronald, la note sous la mention de l'Antre de marbre est « Maison du Grand Génie ». Je m'amuse de ce choix de mot – je pense au génie d'Aladin –, mais Pierrot trouve particulièrement signifiante cette appellation qu'il associe à Dieu. Bien sûr, le Grand Esprit, le Grand Génie, le Tshishe Manitu, c'est Dieu. Donc, selon Pierrot, c'est vers la maison du Père qu'on se dirige, rien de moins!

Mais pour l'instant, on s'arrête dans un resto de Forestville où on est heureux d'avoir accès au WiFi. J'ai hâte de publier quelque chose sur le blogue. L'idéal serait évidemment de rendre compte de chaque journée quotidiennement, mais en même temps je ne veux pas passer l'expédition à la raconter : je veux la vivre ! Je me contente pour le moment d'une photo sur la page Facebook de *La route sacrée*. Je suis touchée à l'idée que plusieurs personnes pensent à nous, penseront à nous en voyant la photo. Nous ne sommes pas seuls sur cette route.

*

Vers quinze heures, nous garons la roulotte dans un camping situé au bord du fleuve, un peu à l'ouest des Escoumins, puis rejoignons le groupe des Écumeurs, les guides qui nous conduiront en zodiac sur le fleuve-mer pour une observation des baleines.

L'atmosphère est à la fête ; le zodiac s'avère une embarcation idéale pour ce type de balade. Remonter le fleuve nous permet d'admirer la rive nord avec ses habitations, coquettes, le plus souvent toutes petites, fichées à flanc de falaise. Rien de mieux qu'une sortie en bateau pour prendre conscience que le Saint-Laurent reste un titan au cœur du paysage.

Me revient en mémoire une pêche à la morue avec mon fils aîné, Jean-François, alors qu'il avait quatre ou cinq ans. Au large de Havre-Saint-Pierre, une baleine s'était immobilisée tout près de nous, à quelques

mètres seulement, tandis que notre barque
dérivait au gré de la marée montante. Tout
bonnement, mon fils s'était mis à jaser avec
la baleine. Magique! Le cétacé regardait
l'enfant avec son œil immense pendant que
Jean-François lui racontait sa journée, les dix
morues que nous avions attrapées, certains
détails sur la présence nouvelle de sa petite
sœur. Réel apprivoisement entre un petit
garçon et un rorqual.

C'était l'époque où je commençais à me
familiariser avec la mer en Minganie. Je me
souviens comme si c'était hier d'une traversée
entre Havre-Saint-Pierre et la pointe ouest
d'Anticosti. Je menais ma petite barque en
bois; un Cayen aguerri à de pareilles expéditions, Jean-Marie, m'accompagnait dans son
propre bateau. Nous avions pris une heure
et demie, par mer calme, pour nous rendre à
la baie Sainte-Claire, sur la rive nord d'Anticosti, et pique-niquer devant une soixantaine
de chevreuils placides qui broutaient du
varech. Puis nous avions repris la mer, franc
nord, mais cette fois-là dans un brouillard à
couper au canif, à petit régime, les boussoles
bien en vue pour ne pas tourner en rond
et nous égarer dans le grand large. Aucun
GPS, en ces temps anciens! Soudain, autour
de nous, trois imposantes baleines bleues
s'étaient manifestées, laissant jaillir de leur
dos des jets d'écume géants, juste pour nous,

comme ça, au beau milieu du golfe, comme
un cadeau! Douce et forte vie nord-côtière
pleine de surprises et de rorquals pour le
jeune aventurier que j'étais.

Bientôt, nous faisons la rencontre de
Gaspard, un rorqual à bosse qui évolue autour
de l'embouchure du Saguenay. Tous les
trois, Isabelle, Pierrot et moi, nous sommes
convaincus que les animaux ont toute leur
importance dans la grande course du monde
à travers le cosmos. J'aime cet appel à l'unité,
à la symbiose de l'humanité avec le monde
animal. Je crois que les humains ont de la
chance de prendre conscience de leur existence, parvenant à magnifier celle-ci grâce
à la parole, grâce aux arts qui expriment
un langage venant de loin, des entrailles
de la Terre, du fond des océans comme de
par-delà notre propre galaxie. Il y a lieu de
croire que certains êtres vivants sont des passeurs d'une parole – on pourrait dire d'une
musique – qui fonde le monde depuis ses
premiers pulsars, depuis le big bang et peut-
être même avant!

Nous pouvons admirer Gaspard à plusieurs reprises, alors qu'il souffle en surface
avant de plonger tout en déployant son
immense queue. L'océan sent bon ; on dirait
que c'est l'odeur de nos origines que nous
inspirons, «la mer étant grosse d'événements
cachés aux rivages», comme l'écrit Pierre

Perrault dans *Toutes isles* – texte qu'Isabelle nous a lu tout à l'heure, avant de monter à bord du zodiac :

> Un vol de « moyacks » blanches, comme si l'écume avait des ailes ! se disperse et s'éloigne : elles passent autour des navires, éparses par amour, fruits toujours mûrs d'une terre sans fruitiers.

> Mer semée d'îles
> terre semée d'eaux
> pourquoi tant regarder
> où rien ne se passe ?

> Trois navires au large d'un matin enfermé de brume pêchent le silence trop vaste pour un seul homme : trois navires noirs pêchent et s'éloignent de mes pensées ; fruit du hasard, le plus improbable et le plus certain de tous les fruits.

> Mer semée d'îles
> terre semée d'eaux
> et tous les événements de la pierre
> pour défier la terre[1].

---

1. Pierre Perrault, *Toutes isles,* Montréal, Éditions de l'Hexagone, 1990, p. 56-57. Reproduit avec l'autorisation des Éditions de l'Hexagone.

De retour au camping, nous avalons des spaghettis cuisinés dans la chaleur de la roulotte. Il faisait frisquet sur la mer. Ici, à terre, le temps est doux. Il y a beaucoup de bruit autour de nous, particulièrement celui produit par les appareils de ventilation des roulottes voisines, mais bon... Ainsi va la vie dans les campings contemporains. Nous placotons à propos de notre journée, de notre rencontre du matin avec Ronald, à Pessamit, lui qui a su nous toucher avec toutes ses rêveries autour du Peuple de la loutre et de certains esprits qui le poussent à retourner là-bas à tout moment, en pleine taïga.

Tout en songeant aux baleines qui nous ont éblouis aujourd'hui – et en attendant que les pâtes cuisent –, Pierrot imagine trois figures qui lui semblent s'inscrire dans notre projet de route sacrée : Jonas (le personnage de l'Ancien Testament), Frank Underwood (de la série télévisée *House of Cards*, dont Pierrot est fan) et Jean-François Désy, le fils de Jean. «Trois types de rapport à la baleine inscrivent trois différents types de rapport de l'humain au sacré», annonce-t-il.

Tout d'abord, l'histoire de Jonas avalé par la baleine représente la crainte, antique peut-être, vieille comme le monde, que l'on peut ressentir face au sacré, à ce qui nous dépasse. La baleine comme être démesuré, mystérieux, mythique, nous fait peur ; elle nous mange, nous avale. Dans cette perspective, c'est comme si on disait que Dieu est tellement puissant, tellement fort, qu'on a peur de lui. On essaie donc de le fuir, mais le sacré nous dépasse tellement qu'il nous rattrape partout[2].

Frank Underwood, lui, est la figure de l'homme moderne : un habile politicien, devenu président des États-Unis, qui renverse sa peur grâce à son esprit hautement rationaliste, manipulateur. D'une certaine manière, il considère qu'on peut disséquer la baleine – et par conséquent la peur qu'elle nous inspire – en la dévorant morceau par morceau plutôt qu'en étant mangé par elle. L'homme moderne s'empare du sacré. L'esprit rationaliste veut conquérir les espaces qui faisaient peur jadis ; il affirme qu'on n'a plus besoin d'avoir peur des dieux puisque nous, comme humains, sommes capables de toute-puissance. On n'a plus besoin d'avoir peur de la mort, puisqu'on dissèque la mort, le sacré. Mais on est toujours dans un rapport dominant-dominé. Comment se sortir de cette dynamique ?

C'est ici que Pierrot évoque l'anecdote que Jean nous a racontée à propos de son fils

---

2. D'un certain point de vue, Pierrot imagine que le Christ lui-même a été avalé par le sacré. Contrairement à Jonas cependant, il n'a pas fui… La peur est alors transcendée. Pas disséquée, plus qu'apprivoisée : transcendée.

Jean-François. L'enfant et la baleine. Aucun avalement. Aucune crainte d'engloutissement. De simples paroles. Les gestes d'un enfant captés par les sens allumés d'une baleine. Et Pierrot de nous ramener à ce qu'on a vécu aujourd'hui. Une expérience du sacré. Une expérience du grandiose, oui, indiscutablement, devant le rorqual, et *dans* le fleuve. Et une approche contrôlée, maîtrisée, avec le bateau rapide et maniable, un capitaine qui connaissait son affaire, la préparation, les sonars, la possibilité de se défendre – peut-être – si jamais la baleine voulait nous « avaler »... Mais nous n'étions pas dans un rapport dominant-dominé. Plutôt dans un rapport de curiosité, d'attrait, de fascination, d'affection, même, quand on donne des noms aux baleines. Gaspard savait que nous étions là, à quelques centaines de mètres. En quelque sorte apprivoisée, la baleine nous a apprivoisés à son tour, probablement parce que nous étions plus des admirateurs que des chasseurs. Il s'agit alors d'une dynamique d'apprivoisement du sacré, un peu comme le petit garçon devant la baleine.

Pierrot conclut sa méditation en disant que cette expérience l'interpelle à vivre le sacré – et en l'occurrence l'expérience de *la route sacrée* – avec les yeux d'un enfant, comme le Christ lui-même le suggère. Redevenir comme un enfant avec la baleine :

ne pas avoir peur qu'elle nous mange, ne pas
vouloir la manger. Seulement vouloir lui parler, être en amitié, en apprivoisement. Nous
trinquons à cette belle réflexion de Pierrot,
qui résume admirablement notre journée.

Après souper, Isabelle démarre le feu
de camp. Pierre-Olivier sort son charango.
Entraînés, nous chantons avec joie. Folk-
lore, chansons scoutes, Félix Leclerc, Richard
Desjardins... Quand, tout à coup, une
employée vient nous avertir qu'il n'est pas permis de se servir d'un instrument de musique
sur le site du camping. Incrédules, nous regar-
dons nos montres: il n'est que vingt et une
heures trente! Nous tentons d'argumenter,
de comprendre... mais la discussion devient
impossible. La fête est brisée. La dame est
intraitable. Et que fait-on du bruit des grosses
roulottes qui laissent mugir leurs ventilateurs?
La dame dit qu'elle va aller demander à nos
voisins de baisser leur climatisation. Piètre
consolation! Nous voudrions réagir, regim-
ber contre l'ordre qu'on nous a donné, mais
il est beaucoup plus simple d'acquiescer. De
toute manière, cette dame n'y a pas été par
quatre chemins. Aurait-il mieux valu protes-
ter plutôt que de ne pas créer d'esclandre?
Quelqu'un s'était probablement plaint de nos
chants. Les règlements sont les règlements!
Tous ensemble, nous éprouvons chacun à

notre façon ce que le poète Pierre Perreault appelle le « mal du Nord[1] ». Le mal du Nord, c'est la nostalgie d'un lieu où l'on peut chanter, même avec force, sans que cela dérange qui que ce soit. Le mal du Nord, c'est l'envie d'une terre où règne la splendeur des aurores boréales.

Pierre-Olivier range son charango. C'est une partie de la joie qui nous animait depuis le début de la journée qui s'estompe. Vient l'heure d'aller lire quelques pages à la lampe frontale avant de dormir.

---

1. Titre du dernier essai de Pierre Perrault, écrit alors qu'il se trouvait sur le brise-glace *Pierre-Radisson*, en route vers Nanisivik, au-delà du cercle polaire.

Troisième jour
Grandes-Bergeronnes – Chicoutimi

Tôt le matin, avant de quitter le camping, nous marchons jusqu'à la falaise de granit, face au fleuve, dans l'espoir d'admirer quelques dos de baleines, une grande queue qui signerait la plongée d'un rorqual commun. Tout cétacé qui voudrait venir jouer devant nous est le bienvenu... Nous imaginons un petit troupeau de bélugas qui s'ébattrait à nos pieds. La présence de ces mammifères dans les eaux du Saint-Laurent représente quelque chose de sacré, comme si leur extinction possible, ou leur départ définitif vers d'autres lieux plus accueillants, plus riches en nourriture ou moins pollués, devait signifier l'extinction d'une des facettes les plus remarquables de notre pays. Comme bien des gens, nous ressentons une réelle angoisse quand nous constatons que les eaux de nos rivières ou de la mer sont en train de se dépeupler. Nous observons de moins en moins d'oiseaux, petits ou grands. Certes, il y a encore de grands voiliers d'oies blanches qui strient nos cieux de printemps et d'automne. Certes, nous avons eu le plaisir d'observer nous-mêmes quelques cétacés. Mais si tous ces compagnons de vie sur terre, en mer et dans le ciel allaient disparaître, annihilés par une surabondance d'activités humaines…

En arrivant au bord de l'eau, après avoir déjeuné et rangé toutes nos affaires, on entend dire que des baleines sont passées juste devant la rive, il y a quelques minutes. C'est sûr, les autres sont tout le temps plus chanceux ! On scrute l'horizon, on analyse chaque vague. Toute la mer est habitée. Chaque frémissement du fleuve nous parle d'elles. Je me dis que les baleines viennent quand on ne les cherche pas. Du pur inespéré. La réflexion de Pierrot m'habite encore. Intérieurement, je délire un peu, filant la métaphore du sacré et de la baleine.

Le sacré ne se commande pas. On peut mettre toutes les chances de son côté, avoir un bateau, des cartes, un sonar, s'organiser le mieux possible, reste que la rencontre avec la baleine demeure aléatoire, relève de la grâce. La foi, c'est être patient, oui, et aussi être émerveillé déjà, confiant que la baleine est là même si on ne la voit pas. Cela dit, la voir est certainement un cadeau, une révélation, une épiphanie. Quand elle plonge et que la queue disparaît dans l'eau, je ressens chaque fois un vertige, comme si tout plongeait avec elle. Ma première sortie aux baleines – dans un traversier au large de Tadoussac – fut un grand choc : le souffle coupé, les larmes aux yeux. Je suis tombée à genoux intérieurement devant tant de beauté et de puissance ! La baleine, pour moi, c'est un peu l'émotion issue du sacré, qui ne jaillit pas à chaque cérémonie. On peut bien mettre en place un cérémonial, avoir des habitudes favorisant l'ouverture de notre vie à une dimension sacrée, mais l'émotion pure, le tressaillement du cœur, ce qui nous fait croire que nous touchons au sacré, eh bien, ça n'arrive pas toujours... Ce qui ne veut pas dire que le sacré (ou Dieu) n'est pas là : seulement que l'émotion nous attend au prochain détour.

Je ne suis pas la seule à délirer sur le sujet, car Jean s'exclame, au moment de reprendre la route : « La baleine, c'est nous ! » faisant référence à la psyché autochtonienne qui considère que le pays, c'est nous, puisque nous sommes partie intrinsèque du pays. C'est nous qui appartenons au monde. Le territoire, c'est aussi nos membres, notre langue, nos yeux. Le monde est en nous autant qu'il palpite autour de nous. Et Pierrot de rétorquer, voyant toutes les autos qui circulent sur la 138 : « La baleine, c'est nous, mais je ne suis pas un char ! » Nous nous amusons en remarquant les pancartes

annonçant « La route des baleines », comme
un pendant cétacé à *La route sacrée.*

Nous quittons Les Escoumins en milieu
d'avant-midi. Mais avant de prendre la route
longeant le Saguenay, du côté est, nous choisissons de faire halte à la petite chapelle de
Tadoussac, dite « chapelle des Indiens »
ou encore « église de la Mission de Sainte-
Croix-de-Tadoussac », juste devant la baie.
Cette chapelle en bois est l'une des plus
anciennes en Amérique du Nord. Émouvant
de la découvrir à proximité du grand hôtel
où tant de visiteurs, depuis des siècles, ont
aimé se ressourcer dans la lumière des levers
de soleil. Dire que je ne l'avais jamais remar-
quée ! Je suis pourtant entré à Tadoussac des
dizaines de fois. Je réalise mieux aujourd'hui
quel rôle ce petit bourg put jouer au début
de la colonie. Tadoussac, véritable « capitale »
de la Nouvelle-France au XVIIᵉ siècle – le père
Laure lui-même lui attribue ce titre dans sa
Relation –, haut lieu de rencontre entre les
Indiens trappeurs, coureurs de rivières, et
les Européens négociants et marins. Sur un
monument placé devant l'église, on peut lire
ceci :

Comptoir de traite pendant longtemps
à l'usage des Indiens, Tadoussac reçut la
visite de Cartier en 1535 et de Roberval

en 1542. Au cours des soixante années qui suivirent, l'endroit devint un lieu de rencontre des trafiquants européens et indiens. En 1600, Pierre de Chauvin y fonda un petit poste de traite. Laissés à cet endroit pour l'hiver, cinq hommes sur seize survécurent. En 1603, à la Pointe-aux-Alouettes, située tout près, Champlain reçut des Algonquins l'assurance que les Français seraient les bienvenus s'ils s'établissaient comme alliés. Pendant tout le régime français, Tadoussac fut un important poste de traite de fourrures et un centre de transbordement pour les vaisseaux français.

En 1641, sur un terrain « cédé » par le gouverneur Jean de Lauzon, on construisit une première chapelle en pierres. Comme il est curieux d'apprendre que déjà, à cette époque, des terres devaient être cédées, parce que « gérées » ou « possédées » par quelques nobles, alors que ces mêmes terres étaient habitées et parcourues et aimées depuis des lustres par les Indiens! Quand monseigneur de Laval vint à Tadoussac en 1668, on raconte que cent quarante-neuf Autochtones y furent baptisés. J'imagine son périple en bateau, depuis Québec jusqu'à l'embouchure du Saguenay, accompagné par des myriades de dauphins, de marsouins et de bélugas qui s'amusaient dans l'écume d'étrave des navires, comme s'ils le faisaient pour des raisons symboliques, pour saluer les humains !

À l'intérieur de la chapelle, les murs couverts de simples planches me donnent l'impression d'être debout dans le ventre d'un navire renversé. Nous découvrons de nouvelles traces du père Laure, grâce à l'une de ses cartes encore une fois. Celui-ci n'est toutefois jamais entré dans la chapelle actuelle, puisque c'est en 1747 que le père Claude Coquart, jésuite lui aussi, la fit élever, en l'honneur de sainte Anne[2]. La construction se termina le 24 juin 1750. Une exposition dans la sacristie nous informe que cette chapelle constitue « l'unique vestige des "missions volantes" des jésuites qui permettaient de rejoindre les Innus sur les lieux de traite du vaste Domaine du Roi », soit le *Nutshimit*, l'intérieur des terres. Le dernier des jésuites à vivre à Tadoussac, le père de La Brosse, enseigna aux Innus à lire et à écrire, et plusieurs de ses ouvrages furent publiés dans leur langue. Une note dans la sacristie nous apprend que « [l]ongtemps après sa mort, le père de La Brosse était considéré comme un saint homme par les Innus ».

Un spectacle « son et lumière », scénarisé par la comédienne Anne-Marie Olivier,

---

2. Le père Laure est décédé le 22 novembre 1738, aux Éboulements.

nous replonge dans l'univers de la Nouvelle-France, nous rappelant les premiers siècles de la colonisation. Si une partie des Français nouvellement arrivés s'installaient sur les terres pour les cultiver, si la plupart des nobles et des bourgeois choisissaient la vie dans les bourgs comme Montréal, Trois-Rivières ou Québec, une portion non négligeable de migrants prit véritablement «le bois», avec les Indiens, contribuant à un réel métissage qui marqua profondément le pays.

Nous abandonnons finalement la route des baleines pour monter au Nord. Afin d'inaugurer cette virée, Isabelle nous lit ces paroles tirées de *Walden ou la vie dans les bois*, de Henry David Thoreau, dans lesquelles nous nous reconnaissons :

> Je m'en allai dans les bois parce que je voulais vivre sans hâte, faire face seulement aux faits essentiels de la vie, découvrir ce qu'elle avait à m'enseigner, afin de ne pas m'apercevoir, à l'heure de ma mort, que je n'avais pas vécu. Je ne voulais pas non plus apprendre à me résigner, à moins que cela ne fût absolument nécessaire. Je désirais vivre profondément, sucer toute la moelle de la vie[3]…

---

3. Henry David Thoreau, *Walden ou la vie dans les bois*, Paris, Éditions Aubier, 1967, p. 195.

Cette citation me fait réfléchir. Comme ce fut le cas pour la plupart des expéditions que j'ai montées dans ma vie, je pars afin de vivre plus. Ma perpétuelle quête de sens, alliée à mon nomadisme intrinsèque, me pousse en avant.

Après avoir suivi les méandres de la rivière Sainte-Marguerite, nous dînons dans le village de L'Anse-de-Roche, accroché à ses caps boisés. Pendant un instant, Pierre-Olivier songe à se baigner ; il fait beau, très beau. Nous prenons toutefois la décision de nous dénicher un petit coin plus ensablé, au nord. Quasiment deux heures plus tard, non sans heurts – car les côtes sont telles que l'auto parvient à grand-peine à tirer la roulotte –, nous aboutissons à la plage du cap Jaseux, face à un large coude du Saguenay qui le fait paraître encore plus fluvial.

Pierrot et Isabelle nagent longuement ; pour ma part, je ne fais que me saucer – je n'ai jamais été un grand amateur de baignade. Depuis la plage, j'observe un groupe de kayakistes qui passe au large. Je ne peux m'empêcher d'imaginer le père Laure en train de pagayer en compagnie de Papinachois. Justement, je viens de relire, ce matin même, dans *Mission du Saguenay*, le passage où il raconte qu'au moment d'un coup de chien, sur ce même cours d'eau, il eut la vie sauve grâce à l'un de ses guides, manchot de surcroît :

Ma première année de mission, entre les voyages que je fis à Tad8ssac pour la consolation des néophites, on me vint chercher un jour pour un malade qui pressoit ; n'ayant point encore l'expérience du danger qu'il y avoit à courir dans ce fleuve capricieux, je voulus me presser, et quoyque je n'eusse qu'un vieux canot de 4 places, il me fallut marcher de nuit. Le tems étoit beau, et la lune dans son plein ne donnoit aucun signe de bourasque ; mes deux canoteurs sauvages s'endormoient. Ennuyé de les réveiller à chaque instant, je les laisse enfin succomber au sommeil, prens un aviron, nage et gouverne, me laissant emporter au fil de la marée qui m'aidoit. A quelque tems de là, un de mes hommes se réveille, prend son aviron, et comme c'est la maniere des sauvages, souverainement indépendants entre eux, de ne se jamais rien dire de travail de peur de se choquer, il me pria d'éveiller l'autre. Je le fis à mon tour accablé de sommeil, voyant une heureuse navigation, je m'appuye la tête et les bras sur une des barres du canot. A peine sommeillois-je que n'entendant encore que quelques mots du manège montagnez, je crus que mes gens disputoient ; je me lève, parle et ne vois plus ni ciel ni eau ni rochers, mais une nuit profonde causée par un orage qui s'étoit élevé soudain au nord-oist. Nous sommes perdus, mon Père, me crièrent-ils. Débarquons vite, mes enfans, leur répliquai-je. Aucun débarquement ne paroissoit tant la nuit étoit obscure, et outre que nous étions au plus profond du Saguené, le nuage s'épaississant sembloit nous joindre en grondant derrière nous. Nous touchions aux rochers par bonheur, et sur le premier venu je voulus me sauver : en débarquant le pié me glisse, je tombe à l'eau, et le canoteur, qui étoit manchot, de son moignon qui lui valloit une main et qu'il fourra précipitamment sous mon aisselle, me retira et me jeta sur une pointe de cailloux. Là nous plaçâmes notre canot. J'admirai mes 2 sauvages qui dormirent tranquillement le reste de la nuit, tandis que je sentois le sang couler d'une jambe qui avait un peu trop fort heurté contre une roche et qu'il étoit impossible de panser, faute de feu. Toute ma crainte alors étoit que la tempeste n'emportât notre canot, car alors que serions-nous devenus ; mais la bonté divine eut pitié du

père et des enfans, qui n'étoient point
encore murs pour le ciel. L'orage passa
au large, le jour étant enfin venu, je fus
surpris de nous voir dans une espèce de
niche et ne pus m'empescher de rire de
notre heureux malheur, quoy que la mer
toute basse nous eût laissé à plus de dix
à douze piés au-dessus de l'eau, nous
descendimes notre canot, la chapelle et
le reste du bagage par une petite coulée ou nous glissant doucement, nous
rembarquames. De la nous arrivames à
Tad8ssac. Le missionnaire y administra
les derniers sacrements au malade sauvage qui mourut quelques jours après[4].

Ce que je retiens de cette anecdote, c'est
la façon d'être si «indienne» qui semble
avoir imprégné de manière sensible la vie de
tant de Québécois contemporains, eux qui
n'aiment pas «déranger» les autres, ou, à
tout le moins, n'aiment pas les obliger à quoi
que ce soit en leur donnant des ordres. Le
plus souvent, les Indiens n'aiment pas imposer leurs vues, du haut de quelque pouvoir
que ce soit. Un chef, très souvent, négocie et
pactise, même s'il doit parfois finir par tran-
cher. Ce trait de caractère, qui a ses qualités, semble typique de nombreux Québécois

---

4. Pierre-Michel Laure, *Mission du Saguenay*, p. 31-32.

qui « haïssent la chicane », ou, plus souvent, n'aiment pas discuter pour la seule joie de l'argumentation. Argumenter pour le plaisir de discourir ou de s'entendre parler – « parler pour parler » – n'est pas le mode de communication premier de bien des Québécois. Le silence et l'écoute de l'autre sont considérés comme des qualités. Cette structure psychique particulière pourrait être issue des innombrables accointances, métissages et autres métisseries qui ont lié les uns et les autres aux Autochtones, eux qui guidèrent tant de « François » à partir de 1534 – faisant bien plus, d'ailleurs, que simplement les guider : eux qui leur apprirent des manières de vivre et de survivre dans un pays de richesses, certes, mais aussi de grandes rudesses, partageant généreusement avec eux une façon de voir le monde en tenant compte de l'obligatoire cohabitation avec les forces de la nature.

Que de conversations, vraiment, sur cette route sacrée : lors des visites, lors des repas, bien sûr, mais surtout dans la voiture. Entre une sieste et une chanson de Roger Whittaker – *Un éléphant sur mon balcon*, avec Pierrot au charango sur le banc d'en arrière –, on refait le monde. Le Québec revient inévitablement, chaque fois que l'on parle d'histoire, de politique, d'identité. Dans quelle situation nous trouvons-nous ? Comment continuer notre évolution comme peuple le plus harmonieusement possible? Comment faire la paix avec les blessures du passé? Si la baignade dans le Saguenay rafraîchit le corps, elle calme aussi nos esprits... le temps pour Pierrot de trouver ce que pourrait être la parole du jour. Il tente une analogie entre le peuple québécois et celui des Hébreux, en quête de la Terre promise. Dans tout processus de libération, celui qui veut être libéré doit accepter de «se mouiller» pour que la démarche s'enclenche. Les Hébreux, après avoir erré dans le désert pendant quarante ans, doivent traverser le Jourdain pour entrer en Israël (selon le troisième chapitre du Livre de Josué). Tout un processus s'organise: les prêtres portent l'Arche d'Alliance en tête de tout le monde. Mais le fleuve ne s'ouvre qu'au moment où les premiers passeurs y mettent la plante de leurs pieds. Pierrot voit dans ce passage l'importance de tout acte de foi, même minime – nécessaire pour que Dieu travaille. N'est-ce pas un peu la même idée qui est véhiculée dans l'adage *Aide-toi et le Ciel t'aidera*? Mais quel est l'acte de foi que les Québécois devraient faire? Et en vue de quoi? De quelle Terre promise rêvons-nous? Pierrot ne parle pas, ici, d'un futur référendum ou de l'indépendance sur le plan politique: il nous situe davantage au plan métaphorique. L'indépendance, oui, peut-être, mais en fonction de quoi? Quel rêve collectif nous anime, nous meut, nous inspire? À ce point de la discussion, pour ma part, j'ai besoin de retourner me baigner. Les questions trop vastes me donnent rarement envie de parler – j'aurais l'impression de dire n'importe quoi. En nageant, je repense à la discussion que nous avons eue hier au sujet de la rencontre avec Ronald, en particulier à Pierrot qui rappelait à quel point cela prenait du temps et beaucoup d'apprivoisement pour qu'une rencontre authentique ait lieu entre deux croyants de différentes traditions spirituelles. J'ai été un tantinet déçue en pensant que *La route sacrée* ne constituait qu'une toute petite amorce. Qu'il est long le chemin de la réconciliation, de la communion! Mais la parole du jour me raffermit tout à fait: notre expédition, c'est peut-être bien l'équivalent des Hébreux qui mettent le bout de l'orteil dans le Jourdain. Qui sait quel passage s'ouvrira?

*

Ragaillardis par notre baignade, nous parvenons en fin de journée à Chicoutimi, chez François, le frère d'Isabelle. Si dorénavant on lit «Saguenay» sur la plupart des panneaux du ministère des Transports, cette ville s'appelle encore et plus que jamais *Tcheko timi*, ce qui signifie en innu «jusqu'où c'est profond». François et sa famille étant partis en voyage, nous avons toute la place pour garer la roulotte à côté de sa maison. Nous profitons également de la connexion WiFi. Isabelle et moi travaillons sur le blogue, part non négligeable de l'expédition, notre lien avec le vaste monde. Le plus souvent, je fais le premier jet, mais c'est elle qui s'occupe de l'édition : travail sur le texte, ajout de détails et de photos, mise en forme et publication. Isabelle s'avère une éditrice de talent. Elle possède toutes les qualités pour peaufiner un texte, lui donner son lustré, sa texture définitive. En ce sens, nous nous complétons bien. J'aime bûcher comme lancer des mots et des phrases à qui mieux mieux, un peu comme j'aime bâtir une cabane dans le bois. Si j'accepte avec plaisir de tronçonner de grands arbres pour asseoir un plancher, si j'aime monter une charpente et installer portes et fenêtres, j'ai moins le cœur à l'ouvrage quand vient le temps des travaux de finition. Par nature, une fois que mon campe est assez solide et suffisamment isolé pour m'abriter, j'ai le réflexe nomade de repartir en canot pour aller rêver, cent kilomètres plus loin, d'un nouveau campe.

De son côté, Pierre-Olivier prend ses courriels et suit ses fils Facebook et Twitter sur son iPad. Être abonné au fil Twitter du

Vatican lui permet d'avoir des nouvelles dont il ne pourrait avoir connaissance autrement. On n'arrête pas le progrès! Il nous fait bien rire en nous révélant sa nouvelle devise, *Quand tu peux te baigner, baigne-toi*, dont il cherche à trouver la traduction latine. Cela donnerait quelque chose comme *Si potes laveris, lotus te.*

Plutôt que de nous préparer à souper dans la spacieuse cuisine de François, nous choisissons les deux seuls petits ronds de poêle utilisables dans la roulotte. On est bien «chez nous», dans cette roulotte un peu bancale, aux portes d'armoires qui ont beaucoup souffert des cahots au cours de nos nombreux voyagements depuis cinq ans. Mais elle est notre maison, elle nous protège de la pluie et des mouches, et, surtout, elle nous incite à la discussion. Dans l'intimité d'un espace restreint si propice à l'échange, nous trinquons au porto. C'est le grand silence autour de nous. Pas de circulation dans la rue. Nous nous sentons choyés d'être ici, à Chicoutimi.

Nous avons décidé de dormir deux nuits chez mon frère et j'en suis soulagée. Je ressens le besoin de me reposer et de mettre de l'ordre dans toutes mes affaires: vider les cartes mémoires de ma caméra, faire des sauvegardes, trier les notes prises jusqu'à maintenant, intégrer ce qui s'est vécu. Mes compagnons ont des courses à faire de leur côté. Inconsciemment, nous avons tous senti que la première partie de l'expédition venait de se terminer, même si nous ne l'avions pas formulé de cette façon en prévoyant notre itinéraire. Tout à l'heure, en mettant les textes du blogue en ligne, j'ai mesuré toutes les limites de l'entreprise : j'aimerais que nos textes soient plus longs, qu'ils donnent plus de détails sur l'expédition, les sentiments de chacun, les liens que nous faisons avec les auteurs que nous convoquons ; j'aimerais aussi qu'ils suscitent plus de réactions de la part des lecteurs. Me voilà confrontée à mes limites ! Tant de choses intéressantes sont soulevées : je prends des notes comme je peux, essaie de filmer de temps en temps, d'enregistrer. Mais qu'à cela ne tienne, je garde en tête ma ligne de conduite : le plus important est de vivre le voyage et on verra bien comment on le racontera ensuite. La conversation avec les gars, toujours aussi vive, me garde dans le moment présent.

Nous reprenons rapidement le fil de la discussion qui portait sur le Québec d'hier, d'aujourd'hui et de demain. On évoque des problèmes de filiation à travers l'héritage qui nous vient du passé, comme si toutes les figures paternelles étaient contestées, perverties, reniées. Qui sont les pères de

TROISIÈME JOUR : GRANDES-BERGERONNES – CHICOUTIMI

la nation? Les États-Unis ont leurs «pères fondateurs» (*Founding Fathers*) et le Canada peut bien avoir John A. MacDonald ou Pierre Elliott Trudeau si ça lui chante, mais nous? Certainement pas les aristocrates français de la colonie, sauf peut-être Champlain – lequel d'ailleurs n'était apparemment pas né aristocrate. Des pères missionnaires? Des prêtres comme Félix-Antoine Savard? Des patriotes comme Louis-Joseph Papineau? Des hommes politiques? Maurice Duplessis? René Lévesque? Ou un chantre tel Félix Leclerc? Qui nous a poussés à aller dans le vaste monde, à devenir qui nous sommes – profondément? Dans une vision psychanalytique, tout jeune homme doit tuer symboliquement son père pour «advenir» comme homme. Est-ce la même chose pour une nation? Comment entamer un tel processus? Est-ce l'entreprise à laquelle se livrent les Québécois en désavouant les religieux – ainsi que pas mal de politiciens? Et on a bien beau parler des pères, mais quelles seraient les mères? Toute une discussion pendant le souper!

Je me souviens que dans mon livre fétiche, *Volkswagen Blues*, le personnage de Jack se dit constamment déçu par ses héros d'adolescence, en découvrant les failles que porte chacun d'eux. Lorsque le dernier de ses héros tombe (son frère Théo), Jack se retrouve face à lui-même. Le livre s'achève au moment où il rentre chez lui, après que sa compagne eut demandé aux dieux de le protéger. Qu'est-ce qui s'ouvre à lui à ce moment? Qu'est-ce qui s'ouvre à nous, Québécois, du moment que nos «pères» sont tombés de leur piédestal, qu'il ne reste personne pour orienter notre route? Œdipe, lui, se crève les yeux après avoir découvert la nature de ses crimes. Se crève les yeux pour mieux voir en lui-même, pour mieux discerner la vraie nature des choses. Je pressens dans tous les cas un appel à l'introspection, un appel à la prière peut-être, pour aider à discerner sa propre vérité, ce qui s'en vient, où on va, trouver sa route intérieure. On est loin de cet état d'esprit dans notre monde agité.

Le moment d'anthologie, c'est Pierrot qui nous le donne. ✪ C'est au moment où Jean commence à faire la vaisselle qu'il nous annonce bien simplement qu'il dédie en son for intérieur tout ce pèlerinage à l'avenir du Québec: «Moi, si je fais ce voyage, c'est pour le Québec de demain. Parce qu'il faut que ce soit une occasion de réconciliation entre le passé et le présent, entre les nations… Il y a des plaies non guéries dans l'histoire des nations, autant chez les Autochtones que chez nous. Alors on va prier dans la maison du Père, où tout se réconcilie…» Le mot est lancé : nous faisons nôtre cette intention de prière, Jean et moi. Pierrot ajoute qu'il fait aussi le chemin à titre personnel, dans une démarche d'intégration de son propre chemin de vie. Nous n'avons pas beaucoup parlé de nos intentions intimes jusqu'à maintenant. Le temps viendra. Pour clore la soirée, Jean lit à haute voix le poème *J'ai prié* de l'Acadien Serge Patrice Thibodeau :

J'ai prié en toutes sortes de lieux,
toutes sortes de positions, toutes sortes
de langues ;

j'ai prié en pleine lumière, dans la
pénombre et l'obscurité ;

j'ai prié dans la cendre et la poussière,
dans la brume et parmi les flocons,

entre l'espoir et le doute, face au miroir
et le dos tourné à la porte ;

j'ai prié parce que j'aime lever les yeux
vers le ciel, parce que j'aime promener
mon regard

à la surface des cailloux et des feuilles
mortes qui bordent chacun de mes
pas ;

j'ai prié pour le salut des traîtres et des
assassins, tel qu'on me l'a demandé ;

j'ai parfois prié sans trop savoir
pourquoi, avec et sans musique, avec
et sans chapelet, dans un temple, une
église, une mosquée, dans un avion ou
devant mon repas ;

j'ai prié parce qu'il fallait que je prie ;
parce que mon corps exigeait que je
prie ; parce que d'instinct il fallait
que j'allume un cierge ou un bâton
d'encens ;

que je trempe un doigt dans l'eau, que
je me déchausse, que je m'incline ou
me tienne debout ;

parce qu'il fallait que je lise un poème
ou que l'encre me tache les doigts, que
je traverse la rue ou que je prenne le
bateau ;

parce qu'il fallait souhaiter la paix à
mon voisin et parfois même à mon
bourreau ;

parce qu'il me fallait conjurer
l'insupportable détresse humaine ;

j'ai prié quand j'avais mal et j'ai prié
dans la joie ; j'ai baissé la tête et j'ai
fermé les yeux, comme le faisaient
Pierre et Jeanne, mes ancêtres,

en priant pour leur mère et pour leur
père, au rythme des quatre saisons ;

je me suis signé avant de plier le genou
quand les cloches sonnaient ; j'ai gardé
le silence pendant la moisson ;

[...]

j'ai prié quand j'avais la foi et j'ai prié
quand je pensais que je n'avais plus la
foi ;

j'ai même prié sans rigueur, sans
discipline, sans règlements, mais j'ai
toujours prié avec conviction ;

j'ai invoqué Thérèse, Madeleine et
Marie, la Vierge noire de Zagreb et la
Vierge de Grand-Pré ;

j'ai remercié Notre-Dame-de-la-
Solitude, la bonne sainte Anne et la
Vierge de Guadalupe ;

je me suis réfugié dans un chalet entre
La Butte et Grosses Coques ou sur la
côte au cap de Cocagne ;

les yeux mi-clos j'ai remonté la Meuse
entre Namur et Dinant ;

j'ai vu le rocher Percé du haut du
phare de l'île Miscou et j'ai prié en
traversant le détroit de Magellan ;

et puis un jour, j'ai appris à ne plus
prier, car il arrive d'être en colère
quand on a un deuil de trop sur le
cœur ;

aujourd'hui il m'arrive de prier en
cachette, pour que vivent en paix les
vivants, pour que repose l'âme de ceux
et celles qui m'ont quitté ;

je prie pour ne pas me faire accroire
que je ne crois plus et pour dire au
monde que le silence ne m'a pas
engouffré, comme si j'espérais que
Dieu fût à l'écoute,

au bon moment, à la bonne heure, à la
radio, comme si j'avais la prétention de
lui demander quelque chose qu'on ne
lui a pas encore demandé ;

et malgré la menace de la laideur et
de la médiocrité, je continue mon
interminable prière,

parce que, aucun moment n'est
profane et tout lieu est sacré[5].

Je suis touchée que Serge Patrice
Thibodeau embrasse aussi large avec ce
texte et qu'il réinjecte du sens dans le verbe
« prier ». Les mots du religieux me donnent
si souvent l'impression d'être connotés néga-
tivement. Je connaissais déjà ce poème, mais
l'entendre à ce moment-ci de l'expédition
permet de rapailler toutes sortes d'émotions,
d'intuitions, de fatigues, aussi, de désirs
déçus. Il est bon de se remettre dans un
contexte de prière, d'élargir, de voir au-delà
de la fatigue. Je vais me coucher dans le lit
de mon neveu, entre deux toutous et une
affiche de Spider-Man, confiante.

Resté seul dans la roulotte – Pierrot et
Isabelle ont choisi de dormir dans la maison de François –, je me redis qu'il ne fait
aucun doute que nous vivons un tournant
civilisationnel majeur ces années-ci. Au
Québec comme dans d'autres parties du

5. Serge Patrice Thibodeau, *Sous la banquise*, Montréal, Éditions du
Noroît, 2013, p. 51-59. Reproduit avec l'aimable autorisation des
Éditions du Noroît.

monde, dorénavant, plusieurs âmes sentent que la civilisation ultra-capitaliste hautement consumériste, celle qui prend chaque mois toujours un peu plus de pouvoir, castrant même les gouvernements légitimes, est la cause d'une dégradation environnementale majeure. Et tout cela survient au sein d'un réel « no man's land » spirituel. Bien des gens, surtout les jeunes, ont conscience que la civilisation du « progrès » et des hallucinantes avancées technoscientifiques file à toute allure vers un mur. Il est temps que surviennent des changements conceptuels et idéels majeurs. Ma conviction, c'est que l'avenir du monde repose entre les mains des libres penseurs, des gens qui méditent comme des soignants véritables, et que l'essentiel, pour tous, dépend peut-être de la prière, comme en fait foi le texte de Serge Patrice Thibodeau.

Quatrième jour
Chicoutimi

Le quatrième jour, les pèlerins font quelques achats en prévision de l'aventure à venir : des bottes, une casquette, du jus, du riz, du porto. Au cours d'une expédition, il y a des jours plus « sédentaires », des moments choisis pour écrire, lire, réfléchir et se reposer, pour se baigner, aussi, parce qu'il fait quasiment trente degrés au Saguenay. Une fois de plus, Pierrot souhaite mettre en pratique sa maxime : *Si potes laveris, lotus te*! Pendant qu'Isabelle est chez son frère, où elle est restée pour travailler sur le blogue et mettre de l'ordre dans ses notes, nous nous rendons tous les deux jusqu'à La Baie, anciennement Port-Alfred, afin de nous immerger dans une eau qui a un petit goût salé – il vaut la peine de le souligner –, tout comme au cap Jaseux. L'effet des marées, même si l'embouchure du Saguenay se trouve à quasiment cent kilomètres, se fait sentir jusqu'ici. Un cargo mouille dans la baie ; l'activité industrielle a subsisté. Depuis quelque temps, c'est cependant le tourisme qui revigore l'économie locale ; le long d'un très long quai de ciment viennent accoster d'immenses bateaux de croisière.

Nous nous savons véritablement engagés dans un pays dominé par un fjord. Le père Laure n'écrivait-il pas dans son journal?

> Les montagnes entre lesquelles le Saguené coule sont si hautes et si escarpées que les plus monstrueux arbres qui sont sur leurs sommets ne paroissent gueres d'en bas plus gros que la jambe, et vers les 7 heures du soir en été, pour peu qu'on range la terre du sud, ou qu'on ne soit tout-à-fait au large, on a peine à lire en canot[1].

Le missionnaire prenait donc le temps de s'adonner à la lecture, bien adossé aux bagages de son embarcation ou allongé sur les fourrures, tandis que ses guides pagayaient! Rien de trop beau pour la classe ouvrière!

> Je profite de ces quelques heures de solitude pour lire Louis-Edmond Hamelin qui écrit dans *L'âme de la Terre* que la « nordicité implique de penser et de construire le Nord autrement que les non-Autochtones l'ont fait[2] ». Que représente pour moi la

1. Pierre-Michel Laure, *Mission du Saguenay*, p. 29.
2. Louis-Edmond Hamelin, *L'âme de la Terre. Parcours d'un géographe*, Québec, Éditions MultiMondes, 2006, p. 75.

nordicité ? Chose sûre, ma vision de l'hiver a considérablement évolué depuis que j'ai rencontré Jean. Ayant passé la majeure partie de ma petite enfance en Afrique, je ne m'étais jamais véritablement initiée au monde hivernal, du moins pas à travers les sports d'hiver, hormis peut-être la raquette et quelques glissades en *crazy carpet*, si on peut considérer ça comme un sport. Mais Jean est un authentique « coureur de froid », mangeur de neige, de froidure et de sensations fortes. Avec lui, j'ai marché sur les estrans glacés à perte de vue, appris les mots *glaciel, chorback, tourelle*[3], pris des milliers de photos de cristaux, de rivières gelées, exulté en débouchant en skidou sur un lac tout blanc après des dédales dans la forêt profonde, pris des belles débarques – heureusement sans conséquence puisque la neige amortit tout. Il y a seulement le ski qui ne me rentre pas dans le corps, même le ski de fond : la glissité reste un mode difficile… Mais j'ai beau jeu de parler de nordicité quand il fait trente degrés à Chicoutimi ! Certaines périodes sont plus faciles à vivre que d'autres, dans le Nord !

Me revient en mémoire un échange de ce midi, à propos du fossé qui sépare la culture autochtone (indienne et inuite), nordique donc, et la culture québécoise, nordique

---

3. Mots qui sont chers à Louis-Edmond Hamelin.

en apparence, peut-être, mais si fortement attirée par le Sud et ses palmiers. Comment les Inuits peuvent-ils sentir une quelconque appartenance au Québec, à son histoire, si les Québécois refusent d'être coureurs de froid? C'est Pierrot qui citait de mémoire le début du psaume 137:

> Sur les bords des fleuves de Babylone,
> Nous étions assis et nous pleurions, en
> nous souvenant de Sion.
> Aux saules de la contrée
> Nous avions suspendu nos harpes.
> Là, nos vainqueurs nous demandaient
> des chants,
> Et nos oppresseurs, de la joie:
> «Chantez-nous quelques-uns des
> cantiques de Sion!»
> Comment chanterions-nous les
> cantiques de l'Éternel
> Sur une terre étrangère?
> Si je t'oublie, Jérusalem,
> Que ma droite m'oublie!

Il évoquait grâce à ce texte la coupure d'avec les origines. Dans une société qui nie sa nature nordique, peut-on demander aux Indiens ou aux Inuits de «chanter des cantiques» de leur pays? Comment cela résonne-t-il chez eux? Jean, qui connaît pourtant bien le monde inuit, n'avait jamais formulé les choses ainsi : pourrait-on émettre l'hypothèse que les Inuits traversent une crise liée à leur propre rôle dans l'histoire ? Se demandent-ils inconsciemment à quoi ils servent dans ce monde ? Les choses seraient-elles différentes pour ce peuple si les Québécois assumaient davantage leur nordicité ?

Je me souviens d'avoir chanté *Mon vieux François* à des amis mexicains, lors d'un séjour de trois mois au Mexique. Que de nostalgie pour ma terre ai-je éprouvée à ce moment ! Et pourtant j'étais là de mon plein gré. Aurais-je accepté de chanter si j'avais dû m'exiler de mon pays et que la demande était venue de mes ravisseurs ? Difficile à imaginer… mais j'aurais probablement réagi comme les Hébreux ! Certes, les Québécois ne se posent pas comme ravisseurs des nations autochtones (bien qu'on puisse argumenter à ce sujet) et manifestent même de plus en plus d'ouverture et d'intérêt pour leurs traditions, leurs façons de voir le monde et même leurs langues. Mais il doit y avoir un certain malaise – pour ne pas dire un malaise certain – lorsque leur culture est réduite à certains stéréotypes employés à tort et à travers. Je ne sais pas si la cour de France a jadis demandé aux Indiens amenés en Europe par Cartier ou Champlain de chanter… À la fin du XIXe siècle, plusieurs d'entre eux ont plus ou moins volontairement fait partie du *Buffalo Bill's Wild West Show*, dont le chef sioux Sitting Bull. Et si, en tant que nation, nous étions soudainement forcés de cohabiter avec un peuple qui prenait de plus en plus de place, nous réduisant peu à peu à quelques symboles culturels? (Quels seraient, d'ailleurs, ces symboles?) Nous sourcillons quand un Français de France s'amuse du français québécois, ou quand nous sentons que la culture américaine empiète sur notre culture. Comment les Indiens réagissent-ils quand on «se déguise» en Indien[4], quand leurs symboles sont utilisés comme marques d'auto, comme noms d'équipes sportives? J'en suis là dans mes réflexions quand Jean et Pierrot reviennent. Je n'ai pas fini de lire le texte de Louis-Edmond, mais ce que j'en ai lu m'a menée bien loin! J'interprète cela comme le signe d'un nouveau souffle pour poursuivre l'expédition.

*

Nous nous retrouvons tous les trois en fin d'après-midi pour aller flâner en ville. La

---

4. Plusieurs festivals rock (Osheaga, entre autres) interdisent dorénavant les coiffes amérindiennes (bardées de plumes) comme déguisement chez les festivaliers, en signe de respect des Premières Nations. En 2015, Radio-Canada a également modifié le titre de l'émission de variétés *Pow-wow*, après que Natasha Kanapé Fontaine et d'autres Innus eurent fait valoir le vrai sens de cette expression, dénonçant un cas d'appropriation culturelle. Le monde change!

cathédrale nous fait encore une fois songer
aux allées et venues du père Laure. Bien sûr,
il n'y avait pas de cathédrale à son époque,
mais nous savons qu'il a bel et bien vécu à
Chicoutimi, « hyvernant » dans ce bourg pendant des années. Le chemin entre Tadoussac
et la Témiscamie passait forcément dans les
parages. Allons-nous trouver une mention,
une trace quelconque du passage du père
Laure ? Les paris sont ouverts. Nous restons
à l'affût. On se croirait presque dans une
chasse au trésor.

Un air de fête règne au centre-ville. L'été
s'arrêtera peut-être tout net dans deux jours :
tout le monde souhaite en profiter pendant
qu'il est encore là. Nous soupons rue Racine,
l'équivalent de la rue Saint-Jean à Québec ou
de la rue Saint-Denis à Montréal. Pierrot tient
à nous inviter et il fait les choses en grand :
nous voici dans un excellent restaurant de
sushis ! L'ambiance de fête saguenéenne nous
gagne. La conversation reprend de plus belle.
Nous en profitons pour refaire le monde
(une fois de plus). Pierrot nous brosse un
large portrait des communautés religieuses,
de leurs différents charismes, des enjeux qui
les mobilisent. Lui-même fait partie de la
congrégation des oblats, fondée en 1816 par
l'évêque de Marseille, Eugène de Mazenod,
un visionnaire qui voulut profiter de toutes
les occasions pour évangéliser le monde. Il

obtint en 1826 la reconnaissance de son ordre des mains du pape. Dès lors, bien des portes s'ouvrirent pour les oblats, puisqu'ils ne relevaient plus de la seule Église de leur région. Mazenod se trouva alors plus libre d'innover. Sa grande intuition fut d'envoyer ses missionnaires dans des colonies autres que françaises, rendant les prêtres plus indépendants de leur pays d'origine et des politiques de colonisation et, par le fait même, plus réceptifs aux autres cultures. Eugène de Mazenod croyait que les missionnaires devaient d'abord aider les gens à devenir des « humains », ensuite des « chrétiens », puis, peut-être, des « saints ».

Les premiers oblats arrivent au Canada en 1841, en plein cœur d'un mouvement massif de colonisation, alors que le Québec religieux, depuis près d'un siècle, a souffert d'un sérieux manque de prêtres. Ce sont des oblats français qui partent en mission en Oregon et jusqu'au sud du Texas, à Corpus Christi. À un moment, ils forment même un groupe de « missionnaires à cheval ». Ici, au Saguenay, au milieu du XIXᵉ siècle, le père oblat Jean-Baptiste Honorat se bat contre la famille Price et son associé, Peter McLeod, afin d'améliorer les conditions de vie des ouvriers, allant jusqu'à mettre en péril la santé financière de la congrégation, ce qui « officiellement » provoqua son départ. Mais Pierre-Olivier évoque plutôt des jeux de coulisses de la famille Price auprès de l'archevêché. À une quinzaine de minutes de Chicoutimi, à Laterrière, il y a justement une statue du père Honorat, une truelle dans une main, une Bible dans l'autre.

La palme du meilleur jeu de mots avec Laterrière revient à Pierrot : « C'est des extra-terrestres qui se souviennent de leur voyage avec un soupçon de nostalgie : "On était sur la Terre hier". » Jean pensait plus à faire un lien avec « derrière », mais il s'est censuré... Pour en revenir à la discussion, Pierrot souligne qu'en dépit des relectures modernes qui voient souvent d'une manière négative le travail des prêtres missionnaires de jadis, la plupart de ceux-ci ont très souvent pris le parti des plus faibles (ouvriers, agriculteurs, Autochtones, etc.) en les aidant à défendre leurs intérêts contre ceux qui les exploitaient et même parfois contre les classes dirigeantes ou, chez les Indiens, contre le ministère des Affaires indiennes. Je me souviens d'avoir lu que pendant la période où les Indiens n'avaient plus le droit de pêcher le saumon, c'était le missionnaire de la réserve de Nutashkuan qui, en voyant arriver le garde-pêche, les avertissait de remonter leurs filets : pour ce faire, il mettait en berne le drapeau de l'église[5]. Pierrot nous parle aussi du père Albert Lacombe, grand médiateur entre les Métis et les gens de la compagnie de chemin de fer, dans l'Ouest canadien.

Le père Laure, lui, était jésuite. L'abolition de son ordre par le pape Clément XIV, en 1773, devait marquer un tournant dans l'histoire de l'Église – et dans celle de la Nouvelle-France. Composé par certains des intellectuels les plus brillants de l'Europe, cet ordre fut bien vite perçu par certains gouvernements (en particulier ceux d'Espagne et du Portugal) comme une menace, plusieurs marchands ne voyant pas d'un bon œil que les missionnaires épousent de trop près la vie des Autochtones, ou qu'ils choisissent même de les protéger. À ce sujet, le film *Mission*, réalisé en 1986 par Roland Joffé, et qui met en vedette Robert de Niro, Jeremy Irons et Liam Neeson, apporte un éclairage plus qu'utile. L'ordre des jésuites une fois dissout, il ne resta plus que de rares prêtres, en Russie, protégés par la Grande Catherine, jusqu'à ce qu'il renaisse en 1814.

Pour résumer, les jésuites en Nouvelle-France auront été les « avant-postes » du

---

5. Il s'agit du père oblat Jean Fortin. Source : Aude Maltais-Landry, *Récits de Nutashkuan : la création d'une réserve indienne en territoire innu* (mémoire de maîtrise), Montréal, Université Concordia, 2014.

mouvement de colonisation dès le XVIIᵉ siècle, alors que les oblats, qui commencent à arriver en 1841, se retrouvent en pleine mêlée, dans un monde en pleine mutation : industrialisation, arrivée massive de colons d'Europe de l'Est, développement du chemin de fer, début de la Confédération, conflits avec les Indiens et les Métis, etc. Pour les oblats, le timing a été excellent, d'autant plus qu'il y avait une grande pénurie de prêtres. Pierrot souligne par ailleurs que l'autre vague de religieux arrivés au début du XXᵉ siècle a été fort différente : si les oblats ont toujours eu comme *modus vivendi* de s'acculturer au pays qui les recevait, ces autres religieux venus plus tard sont beaucoup plus conservateurs. Plusieurs d'entre eux ont été pratiquement chassés de la France, qui décide d'expulser le catholicisme des écoles en 1905. Pierrot dit qu'ils ont en quelque sorte une « mentalité d'assiégés, de persécutés, d'encore plus conservateurs ». Alors que les oblats s'étaient « canadianisés », suscitant même plusieurs vocations chez les Canadiens eux-mêmes, ces prêtres français plaisent beaucoup moins à la population : plusieurs personnes s'en plaignent. Il y aura même des tensions entre les supérieurs des oblats, dont beaucoup sont Canadiens, et les supérieurs des autres congrégations – des Français, bien sûr. Eh bien ! Voilà qui pourrait expliquer pas mal de choses dans le rapport troublé des Québécois avec l'Église – et avec la France. Si les curés de jadis étaient aussi conservateurs, en plus d'être nostalgiques de la France (qu'ils devaient mettre sur un piédestal), nos ancêtres ont vraiment dû en baver un coup! J'imagine que cela a dû influencer toute notre construction identitaire et affecter notre façon de percevoir notre langue et notre culture. Avons-nous ressenti alors, inconsciemment, un sentiment d'infériorité, encouragé, peut-être, par les discours qu'ont dû tenir ces gens d'Église qui s'ennuyaient de leur mère patrie? Me revient aussi en mémoire le propos de Serge Bouchard dans *Québékoisie* sur l'oblitération dans la mémoire collective de nos origines métisses initiée par le clergé au début du XXᵉ siècle. Ces prêtres venus de France, ne connaissant les Indiens qu'à travers les théories évolutionnistes (et racistes) de l'époque, ont dû être bien prompts à mettre en garde leurs ouailles devant les dangers qu'il y avait à frayer avec les «Sauvages». Ouille! Imaginez les dommages! Je ne peux que me réjouir que cette mentalité-là soit décriée, reniée, pourfendue! Il fallait faire du ménage dans tout ça – il faut continuer d'en faire.

Pierre-Olivier se considère comme un véritable missionnaire, sans pour autant devoir vivre « à l'étranger ». Il est chez lui quand il habite à Chibougamau ou à Québec. Il est encore chez lui quand il vit à Ottawa. Mais sa mission n'en est pas moins exigeante dans le monde sécularisé actuel. Ses réflexions l'amènent à plusieurs constats. L'Église, qu'elle le veuille ou non, se situe présentement dans un passage, pour ne pas dire une profonde transformation : du centre à la marge, de puissante à fragile, d'une position d'autorité à une quête de pertinence, de la majorité à la minorité, d'installée à désinstallée, voire de sédentaire à nomade... Pour Pierre-Olivier, la fin de ce « monopole ecclésial » représente une occasion d'inventer de nouveaux rapports avec le monde, plus près du message du Christ. Ses propos me rassurent, quand bien même ils doivent pactiser avec une atmosphère de « non-religieux » dorénavant répandu dans tout le Québec. Selon Pierrot, l'essentiel de la parole du Christ, tout compte fait, a maintenant les moyens de renaître grâce à la déconstruction ecclésiastique que nous vivons. Cette perspective me plaît.

Les sushis sont délicieux, la conversation va bon train et nous amène, il me semble, dans le meilleur de ce que nous sommes, même si nos échanges vont dans tous les sens, autour de la vie religieuse comme de la vie rêvée, en passant par les aventures nordiques.

Je fais part à mes compagnons de certaines anecdotes que j'ai vécues, dont une pêche de six cent cinquante ombles arctiques sur l'île Mansel, au nord de la baie d'Hudson. J'étais alors en compagnie de Qalingo Tookalak, un ami inuit qui nous avait guidés, quelques années auparavant, mon ami Jean-Benoît et moi, de Puvirnituq jusqu'à Kangirsuq, sur sept cent cinquante kilomètres de toundra inhabitée, alors que nous étions partis pour un grand tour du Québec en motoneige. Isabelle, quant à elle, nous confie ses rêves d'ensauvagement et de nordicité, d'une vie pleine, à la mesure du pays grandiose au sein duquel nous évoluons. Elle découvre ces années-ci une manière d'amalgamer ses talents de poète avec le monde de l'aventure.

*

En soirée, nos vagabondages nous font aboutir de l'autre côté de la rivière «Chek8timy» (le son *ou* s'écrit parfois 8 en innu, comme en font foi les écrits du père Laure), face au monument à moitié effacé de Coteau-du-Portage, érigé en 1937 à l'angle des rues Price et Dréan, en souvenir des découvreurs, missionnaires et traiteurs qui passèrent là de 1647 à 1842, de même que «de temps immémorial les Indiens Montagnais». Sur une colonne de pierre, on a inscrit les noms de

Louis Jolliet et… du père Laure. Pari gagné!
Nouveau clin d'œil pour nous indiquer que
nous voyageons dans la bonne direction.

Nous aimons nous remémorer ces faits
historiques. Ce n'est pas que nous soyons
nostalgiques, mais il nous apparaît difficile,
voire impossible, de songer à un avenir collectif de qualité si nous laissons s'étioler les
marques du passé, ces révélateurs des gestes,
des travaux et des prouesses de ceux et celles
qui aimèrent passionnément le territoire.

La lecture de plusieurs pages tirées des
Relations des jésuites, de même que du journal du père Laure lui-même, me convainc
que la vie missionnaire, particulièrement aux
débuts de la colonie, s'est souvent déroulée
de connivence avec la vie indienne. Bien sûr
que les missionnaires traversaient d'abord
l'Atlantique pour évangéliser. Bien sûr que
la plupart étaient animés par un feu sacré,
même par une foi qu'on pourrait qualifier
de «dévorante». Mais leur découverte d'un
monde neuf, et d'êtres à l'esprit «neuf»,
transformait leur point de vue jusqu'à les
rendre «amoureux» du pays, de sa Nature
comme des Autochtones, eux qui connaissaient intimement chaque fibre du territoire,
et cela, depuis des milliers d'années.

Émouvant monument que celui de
Coteau-du-Portage. Un panneau nous

informe que c'est ici, « sur le coteau surplombant le poste de traite, que s'amorçait le long portage qui longeait la rivière Chicoutimi jusqu'au lac Kénogami et, de là, permettait d'atteindre le lointain lac Saint-Jean ». Je repense au texte de Louis-Edmond Hamelin, à « la nécessité de construire le Nord autrement que les non-Autochtones l'ont fait ». Voici peut-être, parmi ces gens qui passèrent au Coteau-du-Portage, certains non-Autochtones qui ont tout de même fait une belle job. Quoique… je remarque en bout de liste le nom de Peter McLeod, l'associé de la famille Price contre lequel se battit le père Honorat (ce dernier n'est pas mentionné, étant arrivé dans les parages en 1844). Ni tout noir ni tout blanc, ces découvreurs…

Cinquième jour
Chicoutimi – Chibougamau

Le cinquième jour, nous empruntons la
route contournant le lac Saint-Jean du côté
est – même si ce chemin doit nous rallon-
ger –, en direction de La Doré et du parc
de Chibougamau. Nous nous sentons frais
et dispos. Nous avons envie de faire halte
à Péribonka, le pays de Maria Chapdelaine,
l'héroïne du roman de Louis Hémon. Sur
la route, Isabelle prend la peine de sortir le
bouquin de ses bagages pour nous lire un
passage où Maria s'imagine avec douleur la
mort de François Paradis, au cours d'une
tempête de neige :

> Point ne lui est besoin de voir le lieu,
> elle connaît assez bien l'aspect redou-
> table des grands bois en hiver : la neige
> amoncelée jusqu'aux premières branches
> des sapins, les buissons d'aulnes enter-
> rés presque en entier, les bouleaux et les
> trembles dépouillés comme des sque-
> lettes et tremblant sous le vent glacé, le
> ciel pâle se révélant à travers le fouillis

des aiguilles vert sombre. François
Paradis s'en est allé à travers les troncs
serrés, les membres raides de froid, la
peau râpée par le norouâ impitoyable,
déjà mordu par la faim, trébuchant de
fatigue [...] Peut-être est-il tombé pour
la dernière fois tout près du salut, à
quelques arpents seulement d'une maison ou d'un chantier – c'est souvent
ainsi que cela arrive. Le froid assassin et
ses acolytes se sont jetés sur lui comme
sur une proie ; ils ont raidi pour toujours
ses membres forts, couvert de neige le
beau visage franc, fermé ses yeux hardis
sans pitié ni douceur, fait un bloc glacé
de son corps vivant[1]...

Fascinant de constater que tant de
romans écrits depuis cent ans ont représenté
la nature comme une menace. Nature agres-
sive, dangereuse, quasiment impénétrable.
Nature à combattre, à pacifier, à domesti-
quer, à « humaniser » à tout prix, au prix des
grands déboisements chaotiques, au prix des
pesticides industriels répandus à la tonne,
au prix de la décroissance de la vie animale,
au prix de l'appauvrissement des sols et des
cieux. Quand arrivera l'ère du roman qui ose
traiter la nature en alliée ?

1. Louis Hémon, *Maria Chapdelaine*, Montréal, Boréal, 1981, p. 117-
118.

Devant la sculpture métallique plutôt controversée surnommée *L'hymen à Maria*, à quelques pas du musée Louis-Hémon, Isabelle retrouve quelques-unes des « perles » qu'elle avait notées dans des copies d'étudiants, alors qu'elle travaillait à la correction des épreuves uniformes de français – des extraits du roman étant à l'étude –, ce qui provoque quelques éclats de rire. Entre les Maria « Champdelaine », « Chapdeline » et « Capulet » (ça ne s'invente pas), on apprend plusieurs choses inédites : « François est décédé dans les bois et ce n'est pas la première fois que cela se produit » ; « La mort est une souffrance pour celui qui la vit » ; « Il n'y avait personne qui arrivait à la cheville de François et vivre avec lui aurait été le "paradis" » ; « Alors qu'elle s'apitoyait sur son sort et le décès de François, Maria fut prise d'une montée de lait divine. »

La fameuse sculpture, intitulée en fait *Femme et terre*, est l'œuvre de Ronald Thibert, un artiste chicoutimien : « Il s'agit de deux blocs de granit noir représentant, selon l'artiste, la sombre forêt décrite dans le roman au milieu de laquelle est comprimé un moulage d'aluminium représentant à l'arrière des sillons de labours et à l'avant un sexe de femme. » C'est ce que nous lisons sur le panneau décrivant la sculpture. Voilà qui donne un nouveau sens à la menace possible de la forêt…

181

*

Sur le chemin, nous croisons plusieurs campings qui évoquent davantage le stationnement de roulottes que la vie dans les bois. L'un d'eux fait pousser les hauts cris à Jean avec ses faux palmiers et son sol de ciment. Voilà selon lui le parfait exemple d'une nordicité non assumée, voire d'un refus de la réalité nordique, comme si on refusait de croire que notre pays était beau. Et cela manque de vision d'avenir : «On n'a qu'une vie à vivre, ça fait qu'on *scrape* tout pis on met du ciment, c'est pas grave!» Il faut dire que depuis le temps que Jean arpente le Nord, il a vu bien des tronçons de route *scrapés* par des poteaux électriques, des pylônes, des coupes à blanc, des installations pitoyables. J'ai moi aussi eu l'occasion de voir les effets de ce «déviargeage» sur la route vers Waswanipi.

Pierrot fait du pouce sur l'idée du manque de vision d'avenir que perçoit Jean. Cela évoque pour lui un passage de saint Paul : «Si les morts ne ressuscitent pas, alors, comme le dit le proverbe : *Mangeons et buvons, car demain nous mourrons.*» (1 Corinthiens 15, 32) S'il n'y a plus de résurrection, si l'homme ne s'inscrit pas dans la durée, ni surtout dans l'éternité, voilà qu'on remplace celle-ci par l'intensité, la puissance, la vitesse. Un des maux de notre temps serait «la perte de

182

perspective temporelle», d'après un essai de Nicole Aubert intitulé *Le culte de l'urgence*[2], que Pierrot a lu récemment. À cela il ajoute «l'inespoir». L'inespoir comme mal principal ? Certes, l'inespoir n'est pas triste, mais ce n'est pas joyeux non plus. Il souligne : «Tant de gens dans la société québécoise ont cru et ont été déçus.» Si on y pense bien – et selon un certain point de vue –, notre histoire compte plusieurs échecs corrosifs : échec de la bataille des plaines d'Abraham, échec des Métis (pendaison de Louis Riel), échec de l'Amérique française (perte de la Louisiane), échec des Patriotes et, plus près de nous, double échec du référendum (du moins pour les indépendantistes).

Dans le rapport Durham, en 1839, celui-ci disait des Canadiens français : «C'est un peuple sans histoire et sans littérature.» (Je me suis assez fait rabâcher cette phrase dans mes études en lettres.) René Lévesque, lors de l'élection du Parti québécois en 1976, déclare qu'«on est peut-être quelque chose comme un grand peuple». Je me souviens pour ma part, non sans émotion, de Wajdi Mouawad qui, durant une entrevue accordée il y a quelques années à Anne-Marie Dussault, à Radio-Canada, soulignait à quel point un peuple qui vote «non» à 50,5 % et

---

2. Nicole Aubert, *Le culte de l'urgence. La société malade du temps,* Paris, Flammarion, 2003.

«oui» à 49,5 % et qui n'entre pas en guerre civile, eh bien, «ce peuple-là, c'est un grand peuple». Au moins, il y a une gradation à travers ces trois citations!

L'inespoir dont Pierrot parle, c'est chez ces gens qui, au lieu d'ouvrir leur déception et leurs blessures à une nouvelle espérance, se referment, plus ou moins consciemment, rendent leurs blessures «définitives». Le piège, c'est de se fermer à l'espoir, de s'installer dans l'inespoir, le manque de dynamisme, l'amertume, le non-regard vers l'avant quand on considère qu'il n'y a plus vraiment d'avenir, que ça n'en vaut pas la peine. Pierrot m'émeut profondément lorsqu'il dit: «Moi j'ai choisi la ré-espérance! Il faut des prophètes de la ré-espérance, parce qu'il y a tant de gens déçus qui ne veulent plus espérer, qui choisissent le cynisme, qui sont aimants, mais qui restent sur le seuil, qui ont l'intuition de la ré-espérance d'espaces, mais qui n'osent pas y aller, de peur d'être déçus de nouveau. Le cynisme, c'est une maladie de l'âme qui refuse la possibilité d'une guérison. La résurrection, c'est le pied de nez à toutes les amertumes de l'histoire, c'est le petit coucou d'un Dieu qui dit: "Attention, ce n'est pas fini!" Il y a un espoir pour le Québec, il y a un espoir pour les peuples autochtones, il y a un espoir pour le monde... mais il faut cultiver la discipline de l'espérance.

Il faut protéger l'espérance : elle a besoin d'être protégée contre les vents froids du cynisme. Contre la désespérance, il faut de la ré-espérance. »

*

Nous atteignons La Doré après avoir dîné dans un petit parc de Saint-Félicien, le parc des Ancêtres, où l'on a souligné, sur un monument, certains épisodes de l'exploration nordique du pays, dont le voyage du père Albanel autour de 1671, jusqu'au lac qui porte son nom. Pas de mention du père Laure, mais qu'à cela ne tienne ! Plusieurs fois dans ma vie, en me rendant à Waswanipi dans le cadre de mon travail, j'ai fait halte dans ce parc. J'avoue cependant que je n'avais jamais vraiment fait attention aux inscriptions notées sur le monument. Il me fallait naviguer différemment pour mieux me retremper dans l'histoire. Pierrot s'étonne, lui aussi, étant passé par ici plusieurs fois alors qu'il habitait Chibougamau. Il s'exclame : « Les traces de l'histoire sont là, mais ça prend des yeux pour les voir ! » Je le sens heureux d'avoir cette occasion de découvrir un Québec à bien des égards méconnu et légendaire. Ainsi, pour rejoindre la « mer du nord » (la baie de James) à partir de Tadoussac, un jésuite comme le père

185

Albanel remonte les rivières Ashuapmushuan et Chigoubiche, puis le lac Ashuapmushuan, puis la rivière Nekoubau, pour atteindre le grand lac Mistassini et redescendre la rivière Rupert, laquelle aboutit au sud de la baie de James. *Wow*!

Parce que nous avons du temps, parce qu'il fait toujours si «tropicalement» beau et parce que, dix ans plus tôt, j'ai eu le bonheur de vivre une descente en canot de la rivière Ashuapmushuan, je suggère à mes coéquipiers que nous fassions un détour pour admirer les rapides de la Chaudière, une cinquantaine de kilomètres au nord de La Doré, un site remarquable où nous pourrons nous baigner.

Quittant la route principale, nous abordons un chemin de bois, très raboteux, franc est. Après vingt minutes, nous choisissons d'abandonner momentanément la roulotte dans une clairière, même si les chutes sont encore loin, à une dizaine de kilomètres. Il ne faudrait pas casser un essieu, car ce serait la poisse, et que cela remettrait sérieusement en question la suite de l'expédition. Je prends le temps de positionner la roulotte de manière à ce qu'elle soit dans le bon sens lorsque viendra le moment du départ, ce qui nous oblige à certaines contorsions sur l'étroit chemin. Retentissent bientôt, dans le silence de la forêt, les directives d'Isabelle : «Avance!...

Un tout petit peu!... OK, *wo!*... Recule!...
Plus à droite... L'autre droite!!... Encore
un peu!... *WO!!!*» Poursuivant notre route
allèges, nous parvenons finalement au bout
du chemin et de tous les obstacles. Il y a bien
quelques pancartes défraîchies, mais le coin
est sauvage, c'est le moins qu'on puisse dire.
Pierrot me demande pourquoi je stationne
l'auto «dans le bon sens», de manière à être
prêt à repartir. Je lui réponds qu'à mon avis il
vaut toujours mieux travailler quand on a les
meilleures énergies pour affronter certaines
difficultés associées aux gros cailloux ou aux
accotements un peu mous. Ici, il ne s'agit
que de positionner l'auto, soit, mais qui
sait? S'il survenait un imprévisible incident,
nous rendant nerveux, pressés: que le véhicule soit prêt à décoller pourrait s'avérer précieux. Disons que c'est une habitude de gars
de bois! Et voilà mon Pierrot tout content
d'en savoir un peu plus long sur certaines des
habitudes et mœurs des gars de bois!

Face aux fameuses chutes de l'Ashuapmushuan, nous sommes impressionnés par la
folle coulée d'une rivière emportée entre deux
massifs montagneux au dos puissant. En aval,
il y a une large baie où les flots se tranquil-
lisent et où tout le monde se jette à l'eau.
Pierre-Olivier et Isabelle osent même nager
au large, assez pour expérimenter la force des
remous de courant. Je me rappelle... Cinq

cents mètres plus bas, deux de mes compagnes de voyage, Karine et Geneviève, avaient cravaté avec leur embarcation. La coque avait été défoncée, créant un trou grand comme le poing dans le flanc gauche. D'urgence, nous avions pu réparer à l'aide de fibre de verre. Le canot remis à flot, la descente s'était poursuivie, à la brunante, en direction de La Doré. D'une certaine manière, je peux dire que grâce à une expédition sur l'Ashuapmushuan, vécue il y a plusieurs années, j'ai connu ce cours d'eau «de l'intérieur», je l'ai éprouvé, en quelque sorte, plutôt que de seulement le regarder ou l'admirer. J'ai tâté de ses houles comme de ses rochers. Je me suis moi-même transformé en morceau de rivière alors qu'un long rapide classé 3 nous propulsait sud-ouest. Et quand il s'est agi de remonter le canot chargé de bagages en le tirant à pied, à contre-courant, pour parvenir à la hauteur de l'embarcation transpercée, je me suis changé en pierrailles et en remous. Avec Hannah, ma compagne d'alors, ensemble, à l'unisson, nous avons fait un back-avant pour traverser la rivière dans toute sa largeur et ainsi rejoindre nos amies. Imprévisible, mais nourricière Ashuapmushuan… comme un rappel du texte de la poète innue Joséphine Bacon, tel que chanté par Chloé Sainte-Marie, tel que je le fredonne en regardant mes compagnons nager :

Ashuapimushuan[3]

Nuishamakuat	Mes amis innus
nuitsheuakanat innuat	m'invitent
tshetshi kushpian	à monter dans le bois
tsetshi uapataman	afin de vivre
kie nin nutshimiu-assi	l'intérieur des terres
miam uninuau	comme eux
Ashtam nipa	Viens t'endormir sous
	le tipi
innutshuapit	pour rêver
tshetshi puamin	pour un bon sommeil
tshetshi minukuamin	car au loin un loup
kakakueshish	hurle
Uiani	À mon réveil
matamek	de la truite
ashit innu-pakueshikan	de la banique
mamu nika mitishunan	avec nos amis
utassiuat	nous mangerons
	ensemble
	sur leur terre
Tshiueiani	Chez moi à mon retour
nika uitamuaut	je dirai
tshetshi itutetau	partez allez voir
tshetshi uapatakau	combien belle
uinuau	est leur terre

---

3. À noter que, tout au long du récit, c'est plutôt la graphie *Ashuapmushuan* qui est utilisée.

menuashinit tapue
utassinua

Ashuapimushuan nui nipan	Je veux dormir
ashuapimushan nipeku	endors-moi
tshetshi minukuamian	pour rêver à toi
ashuapimushuan	Ashuapimushuan
ashuapimi	attends-moi[4]

Quel délice, quelle profonde exultation de s'immerger dans les eaux pures de son pays! L'amour viscéral pour sa terre, il prend sa source à même des moments de cette qualité: miracle de la fraîcheur, puissance du courant, générosité folle du bois, vert intense. C'est l'Action de grâce! Nous nous sentons bénis et Pierrot propose d'ailleurs de nous bénir, sur le site juste à côté des chutes. Ce n'est pas un moment solennel plein de gravité, c'est surtout joyeux. J'ai l'impression de me faire baptiser dans la beauté de mon pays. Je serais restée là longtemps, à photographier les grenouilles des bois et les reflets des arbres dans les flaques d'eau... mais nous devons repartir, attendus que nous sommes pour souper chez des amis de Pierrot, à Chibougamau. Nous reprenons la roulotte sur le chemin. Après avoir croisé

---

4. Joséphine Bacon, «Ashuapimushuan», tiré de *Parle-moi* de Chloé Sainte-Marie, DGC disques, 2005. Reproduit avec l'aimable autorisation des Productions Gilles Carle.

trois perdrioles, nous roulons à nouveau
sur la route asphaltée. Nos âmes sont trop
légères pour discuter comme à notre habitude : nous écoutons plutôt de la musique,
notamment un poème de Jean, « Debout
dans la rivière », du recueil *Ô Nord, mon
amour*, mis en musique par son ami harpiste
Robin Grenon. L'écoute prolonge miracu-
leusement notre baignade. Nous sommes
encore dans la rivière.

Debout dans la rivière, la colline
derrière moi ruisselle. Le ciel tangue, le
vent fait des pauses.

Debout dans la rivière, dans toute l'eau
qui fuit vers la mer, il y a des éclats,
des clapotis, le murmure d'un couple
d'oiseaux.

Je pêche. Je vois loin. Pas un tronc
d'arbre, pas une branche pour
m'arrêter. Mon corps va comme le ciel,
infiniment.

Debout dans la rivière, je pense. Mon
rêve descend au fil de l'eau. Mon leurre
me pend au bout des doigts. Je suis
l'eau et la rivière et le courant.

J'aspire le thé du Labrador. Je lance
ma ligne dans le rapide. Un vol d'oies
blanches passe dans le ciel. Il va neiger.
Je suis la neige, l'azur, le sombre et la
clarté.

Je prie. Le silence s'impose doucement,
doucement comme la rivière qui
masse mes pieds. Je frissonne. Un
moustique vient m'asticoter. Je ris. Au
pied de la colline qui s'étire et bâille, le
moustique, c'est moi.

Je ramène mon leurre. La plus grosse
truite vient de mordre. J'en avais rêvé.
Je hurle. Elle est là! Elle est là! Non.
Elle s'est détachée.

Je ne pêche plus. Je survis, pareil à
toute l'eau, pareil au silence.

Debout dans la rivière, l'eau, c'est moi,
la truite, c'est moi, le monde, c'est
moi[5].

Comme je ressens tout à coup, dans
ma chair, la vérité de ces derniers vers. Le
moustique, la truite, la rivière, c'est moi.

---

5. Jean Désy, *Isuma*, Montréal, Mémoire d'encrier, 2013, p. 88-89 (figu-
rait dans le recueil *Ô Nord, mon amour*, Québec, Le loup de gouttière,
1998).

C'est nous. Je ne sais pas si c'est la fameuse circularité autochtone dont me parle Jean, mais cela résonne tout à coup comme jamais auparavant. Je ne me suis pas sentie spectatrice du paysage, mais partie intégrante. Je l'ai respiré et lui aussi m'a respirée. Nous nous sommes bénis mutuellement – *bénir* comme dans « dire du bien de ».

Pierrot nous fait écouter de la musique alternative pure et dure (Vampire Weekends et Damon Albarn), en nous expliquant tout ce qu'il pressent comme vérité sur la réalité actuelle à travers les paroles. Sacré Pierrot! J'aime beaucoup sa sensibilité artistique, son ouverture, son attention pour tenter de saisir les bruits du monde. On écoute aussi avec attention la chanson *Astronaute* de Damien Robitaille – le chanteur préféré de la fille aînée de Jean – dans laquelle l'astronaute en question à qui s'adresse le chanteur a tout de la figure christique : « Quand tu regardes vers la Terre/Vois-tu tous ces gens qui cherchent des réponses à leurs questions?/Si oui, peux-tu y répondre?/On a besoin de quelqu'un qui pourrait nous sauver/Ou bien nous dire la vérité. » Nous délirons par la suite avec la chanson russe *Kalinka*, puis *Nathalie* de Gilbert Bécaud et toutes sortes de classiques, de Patrick Norman à Simon & Garfunkel, en passant par Shania Twain, Fred Pellerin et Socalled.

*

À Chibougamau, nous sommes reçus à souper chez Janique et Carol, des amis de Pierre-Olivier. Isabelle a eu le plaisir de les connaître, il y a quelques années, lors d'un pèlerinage en Israël animé par Pierre-Olivier. Leur fille Léonie, présente elle aussi ce soir, faisait partie du même voyage. Une dizaine d'amis de Pierrot se sont ainsi rassemblés pour le saluer, lui, leur ancien pasteur. Émouvant de réaliser à quel point tant de gens sont heureux de le revoir. On parle de tout et de rien. Janique et Carol reviennent tout juste d'un voyage au Machu Picchu, dans les Andes. Suzan raconte son récent pèlerinage sur le sentier de Notre-Dame Kapatakan. Partie de la statue de la Vierge, au sommet de la falaise, face au Saguenay, elle n'a pu compléter le trajet de plus de deux cents kilomètres jusqu'à l'Ermitage Saint-Antoine, à Lac-Bouchette, à cause d'une blessure au genou ; elle se promet de reprendre la route dès l'an prochain. Janique avoue à Pierrot que depuis qu'il n'est plus là, elle a peu à peu cessé d'assister aux offices religieux à Chibougamau. Carol nous parle de sa vie dans le Nord, de son amour pour la pêche, se désolant toutefois que son fils, pour des raisons politiques et légalistes, ne puisse acquérir une terre à bois dans les environs.

C'est la fête. Au menu, il y a de la viande d'orignal et de caribou. Des mets de choix! Puis, autour d'un feu, derrière la maison, nous continuons nos échanges. Pierrot ne se gêne pas pour mener le bal avec son charango.

Je suis vraiment heureuse que notre expédition me permette de revoir Carol, Janique et Léonie! Quel plaisir de chanter ensemble de nouveau! ✪ Nous avions vécu de beaux moments en Israël. Nous évoquons avec joie nos fameux apéritifs à Nazareth (la bière Macchabée était bien bonne) et sur le toit de notre maison de Jérusalem. Je me souviens aussi de Cana, où Carol et Janique avaient renouvelé leurs vœux de mariage.

Aujourd'hui, bien sûr, c'est surtout l'occasion pour les anciens « paroissiens » de Pierrot de se rappeler toutes les anecdotes du temps où il était vicaire à Chibougamau. Il est resté cinq ans et demi sous ces hautes latitudes, assez pour créer des liens très forts, comme je peux le constater ce soir. Il y a beaucoup de rires et d'émotions dans l'air. Une jeune femme, Stéphanie, évoque plusieurs fins de semaine rassemblant des jeunes souhaitant réfléchir sur le sens de la vie dans une perspective chrétienne, des moments très intenses. Elle se rappelle notamment d'Atti-kameks qui, après avoir eu une attitude très

introvertie pendant les premières heures de la
fin de semaine – tellement que les organisa-
teurs se demandaient s'ils retiraient quelque
chose de leur expérience –, finissaient par
s'épancher avec confiance, remerciant tous
les participants de leur écoute. Pierrot avait
évoqué des anecdotes semblables en nous
racontant son voyage à Lourdes avec un
groupe de jeunes. Les Attikameks avaient
manifesté une belle sensibilité à certains
moments-clés du pèlerinage, contribuant à
enrichir la démarche de chacun. De beaux
liens s'étaient créés. Stéphanie est encore en
contact avec quelques-uns d'entre eux, qui
habitent Obedjiwan.

De notre point de vue de pèlerins, il est
intéressant aussi de noter comment on parle
de notre propre aventure, quels événements se
détachent déjà lorsqu'on raconte les derniers
jours. Nous avons été marqués par toutes
les mentions du père Laure (à Pessamit, à
Tadoussac, à Chicoutimi), par le fait que les
traces de l'histoire sont là, jalonnant notre
chemin, mais que ça prend des yeux aver-
tis pour les voir, une intention : «Celui qui
a des oreilles, qu'il entende!» disait Jésus.
Pour ma part, je suis reconnaissante d'avoir
cette occasion de mieux connaître mon histoire, de l'intégrer, à même ma découverte
du territoire. Intéressant aussi de parler de
notre projet – célébrer une messe à l'Antre

de marbre – avec des croyants, alors que je me suis habituée à en parler avec des gens (que je suppose) plutôt réfractaires au catholicisme. Ça fait du bien d'enlever ses gants blancs de temps en temps! Et quelle joie d'entendre résonner des chants scouts autour du feu, dans la nuit, derrière la maison, en pleine petite ville nordique qui exulte sous les étoiles par un si beau temps d'été. Jean et moi dormirons dans la roulotte cette nuit, tandis que Pierrot occupera une chambre au sous-sol. Nous nous couchons tôt, tout de même, puisque la Colline-Blanche nous attend demain.

Sixième jour
Chibougamau – Colline-Blanche

Après avoir fait le plein d'amitié chez les Chibougamois, nous décollons tôt le matin à destination de la Témiscamie, après un bref arrêt à l'épicerie. Chibougamau, ville minière où les autos et camionnettes se stationnent en diagonale sur la rue principale, comme dans bien des petites villes du Midwest américain, avec les mêmes 4 × 4, les mêmes devantures de magasins. Chibougamau a été bâtie tout près du lac Gilman ; j'y ai skié en compagnie de mon ami Gérald en plein mois de janvier. Chibougamau la « western » aux portes du Grand Nord, avec ses habitants fiers de leur pays, amoureux de leurs rivières encore poissonneuses et de certaines épinettes noires au tronc de dix centimètres, vieilles de cent ans !

Il fait toujours aussi chaud, anormalement chaud pour la saison. Passé l'embranchement conduisant à Mistissini, la route cesse d'être asphaltée. Dans la gravelle, nous poursuivons, cap sur le nord-est. Il n'a pas plu depuis longtemps ; les camions soulèvent beaucoup de poussière – et nous aussi, bien sûr! La roulotte écope. Tant bien que mal, je calfeutre les fenêtres avec du ruban adhésif, l'essentiel Duct Tape. Le paysage, sans la double ligne des poteaux électriques qui lacérait chaque côté de la route depuis Chibougamau, devient plus harmonieux, plus lumineux. Les petits lacs, nombreux, reflètent la splendeur des épinettes riveraines.

Il y a un mois et demi, lors du repérage, Isabelle et moi avions prévu quelques arrêts le long de ce chemin afin de marcher, seul ou en duo, l'un de nous devenant chauffeur pour amener l'auto quatre, cinq ou même dix kilomètres plus loin, et attendre les randonneurs. Ce manège nous aurait permis d'expérimenter une nouvelle facette du pèlerinage : celle de marcher en silence, ou bien de discuter tranquillement, en longeant les lacs, en pleine forêt, de manière à vivre une espèce de petit « Compostelle » nordique. Mais la température, ces jours-ci, pourrait nous jouer des tours. En effet, on annonce de forts orages à la météo. De plus, l'absence prolongée de pluie a décidément trop asséché la route : d'immenses nuages de poussière sont sans cesse soulevés par des camions géants transportant du bois, ce qui rendrait la marche pénible. Nous reportons donc à plus tard l'idée de ces « petites marches de pèlerinage ».

Sans conteste, notre expédition représente une sorte de pèlerinage. Si notre but
n'est pas d'arriver à un sanctuaire ou à un
monastère, mais plutôt à un simple lieu
naturel – sacré tout de même –, nous nous
considérons comme des pèlerins, ayant le
sentiment de nous associer à ceux et celles
qui, un jour, eurent l'idée de se rendre jusqu'à
la Colline-Blanche, la plupart du temps en
canot ou à pied.

Ensemble, nous cheminons, discutons,
canotons, mangeons, portageons, chantons
et rions. Nous rions beaucoup. Peut-on
douter que le père Laure, en 1730, en compagnie de ses guides, pendant les longues
semaines, sinon tous les mois qu'il passa en
canot, peut-on douter que, très souvent, il fit
des blagues, et des bonnes blagues, qu'il dut
parfois subir bien des taquineries de la part
des Indiens, qui connaissaient le pays alors
que lui n'en connaissait rien, mais que, tous
ensemble, ils riaient, oh, pas tout le temps,
mais souvent, quand le temps, justement, et
les grands vents et les pluies diluviennes leur
laissaient la force de rigoler et de bivouaquer
en paix, sans les assauts trop furieux des
mouches noires sur les rives des cours d'eau
qui les conduisaient toujours plus au Nord,
qui les élevaient vers le Nord auquel ils aspi-
raient? Si on connaît un tant soit peu les
Indiens d'aujourd'hui, et particulièrement

les nomades du Nord québécois, on ne peut douter qu'au temps de la Nouvelle-France, ces gens aimaient beaucoup rire.

Bien sûr que la vie est parfois difficile! Bien sûr que l'existence peut s'avérer d'une rudesse sans nom! Bien sûr qu'en 1730, les conditions de voyagement n'étaient pas celles qui sont offertes grâce aux aéronefs hyper modernes qui permettent aux touristes de traverser l'Atlantique Nord en moins de sept heures de vol! Mais le père Laure et les Innus n'eurent pas à patienter une seule minute dans un aéroport bondé ni à subir les fouilles intempestives des agents frontaliers à la recherche de possibles terroristes internationaux. Quand ils décidèrent de décoller dans leur canot, l'embarquement ne fut l'affaire que de quelques instants. Leur puissante aventure s'amorça tout en douceur, indubitablement. Le père Laure et les Innus, en état de quête profonde, se trouvaient aussi en état d'humour.

Ce n'est pas tous les jours qu'on est en route vers la maison du Père! Je ne sais pas si c'est la fébrilité à l'idée de toucher bientôt au but, mais nous sommes survoltés dans l'auto. Pierrot a le don de faire des chansons avec n'importe quoi. Il improvise une petite fugue en répétant certaines phrases dites par Jean au fil des kilomètres: «Y a pus d'poteaux»; «mais y a d'la boucane»; «on a mis du Duct Tape». On nage en plein délire! Je retrouve aussi ma chanson pastorale de pêche: «Brochet, ô brochet, toi mon ami, mon frère, tu donnes ta chair pour nous donner la vie», à laquelle Pierrot ajoute un couplet: «Toi qui tires, qui résistes, tu ne veux pas être pris/Tu résistes, tu es fort, tu ne veux pas être pris, oh non!» Et nous reprenons le refrain en chœur, à deux voix! (Jean, lui, est un peu découragé de nos niaiseries… Je pense que ça entre en conflit avec sa propre vision du brochet.)　　　—

Nous passons des journées qui prennent valeur de semaines tant la vie s'écoule avec intensité. Si l'entraide physique a son importance, si nous devons considérer le rythme de chacun, ses fatigues ou ses excitations, le soutien que nous nous apportons les uns aux autres est de nature plus spirituelle. De plus, nous n'avons pas à affronter de trop grandes difficultés matérielles. Si nous avions prévu parcourir la distance Tadoussac-Témiscamie en canot, en remontant le Saguenay comme la rivière Ashuapmushuan, alors là, c'est sûr! Tout aurait été différent. Mais nous profitons d'une auto, la plus grande partie du voyagement se faisant en tirant une petite roulotte. Il n'y a finalement que le canotage sur la Témiscamie, aller-retour, qui donnera une allure plus «musclée» à ce pèlerinage, mais sans que nous devions vraiment affronter les rigueurs de la nature. Fait rare dans le Moyen Nord, et considérant la température anormalement chaude pour ce temps de l'année, nous n'avons à endurer aucune véritable attaque de mouches noires ou de maringouins : un vrai cadeau, considérant que les plus grands ennemis des humains, au Nord, restent les simulies (mouches noires), les anophèles (maringouins), les cératopogons (brûlots) et les tabanidés (mouches à chevreuil) !

Ce pèlerinage nous plonge avec intensité dans la vie nomade, ce que j'apprécie au plus haut point. Il faut considérer que les pèlerinages ont souvent représenté une réconciliation avec un mode de vie plus nomade que sédentaire. Par tradition, les pèlerins du monde entier, et pas seulement les chrétiens, ont aimé voyager afin d'aller déposer quelque chose dans un lieu considéré comme sacré. Souvent, ils ont rapporté de ce même lieu un souvenir qui leur rappelait leur périple, une médaille. C'est ainsi que les pèlerins de Compostelle rapportaient souvent du bord de la mer un petit coquillage, la fameuse coquille Saint-Jacques.

Que rapporterai-je de la Colline-Blanche ? Je ne sais trop. Un morceau de quartzite, peut-être... Je dois avouer que de

toutes mes expéditions – marches sur les gla-
ciers ou escalades en haute montagne –, de
tous les voyages qui ont été importants pour
moi, j'ai surtout rapporté des notes, prises
quotidiennement dans différents cahiers
et carnets. J'ai écrit, comme j'écris en ce
moment, pour me raconter et raconter aux
autres ce qui m'arrivait, ce que je vivais, ce
que je ressentais, dans la joie comme dans la
souffrance parfois. J'ai colligé mes impressions à propos du plumage d'un oiseau que
je ne connaissais pas, à propos d'un arbre
qui sentait bon, à propos d'un passant à qui
je demandais un renseignement et qui devenait un ami, même de façon temporaire. J'ai
souvent publié des récits de voyage. Souvent
aussi, je n'ai fait que conserver des textes
que j'ai rangés dans les rayons de ma bibliothèque, auxquels je reviens, à l'occasion, afin
d'y trouver une référence, et par nostalgie,
aussi. Écrire a toujours été pour moi une
manière d'être au monde, de réfléchir, de
regarder, d'observer, d'admirer et de contempler. Je lis et j'écris, sachant que ma compré-
hension aimante du monde et de moi-même
s'en trouve affinée, peaufinée, magnifiée.

Pierrot souligne que, de tout temps,
les pèlerinages ont été l'occasion pour les
humains d'avoir accès à la vie nomade.
Souvent, associée au lieu ou à la démarche,

il y a la présence de l'eau, symbole de la vie et de la mort, de la renaissance. Le feu est important aussi, le feu qui détruit et qui transforme, qui régénère : on apporte une chandelle, un cierge. À cela Pierrot ajoute la parole : les textes que nous avons choisis, souhaitant donner à l'expédition un caractère géopoétique, ajoutent toute une densité à l'expérience – nous pouvons d'ores et déjà en témoigner. Ainsi on se rattache à une tradition, à une culture, à une communauté. Et ces textes, que nous connaissions déjà pour la plupart, prennent un relief nouveau quand ils sont lus sur la route.

Mettre la sédentarité de côté, dépoussiérer nos habitudes (quoique présentement on n'est pas précisément en train d'être dépoussiérés…), retrouver une liberté qui permet de se recentrer, tout cela amène à poser un nouveau regard sur sa vie. Ainsi se forme le peuple, un peuple en marche. Le pèlerinage, c'est l'occasion de vivre une transformation individuelle et collective : le pèlerin porte des intentions de prières, cherche souvent à vivre une conversion, dans le sens d'un nouveau départ, de la résolution d'un problème. Sur sa route, il rencontre d'autres pèlerins, se nourrit du vécu des autres, échange. Au retour, son histoire enrichit la communauté. Comme le disait Louis-Edmond Hamelin, « ça remplit sa vie et ça remplit la vie de la communauté : ce sont des forces mentales spirituelles [et] idéelles qui tiennent la famille, la société ». Et Pierrot fait remarquer que la marche est un motif présent dans chaque religion.

Les lieux visités sont liés, dans le cas des spiritualités animistes, à une spécificité souvent naturelle (chute, falaise, etc.), tandis que pour les religions monothéistes, les sanctuaires évoquent un événement mémorable, extraordinaire. Dans le cadre de notre pèlerinage, c'est un peu des deux. Le lieu était – est toujours – sacré pour les Indiens à cause de ses particularités propres : une grotte toute ronde et blanche surgie dans la forêt comme par enchantement. Mais si nous y allons, c'est aussi pour commémorer un événement : la messe du père Laure, sa rencontre avec les Indiens. À travers le lieu – l'espace –, on souhaite donc être rejoints par la spiritualité des premiers peuples, cette sagesse, ce respect pour la nature et les enseignements qu'elle nous prodigue. La perspective chrétienne, elle, nous amène à faire mémoire d'événements significatifs : notre démarche a donc aussi un ancrage historique. Espace et temps.

Voilà qui nous amène à réfléchir aussi, en contrepartie, à la vision capitaliste des lieux, qui ne juge aucun ancrage sacré, ni spatial ni temporel. Ne reste que l'argent, le moment présent, le « déviargeage », comme dit Jean.

À long terme, ce qui permettrait vraiment un rapport sain à la terre, ne serait-ce pas des ancrages bellement complémentaires entre les sensibilités autochtones et judéo-chrétiennes ? L'Antre de marbre serait à cet égard un bon exemple.

Respect des lieux. Respect de la mémoire. Respect de la Création. Cette réflexion prend un caractère particulier alors que nous croisons à tout bout de champ des gros mastodontes croulant sous les troncs d'arbres. ✪ On avance dans un semi-brouillard… Nous trois dans notre petit véhicule, nous préparant à vivre une rencontre sacrée, face à ces gros camions… c'est un peu David contre Goliath, finalement ! En même temps, nous nuançons : c'est grâce aux compagnies forestières s'il y a un chemin pour se rendre jusqu'à la Témiscamie. Ces routes nous ouvrent le pays.

Le pont de la Témiscamie apparaît après cent soixante-douze kilomètres, au-delà de la limite du 51ᵉ parallèle, où nous avons pris des photos ✪. Nous descendons le canot au bord de l'eau, et le chargeons avec toute la nourriture – placée dans la glacière ronde qui servira d'abri (bien relatif !) contre les possibles incursions des ours –, la tente, les sacs de couchage, les matelas de sol, la carabine, les vêtements de pluie, les vestes de sécurité (que nous enfilerons), le matériel de tournage (caméra et micros), sans oublier le kit liturgique de Pierre-Olivier, de même que son charango. Nous sommes fébriles, comme si tout ce qui avait précédé, tout ce que nous avons vécu depuis notre départ de Québec, n'avait eu d'importance que pour ce moment de «réel» départ, en canot, sans autres forces motrices que nos bras pour nous enfoncer librement dans le meilleur silence qui soit, celui d'une nature sauvage, certes, mais aussi celui de nos âmes en état de recueillement.

Après une collation rapide, nous prenons le large, à la fois exaltés et apaisés, même si cela peut paraître paradoxal. Il est treize heures quarante-cinq. ✪ Tant bien que mal, Pierrot s'est installé au centre du canot, malgré la surabondance de bagages, comme si nous partions pour dix jours. Sourire en coin, il nous dit que pendant que nous pagayerons, il lira la Bible et nous instruira sur la doctrine de Notre-Seigneur Jésus-Christ. Sacré Pierrot! Il vente de l'ouest, sans trop de rafales. Isabelle pagaye à l'avant. À l'arrière, je mène la barque. Nous filons plus rapidement que prévu. Le bruit des camions passant sur le pont, celui de la génératrice près de la base d'hydravions où nous avons laissé la roulotte, finissent par s'estomper. Un calme majestueux nous envahit. Au cœur des houles, il nous faut cependant prendre les vagues au sérieux, surtout que le canot Prospecteur avec lequel nous remontons le courant est un esquif qui doit être traité avec délicatesse. Nous sommes tellement chargés que le plat-bord frôle souvent la crête des vagues. Mais tout se place bien vite. Nous chantons, avec enthousiasme, dérangeant probablement plusieurs bêtes sauvages avec nos délires. Nous créons des fugues, ou ce qui ressemble à des fugues, pour nous amuser, avec une saine joie d'enfant, en inventant à loisir des paroles qui n'ont parfois pas grand sens. Même si nos créations ne pourraient pas être diffusées sur les ondes de la radio suisse romande (pour prendre un exemple), la route sacrée nous met en état de musique.

Nécessité absolue, au moins une fois dans sa vie, de sauter dans un canot pour prendre contact avec un lac ou une rivière de son pays. Pas dans un bateau-moteur ou sur un traversier. Non. Dans un simple canot, conçu sur le modèle des canots d'écorce aux deux bouts effilés créés par les Indiens.

Nécessité de pagayer, c'est-à-dire d'utiliser un morceau de bois sculpté, de manière à prolonger ses bras, pour que soi-même et l'eau ne fassent plus qu'un, tout en sentant la caresse du canot à la surface de l'eau : devenir eau et ciel à la fois.

Nécessité de retrouver l'humain à sa plus simple expression, c'est-à-dire animale, fondu aux forces naturelles, loutre, rat musqué, castor, dans le frôlement des eaux glissant sur les flancs du canot, dans le froissement doux d'une pagaie plongée dans l'onde, la tête relevée pour bien voir, mais surtout pour goûter, sentir, toucher et entendre le monde tout en percevant le pouls de son Âme.

Nécessité de reprendre contact avec les cours d'eau, grâce aux embarcations les plus maniables, les plus légères et les plus simples, tout à fait comme le vécut le père Laure, au début du XVIIIe siècle, lorsqu'il partit de Tadoussac pour se rendre jusqu'à la Colline-Blanche de la Témiscamie.

Fidèle à mon habitude, je laisse traîner ma ligne à pêche dans l'espoir de peut-être accrocher un brochet, même si nous prévoyons manger des pétoncles aux oranges (eh oui!) avec du riz basmati pour souper. Pêcher n'est cependant pas une grande idée! Il vente beaucoup trop, et le bel équilibre du canot pourrait être rompu. Et puis, où le mettrait-on, ce grand carnivore du Nord? Le canot est occupé tout entier! Fin de la courte séance de pêche.

Quand nous cessons de chanter, nous sommes ravis par la splendeur du silence qui règne ici. Mais notre joie surabonde. Bien vite, nous recommençons: *Isabeau s'y*

promène, à trois voix s'il vous plaît, est notre
grand succès ; *Youpi-ya-ya-ya Youpi-yé*, aussi
à trois voix, notre leitmotiv. Chanter permet
de laisser la folie, une belle folie, prendre
le dessus pour enchanter le temps. Grâce à
la musique, on sent moins le poids de son
corps. Tout effort devient alors plus facile.
Les athlètes savent bien qu'en se concentrant
de manière trop unique sur le corps, pour la
course à pied par exemple, on finit par aller
moins vite. Se concentrer sur l'esprit plutôt
que sur le seul corps permet d'améliorer les
performances. Il vaut la peine d'apprendre à
laisser l'esprit vagabonder, de façon à mieux
supporter la souffrance physique.

Mais aujourd'hui, la Témiscamie se
laisse remonter sans réelle difficulté, le courant s'y trouvant étalé sur quasiment deux
cents mètres de large. Est-ce le vent qui nous
pousse ? De fait, nous filons comme si nous
étions gréés d'une petite voile. Après deux
heures de route, nous stoppons sur une île
sableuse. Le soleil plombe ; les tropiques sont
peut-être fort éloignées du 51e parallèle, mais
¡ *qué calor !* Tout le monde se lance à l'eau, ce
qui redonne aux cerveaux et aux membres
des énergies neuves. Plaisir de l'eau fraîche
et des muscles tonifiés, ajouté à une joie
d'aventure inespérée. « Vive le capitaine ! »
s'écrient les matelots. ✪ *Y en a pas comme
lui ! Si y en a, y en a pas, y en a guère…*

211

Pierrot m'a tellement fait rire avec sa chanson sur la bouette : « Bouetteux de sable, c'est pas comme bouetteux de bouette… Bouetteux de sable, quand l'eau a baissé… » Un vrai fou ! Il faut le voir pour le croire ! Et le voilà maintenant, debout sur la plage, qui nous lit un extrait biblique (comme il l'avait annoncé de façon faussement sentencieuse au moment d'embarquer dans le canot). Il s'agit de la lecture du jour, tirée de la lettre de saint Paul aux Romains :

> Quelle profondeur dans la richesse, la sagesse et la science de Dieu ! Ses décisions sont insondables, ses chemins sont impénétrables !
> Qui a connu la pensée du Seigneur ?
> Qui a été son conseiller ?
> Qui lui a donné en premier, et mériterait de recevoir en retour ?
> Car tout est de lui, et par lui, et pour lui. À lui la gloire pour l'éternité !
> Amen. (Rm 11, 33-36)

✪ Ce texte, lu par un Pierrot en maillot de bain, alors que nous sommes tous sur la plage, entre deux baignades extatiques dans la Témiscamie, en pleine canicule, emplis de cette beauté dans laquelle nous évoluons, ce texte, donc, a une résonance extraordinaire, comme un hymne au Créateur. En pagayant tout à l'heure, en chantant à pleins poumons, en admirant le paysage de toute la force de mes yeux – de mon corps –, me sentant vraiment « dedans » – dans le paysage, dans la rivière, fondue au monde, je me disais que j'étais en train d'effectuer une remontée de mes origines, ni plus ni moins. Respect à mes ancêtres pagayeurs, découvreurs, croyants, espérants. Union avec les forces vives du pays, ses légendes.

Je ne pense pas que nous appréhendions le trajet en canot, mais je peux dire sans me tromper que nous sommes heureux que cela se passe si bien ! Me revient en mémoire un récit sur le personnage mythologique du Coyote, relaté par Serge Bouchard dans *C'était au temps des mammouths laineux.* Il paraît qu'avant que le Coyote ne vienne tout mêler dans la création, les rivières coulaient dans les deux sens. Remonter les rivières se faisait donc beaucoup plus facilement. Eh bien, il semble que la Témiscamie aujourd'hui ait repris sa nature originelle. Nous remontons le courant facilement, avec le vent qui nous pousse dans le dos. « Tins toé », Coyote !

Des bécasses courent sur les berges. Un aigle semble vouloir nous montrer la direction à suivre. Nous repartons en cherchant l'entrée de la baie menant à la Colline-Blanche,

plutôt étroite, sur la rive sud. Cette porte
entre les arbres s'avère finalement plus proche
que prévu. À quelques reprises, Isabelle a de
fortes impressions qu'elle est là ! Juste là ! Elle
l'indique du doigt. Bien sûr, nous avons tous
aperçu, au loin, une plaque blanchâtre entre
le vert des épinettes, indiquant une longue
coulée de quartzite. La Colline-Blanche se
trouve bel et bien dans les parages. Mais j'ai
l'impression que l'entrée de la baie se trouve
plutôt camouflée derrière une pointe située
un peu en aval, là-bas, un peu plus loin…
Un grand loup gris, qui trottinait sur la rive
nord, nous lance un regard suspicieux, un
seul, avant de disparaître entre les épinettes.
Instant d'une rare qualité que cette rencontre
inopinée avec un loup, prince du Nord ! La
rivière se rétrécissant pour former un rapide
inconnu, je dois avouer à mes compagnons
que j'étais dans les patates. La baie se trouve
en amont. C'est Isabelle qui avait raison. La
rivière a beaucoup baissé – de presque un
mètre – depuis notre repérage, au milieu
de juillet, ce qui m'a induit en erreur. Nous
virons de bord, mais cette fois en devant
affronter de grosses bourrasques, pour enfin
toucher au but, non sans garder en mémoire
la vision du grand loup.

À dix-sept heures trente, le matériel est
débarqué tout au fond de la baie, dans les
herbages, sur une berge boueuse. Commence

un portageage qui devient vite éreintant, considérant la chaleur, afin de tout hisser à mi-pente de la Colline-Blanche. Il fait humide; serions-nous sur les rives de l'Amazone? Tout le monde sue et souffle à cause des nombreux allers-retours pour tout emmener à bon port. Les pagaies et les vestes de sécurité, de même que la boîte de matériel de pêche, sont laissées sous le canot. La faim se fait sentir. Pourtant, nous prenons le temps de monter la tente et d'explorer les environs avant la préparation du souper: la lumière est trop belle. Nous dormirons à l'endroit même où séjourna le père Laure avec ses guides innus. Cela nous transporte et nous excite.

Manquer l'entrée vers la Colline-Blanche a un peu refroidi mon enthousiasme – après que nous avons viré de bord, le vent est devenu vraiment fort, comme si le Coyote prenait sa revanche, et je me serais passée de cette séance de pagayage intense –, mais la vision du loup restera gravée dans mon esprit pour toujours! On ne l'aurait pas vu si on avait pris tout de suite la bonne voie. J'ai été loyale au capitaine du bateau, même si je savais qu'il faisait fausse route… Dommage tout de même que notre arrivée ait été retardée, parce que les rayons de soleil éclairent le paysage magnifiquement: mes yeux de photographe hallucinent! J'ai l'impression d'entrer dans un nouveau monde, encore plus beau que lors de ma première visite. La lumière est féerique dans les sous-bois, sur les lichens, sur la pierre: toute la Colline est dorée. Ce n'est plus la Colline-Blanche, c'est la Colline d'Or! Et l'humidité, si elle rend le terrain glissant, rend encore plus vives les couleurs. Je prends le plus de photos possible tout en transportant les bagages et en aidant Jean à monter le campement.

Il fait très chaud! L'Antre de marbre lui-même, où nous dormirons, est humide à souhait. On ne met pas la tente dans le fond de la caverne, où ça suinte. On avait averti Pierrot de ne pas avoir trop d'attentes quant à la magnificence des lieux. Je pense qu'il est un peu surpris que la pierre de la caverne soit si sombre (je l'ai été aussi), mais il a l'air content. Louis-Edmond Hamelin nous l'avait dit: «Quelqu'un qui s'attend à arriver à New York et qui arrive à la Colline-Blanche, après avoir mangé des mouches, il n'est pas prêt à ça; il dit: "Quoi, c'est *ça?*"» Louis-Edmond répondait à cet interlocuteur imaginaire: «Mais c'est *tout* ça!» Oui, c'est «tout ça». J'ai le goût de prendre le temps de ressentir «tout ça», mais pour l'instant il y a beaucoup à faire.

Néanmoins, avant de commencer la préparation du souper, nous allons tous sur le haut de la Colline pour admirer le paysage, fabuleux. Je retrouve ces grands lichens phosphorescents tout en arabesques, collés sur la pierre, qui évoquent les spirales de Van Gogh dans ses ciels nocturnes. Et ces autres lichens, en forme de grande barbe blanche sur fond de mousses ocre et vertes. Et d'autres encore, tout petits, de minuscules points noirs sur les roches du sentier, mystérieuses calligraphies de la pierre. Je me souviens des deux couleuvres enroulées l'une autour de l'autre, qui dormaient dans la mousse lors de notre passage en juillet. Je ne les vois pas, mais elles font encore partie du paysage, de mon paysage. Oui, la Colline-Blanche, c'est « tout ça ». Et c'est aussi, une fois au sommet, quand on lève les yeux des petits chemins tout enchevêtrés, une vue incroyable sur la Témiscamie et la forêt. Moment de grâce.

Il faut la plupart du temps beaucoup de sueur et d'entraide, en plus d'une réelle dose d'humanité – en concordance avec les forces de la nature – pour que surgissent de tels moments d'harmonie entre les êtres et le monde. Il faut savoir tenir compte du vent et des nuages qui menacent, du courant et des eaux tumultueuses, de tout ce qui peut être utile comme matériel pour la survie. Il faut apprendre à lire les sentiers, les falaises, les caps et les passes parfois dangereuses.

Vivre une expédition en forêt boréale n'est jamais facile. Il y a plusieurs marches forcées, et l'équipement à transporter, et des intempéries et des possibles moustiques, ces maîtres de la Boréalie depuis des millions d'années. Mais quand on parvient enfin au lieu auquel on rêvait, et qu'on peut s'y recueillir en remerciant le monde, eh bien, c'est là qu'on réalise tout le sacré de la route. Rien n'est alors insensé, même les courbatures ou les élancements dans les bras, même la boue dans les bottes. Chaque détail prend une signification d'autant plus grande que chacun participe à l'envol de paroles plus solennelles que celles de la vie dite «normale» – paroles à la fois plus personnelles et plus universelles.

Nous nous sentons en communion avec le monde. Aucune componction dans cet état d'être – plutôt une grande joie. La préparation du souper est une fête. Pierrot joue du charango comme si on était dans les Andes pendant que Jean tape dans ses mains ou sur sa poitrine, en gorille éperdu, tout en tranchant les oignons. Il me félicite de filmer, ce qui donne un nouveau délire fugué de la part de Pierrot, avec pour thème principal «Vive Isabelle qui filme, qui filme, qui filme! Vive Isabelle qui filme, qui filme le souper! Hé!» Le contre-sujet est composé d'autres phrases récupérées çà et là : « Fais-moi une phrase avec jambon... Le beurre est mou... Jean va apporter les vidanges à côté du canot ! Hé ! » ✪ Nous trinquons !

Le porto est bon, le soleil se couche lentement en face de nous, il est vingt heures. (Jean n'en revient pas qu'il fasse aussi chaud : il est en bedaine depuis notre arrivée.) Grâce au brûleur au naphte, on prépare le souper, en deux temps. Le riz, tout d'abord, dans le petit chaudron d'expédition de Jean. Puis dans une poêle à manche rétractable, les pétoncles achetés à Chibougamau ce matin (bien décongelés depuis), avec des oignons, des clémentines, des amandes, des épices – cardamome et cannelle. Un souper de roi, mesdames et messieurs ! Comme dit Jean, « quand on a eu de la misère dans le bois, c'est toujours le meilleur repas ! »

J'en suis convaincu : les repas dont on se souvient le plus se prennent souvent en pleine nature, après de grands efforts. Il faut parfois beaucoup de travail – associé à une foi véritable en la voie tracée pour soi et par soi – pour arriver à certains instants primordiaux, tel celui que nous vivons, alors que tout prend son sens, dans l'espace sacré du lieu et des êtres.

✪ Le soir de ce sixième jour d'expédition, au coucher du soleil, sur la crête de la

Colline-Blanche, non loin de la chaîne des monts Otish, la voûte céleste semble participer à notre équipée. Pierrot guide la prière. Tous assis sur le quartzite poli, l'émotion nous gagne, une émotion faite de profonde humilité. Impression d'entrer en résonance avec la création du monde et toute sa perpétuation. Moment «numineux» et infiniment paisible.

Au centre, sur la pierre, quatre lampions – pour les quatre directions. Un autel. Des objets que l'on offre, à travers lesquels on a l'impression de s'offrir soi-même puisqu'ils représentent notre vie, nos désirs : l'enregistreuse de Jean, notre façon de «prendre des notes» en vue de composer éventuellement un récit d'expédition pour partager notre expérience, qui évoque donc également l'ouverture vers les autres ; un morceau de quartzite, qui représente ce lieu, si paisible, lieu qui nous est donné en cet instant, qui représente aussi toute la Création, la beauté qu'on retrouve à des moments parfois inattendus ; une Bible, la Parole de Dieu, au centre de nos vies. Nous souhaitons honorer tous ceux qui sont venus ici depuis des siècles, entrer en communion avec les peuples du Nord, le Peuple de la loutre, tous les autres peuples, le père Laure, les missionnaires, le Québec d'aujourd'hui, tous les gens pour qui nous

prions. Il y a beaucoup de moments de
silence dans ce temps de prière, beaucoup
de moments pour élargir notre cœur à la
dimension de l'Univers, dans cette paix qui
monte lentement de la terre, comme si elle
provenait du fin fond des âges. ✪

Pierrot nous raconte tout d'abord l'histoire de Nicodème, tirée de l'Évangile de Jean
(Jn 3, 1-22) : « Nicodème était allé voir Jésus
le soir, parce qu'il était très gêné : il ne voulait
pas qu'on le voie. Mais c'est souvent le soir
ou la nuit qu'on a les meilleures rencontres
avec Jésus – comme ce soir. Et Jésus va lui
révéler cette chose extraordinaire : il faut
"renaître d'en haut". » Comme Nicodème a
de la difficulté à comprendre, Jésus lui dit :

Ne t'étonne pas, si je t'ai dit :
Il vous faut naître d'en haut.
Le vent souffle où il veut.
Tu entends sa voix.
Mais tu ne sais ni d'où il vient ni où
il va.
Ainsi en est-il de quiconque est né de
l'Esprit.

En inaugurant ce temps de prière, Pierrot
remercie le Seigneur d'avoir ouvert nos cœurs
à toutes les dimensions, au vent de son esprit,
à notre nation comme à notre histoire. Il dit :

« Ce soir, Seigneur, nous voulons te confier ce monde. Tu nous as guidés ici, dans un lieu qui est marqué par ta présence, par ta nature surtout, un lieu visité depuis longtemps par les humains. Ce soir, c'est nous qui sommes ici. Et il est bon de vivre avec Toi. Beaucoup de peuples ont vécu, certains sont oubliés. On les dit les « peuples perdus ». Mais aucun peuple n'est oublié par Toi. Ces défunts, ces gens qui ont souffert, pour qui peut-être personne n'a prié, ce soir, nous, nous allons prier. Envoie ton esprit sur ce monde. Apporte la paix aux Innus, aux Cris, aux Attikameks, à tous les Autochtones, à tous nos frères et sœurs. Apporte la paix aux Québécois. Entends toutes les intentions qui sont dans nos cœurs, celles du monde, particulièrement nos prières pour les défunts, pour nos ancêtres, les ancêtres autochtones. Et ce soir, si des peuples ont besoin de ta paix, que cette paix extraordinaire puisse leur être donnée. »

Je voudrais intégrer ici dans mon récit un long silence… une très lente respiration : celle de l'Esprit qui souffle sur les eaux, qui agite toute chose et qui nous traverse, au plus intime de notre être.

« Naître d'en haut », voilà qui prend une résonance particulière au sommet de la Colline, alors que les étoiles s'allument une à une et que, vraiment, « le vent souffle où il veut », brise légère qui agite les petites flammes de nos cierges.

Nous disons chacun nos intentions de prière, puis le *Notre Père*, avant de conclure par un chant au charango inspiré du *Cantique des créatures* de saint François d'Assise. Cet épisode du voyage restera à jamais gravé dans ma mémoire. Mes compagnons sont certainement aussi émus que moi.

La nuit étant venue, nous redescendons à la tente dressée dans l'Antre de marbre, à la lueur de nos lampes frontales. Rallumons les chandelles pour nous permettre d'installer nos affaires. Chantons de nouveau. Avec la lumière des bougies, la caverne me fait penser à certaines chapelles orthodoxes. La cavité ronde du fond est troublante.

Encore animés par la prière du crépuscule, Isabelle et Pierre-Olivier retournent vers le sommet, rêvant d'étoiles filantes et de Voie lactée pulsatile. Nuit de fête. Nuit de paix. Songeant au labeur du lendemain, je choisis plutôt de me coucher, encore ému par notre prière. Jamais je n'avais pensé vivre une cérémonie pareille à la Colline-Blanche ! Je repense, avant de m'endormir, à la lecture de Pierre-Olivier. Comme les paroles du Christ peuvent souvent être énigmatiques ! « Naître d'en haut… » Un ami médecin,

Rénald Bergeron, maintenant recteur de la faculté de médecine de l'Université Laval, mais qui pendant longtemps s'occupa de ma propre mère, à domicile, alors qu'elle souffrait de la maladie d'Alzheimer, me confia un jour que, pour lui, «naître d'en haut» signifiait mourir, mais mourir dans la plus grande dignité. En tant que médecin en soins palliatifs, Rénald considérait qu'il aidait ses patients à «naître d'en haut» – c'est ainsi qu'il désignait son rôle. Quand on s'y arrête un peu, quelle vérité! Ce qu'il faut viser, bien sûr, c'est la transcendance, celle qui donne tout son sens à l'existence. Voilà ce qu'enseigne Pierrot. Ses homélies font partie des paroles les plus éclairantes et les plus apaisantes que j'aie entendues. Il n'y a peut-être que la parole de Jean Vanier, le fondateur de l'Arche (qui se préoccupe des gens les plus gravement handicapés de nos sociétés), qui me parut aussi limpide et paisible lorsque je l'entendis, un jour, alors qu'il donnait une conférence en plein air dans le Vieux-Québec. Grâce à de telles paroles, les Évangiles deviennent des poèmes vivants que je comprends mieux.

Ce soir, j'ai prié pour mes quatre enfants. J'ai prié en remerciant le ciel de m'avoir donné la joie de vivre auprès d'eux, même si maintenant ils vivent tous leur vie ailleurs, pleinement, libérés de moi.

Jean : « Louis-Edmond Hamelin, géographe et linguiste, a sans contredit été l'homme qui a le plus influencé ma route nordique et autochtonienne [...]. C'est [lui] qui m'a mis sur la piste du jésuite Pierre-Michel Laure, grâce à un article intitulé *L'Ouitchchouap du Tchiché Manitou, comme patrimoine*, où il cite le missionnaire décrivant à son supérieur, dans sa *Relation*, un "antre de marbre", soit une formation géologique située au bord de la Témiscamie et nommée par les Autochtones "Tchichémanitou ouitchchouap" (la Maison du Grand Esprit) ou "Waapushkamikw" (l'antre du Lièvre). »

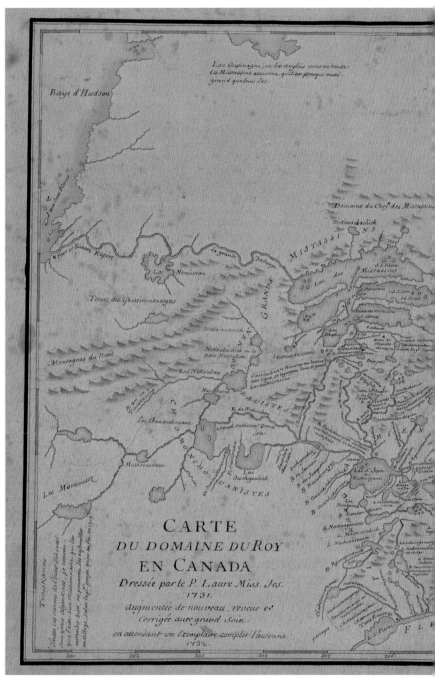

Pierre-Michel Laure (1688-1738). *Cartographie. Carte du domaine du roy en Canada, 1731/par le père Laure, jésuite missionnaire*, 1731. Source : Bibliothèque nationale de France.

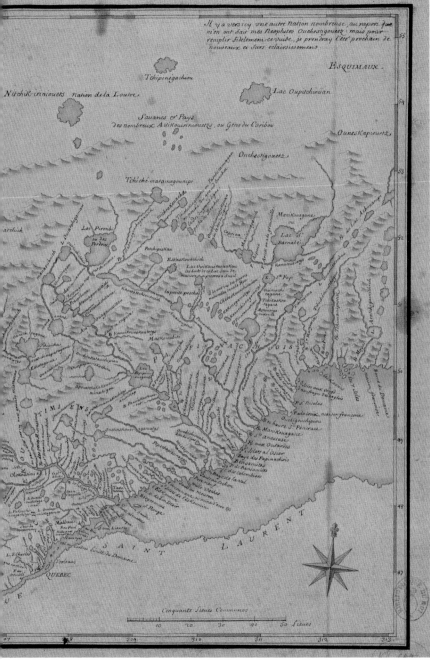

La Colline-Blanche vue de la Témiscamie (24 juillet 2014).

Jean bivouaquant dans l'Antre de marbre (24 juillet 2014). Isabelle : «C'est un grand jour : je vais enfin voir de mes yeux la Colline-Blanche, si Dieu le veut ! À moins d'un mois du départ officiel, Jean et moi avons décidé de faire le trajet jusqu'à l'Antre de marbre, question d'avoir une meilleure idée des distances, de prévoir un itinéraire. »

Rencontre avec Geneviève Allard et Isabelle Kanapé dans la roulotte du Wapikoni à Pessamit.

Rencontre avec Ronald Bacon à Pessamit. (Photo : Pierre-Olivier Tremblay)

Au 51ᵉ parallèle.

Le départ en canot. (Photo : Jean Désy)

Jean : « [Arrivés à l'Antre de marbre], nous prenons le temps de monter la tente et d'explorer les environs avant la préparation du souper : la lumière est trop belle. Nous dormirons à l'endroit même où séjourna le père Laure avec ses guides innus. Cela nous transporte et nous excite. »

Lever de soleil sur la Colline-Blanche.

La prière au sommet de la Colline-Blanche. (Photo : Jean Désy)

Isabelle : « Je voudrais intégrer ici dans mon récit un long silence… une très lente respiration : celle de l'Esprit qui souffle sur les eaux, qui agite toute chose et qui nous traverse, au plus intime de notre être. »

Jean : « Sur le petit banc bleu qui a servi à Pierrot pendant le voyage en canot, et qu'on a déposé sur la glacière, celui-ci étale son "kit de messe pour le camping", c'est-à-dire une simple nappe où il dépose un calice, une hostie dans sa patène, deux petites bouteilles (le vin et l'eau), une chandelle et une croix, en plus d'une Bible miniature. »

Jean : «Après la messe, j'ébranche deux tiges d'épinette avec ma hachette. Je les noue ensemble de manière à former une croix. Nous voulons laisser une trace de notre passage, qui évoquerait en même temps le passage du père Laure.»

Isabelle : «Planter une croix n'était pas nécessaire à mon sentiment d'accomplissement personnel. C'est une trace de notre passage, un peu perdue parmi les arbres, une sorte d'hommage, aussi, à l'audace du père Laure, à celle de tous ceux qui passèrent ici.»

Le lac Mistassini.

L'ermitage de Lac-Bouchette, l'un des quatre grands lieux de pèlerinage du Québec (avec l'oratoire Saint-Joseph, le sanctuaire de Notre-Dame-du-Cap et la basilique de Sainte-Anne-de-Beaupré).

J'ai prié, aussi, pour mon peuple. J'aimerais un jour que les Innus, Cris, Attikameks, Inuits, que tous les Autochtones se sentent Québécois. Pourquoi ? Parce qu'il me semble qu'il est temps que tous les peuples habitant le territoire se sentent une même appartenance, un passé commun comme un avenir «ensemble», en harmonie. Mais peut-être que lorsque cette cohabitation généreuse du pays surviendra, nous nous appellerons autrement que «Québécois.». Peut-être nous appellerons-nous «Amériquois» ? Que sais-je ? L'appellation importe, mais jamais autant que le sentiment de cohésion heureuse des gens d'une même contrée.

*

Nous sommes au sommet du monde. Il me semble que je n'ai jamais été aussi près du ciel – ni aussi loin, d'ailleurs. Je suis fière, tellement fière que notre route nous ait conduits jusqu'ici, comme nous l'avions prévu, comme nous l'avions rêvé. Je n'ai pas assez d'yeux pour tout voir, pas assez de sens pour tout goûter. C'est magique d'être ici, au sommet de la Colline, en pleine nuit – et avec Pierrot en plus, qui respire la sérénité. Il me semble que ce serait le temps d'avoir des conversations de fou, de prononcer de grandes vérités, genre «Un petit pas pour moi, un grand pas pour l'humanité», mais la journée a été longue, beaucoup de paroles ont été échangées déjà, j'ai de la misère à formuler quoi que ce soit d'autre, quoi que ce soit de «songé». Tout a été dit, peut-être. Me restera le poème pour en parler... plus tard. Et continuer à naître d'en haut. Pour le moment, Pierrot et moi parlons tout doucement de nos lectures, des étoiles, de quelques projets. Nous écoutons le silence boréal. Respirons. Un beau moment avec un grand ami : voilà un autre cadeau.

La Colline-Blanche, c'est «tout ça». J'ai l'impression que je ne dormirai pas de la nuit.

Le courant notre vie

Isabelle

Je prête allégeance au départ tout-puissant
au tracé des lèvres
à la lumière qui se sépare
je reconnais devant les rives
ma pensée ma parole mon action et mon omission

Le chemin est vrai qui me conduit
à la coulée de tous les corps

J'irai aux limbes au purgatoire au grand fleuve
sur la ligne de partage des eaux
derrière moi les rues se mêlent
et qui dira l'assurance de mon pas
quand mon pas n'est plus mon pas
quand mon pas glisse serpente et nage

La confesse comme une barque
où le paysage ondule
mon doute est une porte mon serment un canal
le métal me soutient mais la terre est en dessous
qui m'apprend que la vie est plus bas plus creux
que je me commence plus loin

L'âme est une robe qui se relève
pour traverser les ruisseaux
mais ce vêtement qui le revêtira
pourrais-je vivre dans les méandres

J'arrive au bout des câbles à la dernière fougère
quand atteindrai-je le cœur de ma confession

Écume encre silex mousse
forêt neuve au fond de soi

Lumière truites et tous les murmures
et vous aussi mes mains
habitez pour moi le courant notre vie

Septième jour
Colline-Blanche – Chibougamau

La frontière entre hier et aujourd'hui est floue. Je le sentais bien en me couchant : même si mon corps était fatigué, mon esprit était bien trop allumé pour s'endormir. Dans la tente, la nuit s'écoule, j'essaie de rester immobile, mais tout m'appelle au-dehors. Au moment où je décide de sortir de la tente pour m'installer plutôt à l'extérieur, avec mon sac de couchage et mon matelas de sol, il se met à pleuvoir. Au fond de la caverne, je suis protégée, mais Jean, réveillé, vient me chercher et me suggère fortement de rentrer. On tente une nouvelle disposition dans la tente. Je sommeille peut-être un peu, mais dès que la clarté commence à se faire sentir, je n'y tiens plus, je sors. Il a arrêté de pleuvoir, le ciel s'est dégagé, même si ça reste nuageux. J'avale une barre tendre, attrape ma caméra (et mon iPhone – la batterie tient le coup depuis hier matin) et file vers le sommet. J'assiste au lever du soleil sur la Colline et tout le paysage alentour. Mon esprit est vide, mais il me reste encore mon regard.

Ou devrais-je plutôt dire – puisque Pierrot insiste souvent pour remplacer «mais» par «et[1]» – mon esprit est vide *et* il me reste mon regard. Oui, à cette heure, l'esprit est vide, et c'est très bien. Il me reste le merveilleux des gouttes de pluie, qui brillent sur les aiguilles des sapins, la surface des pierres comme d'anciens parchemins, où se trouve gravée la parole de la Colline-Blanche. Il me reste le soleil levant qui aveugle la lentille de ma caméra et régénère le paysage. J'ai l'impression d'assister au plus grand spectacle. À la cour de France, quelques privilégiés pouvaient assister au réveil et au lever du roi. Merci à la nature de m'accueillir dans l'intimité de son réveil.

*

Je redescends à la tente, mais les gars dorment encore. Il n'est que six heures du matin! Eux au moins ont des chances d'être plus en forme que moi pour cette journée qui s'annonce encore bien remplie. Je vais observer la coulée de quartzite, puis me rends près de la rivière, jusqu'à la baie où nous sommes arrivés hier. À côté du canot renversé, je note que la caisse contenant le matériel de pêche a été bousculée. Sur un côté, elle a

---

1. Remplacer la formulation «oui, *mais*» par «oui, *et*» permet souvent de changer de perspective.

été perforée par ce qui m'a tout l'air d'être de grosses griffes… Un ours, sûrement! Rien n'a été brisé toutefois, semble-t-il. L'animal a dû sentir l'odeur de la nourriture, même si Jean avait rincé la vaisselle. Qui peut résister à une alléchante odeur de vieux pétoncles? Mais il n'y avait aucune nourriture. Désolée, l'ours!

Hum… Que faire? Est-ce dangereux de continuer mon exploration? Je n'hésite pas longtemps et poursuis la promenade sur le bord de l'eau: j'ai un vaste répertoire de chants pour rendre ma marche matinale bien sonore, l'idée étant de prévenir de ma présence une possible bête tapie dans les buissons. Chanter seule en forêt, quelle grâce. Isabeau s'y promène, se remet dans le sens du monde, respire. Une centaine de mètres plus loin, sur la rive, je photographie la piste de l'ours, de larges pattes griffues ayant marqué la glaise.

Jean vient me rejoindre rapidement – j'ai dû le réveiller tout à l'heure en repassant près de la tente. Il n'est pas surpris par la visite de l'ours, mais est tout de même impressionné par les traces et plutôt content que l'ours ne se soit pas laissé aller à quelque accès de colère en réalisant qu'il n'y avait pas de nourriture sous le canot. Il aurait pu s'y attaquer. Il me dit que bien des coureurs de bois ont raconté des histoires de canots lacérés par les

231

ours. Il croit que l'ours avait déjà «la panse pleine». Les petits fruits sont innombrables dans les sous-bois de la taïga à ce temps-ci de l'année. Et entre des bleuets frais et des vidanges... On a beau être omnivore! Fidèle à ses habitudes, l'ours ne faisait que fouiner autour du canot. Jean lance la ligne de sa canne à pêche à l'eau quelques fois, mais aucune touche. Le temps est nuageux maintenant, plus frais qu'hier, quoique encore humide. Nous remontons au campement, voir si Pierrot est réveillé.

Si la nuit a été courte pour Isabelle, Pierrot nous avoue avoir dormi profondément. Moi aussi, j'ai bien dormi, assez pour me sentir gaillard. Il faisait toutefois humide dans la grotte. D'un commun accord, nous nous disons que s'il fallait coucher à la Colline-Blanche une autre nuit, nous installerions le campement ailleurs, sur le faîte de la montagne. Avant de tout démonter, nous déjeunons d'une omelette au fromage. Avions-nous des réserves de nourriture pour survivre ici pendant une semaine? Bien sûr! En véritables «modernes», nous sommes partis avec une pleine cargaison de bouffe. Chasser et pêcher n'était aucunement nécessaire... Ah, le règne de l'abondance! Je rêve parfois de ces temps rudes où il fallait chaque jour trimer dur, se débrouiller pour ne pas mourir de faim. Temps anciens… qui pourraient bien réapparaître un jour, dans un futur pas si lointain qu'on veut le croire. J'y rêve sans vraiment le vouloir, sûr que nombreux seraient mes semblables qui souffriraient trop. Mais cette vie primitive, vouée à la survie physique, toute dépendante de la chasse et de la pêche, j'avoue m'en ennuyer parfois.

Ah ces déjeuners de camping, les yeux encore embués, comme surpris d'être déjà dehors, dans le royaume du sauvage. Le café est bon, le petit matin frisquet et surtout très humide. Nous prolongeons le moment, sachant qu'il faudra bientôt tout paqueter. Et puis, il y a cette fameuse messe à célébrer ! Dans les circonstances, avec la fatigue que je ressens et le temps plus gris d'aujourd'hui, je me sens moins disposée à vivre une célébration, surtout que le temps de prière d'hier soir a déjà comblé toutes mes espérances. Mais Pierrot a toute ma confiance et tant qu'à être ici, on ne va pas passer outre cette célébration qui fait écho à la messe du père Laure. Tout en démontant le campement, je me ramasse le cœur pour vivre ce moment, puiser le sens.

Pourquoi la Colline-Blanche ? Ce n'est pas que ce lieu soit nécessaire à notre foi, évidemment, comme tout lieu sacré d'ailleurs.

Nous n'en sommes pas dépendants. La Colline, c'est plutôt un cadeau : sa beauté, sa signification et son histoire nous aident à nous mettre en présence de l'Âme du monde (comme dit Jean), en présence de Dieu, à ouvrir nos cœurs. Comme l'exprimait Pierrot tout à l'heure, on monte à la Colline pour un jour en redescendre ; on ne reste pas là. Ces lieux nous régénèrent, et ce que nous y vivons polarise notre vie, mais la rencontre la plus importante, c'est dans notre cœur qu'elle continue de se vivre, peu importe où nous nous trouvons.

Au déjeuner, Pierrot faisait le parallèle entre la discussion de Jésus avec la Samaritaine et ce que nous vivons présentement. ✪ Quand la Samaritaine fait remarquer à Jésus que les Samaritains et les juifs n'ont pas le même lieu de culte, elle lui demande lequel des deux est le bon. Le mont Garazim ou le mont Sion ? Qui a raison finalement ? Question délicate, de laquelle naissent, encore de nos jours, bien des guerres de religion. De même, imaginons que certains ne jurent que par la Colline-Blanche, alors que d'autres vont prier à Sainte-Anne-de-Beaupré. Qui a raison ? Mais Jésus répond (par la bouche de Pierrot) : « Un jour viendra où ce n'est ni à la Colline-Blanche ni à Sainte-Anne-de-Beaupré que vous prierez, mais en esprit et en vérité.» Dans le dénuement du cœur, sans nécessité de cathédrale ou de montagne sacrée. Et ce jour, ce fameux jour que Jésus évoque, est-il «venu»? Pierrot répond: «Il advient. Il n'est pas arrivé au sens où il y a un accomplissement. Il arrive au sens où il est sans cesse en train d'advenir. Chaque fois que des humains arrivent à cette harmonie, en esprit et en vérité, Dieu est là.» Prions pour que ce jour arrive aujourd'hui, en sachant qu'il continuera d'advenir.

Pierrot revêt ses habits d'homme d'Église, une aube et une étole propres. La caméra, installée sur un trépied, est mise en marche. Tout est bientôt en place pour que la messe soit célébrée. Cet événement, depuis nos premières rêveries à propos de la route sacrée, se trouvait au cœur même de l'expédition, dans l'esprit de ce qu'ont pu vivre le père Laure et ses compagnons. Le moment est solennel. Il nous semble important de filmer cette messe. Qui sait? Peut-être pourrons-nous conserver quelques bouts de tournage... Rêvons-nous d'un documentaire? Oui, peut-être... Si nous avions pu nous acoquiner avec une véritable équipe de cinéma, oh, comme il aurait été agréable de vivre cette aventure en fonction d'un «vrai» film, quoique fort différent de ce que nous pouvons expérimenter à trois, dans l'intimité.

Sur le petit banc bleu qui a servi à Pierrot pendant le voyage en canot, et qu'on a déposé sur la glacière, celui-ci étale son «kit de messe pour le camping» ✪, c'est-à-dire une simple nappe où il dépose un calice, une hostie dans sa patène, deux petites bouteilles (le vin et l'eau), une chandelle et une croix, en plus d'une Bible miniature. Le tout tenait dans une espèce de portuna, comme si Pierrot avait été un docteur de campagne, version «soigneur d'âmes».

En ma qualité de directrice photo, je me heurte à quelques difficultés: le temps est tellement humide que la lentille de la caméra est pleine de buée. Même après plusieurs minutes, j'ai beau essuyer la lentille, la buée revient toujours. Pierrot apparaît ainsi à l'écran comme émergeant d'une nuée mystérieuse. Tout un show de boucane! Tant pis, je tente un ultime essuyage et je vais m'installer. Tout près de l'autel, nous prenons place par terre, Jean et moi. Des petits carrés de caoutchouc mousse, découpés jadis dans un matelas de sol, nous servent de coussins. Pierrot s'est assis sur la boîte qui sert à transporter la caméra. Nous faisons face au paysage (et à la caméra). Le père Laure, lui, s'était très certainement placé debout, dos à ses ouailles, comme cela se faisait avant le concile Vatican II. C'est probablement la cavité ronde du fond de la caverne qui lui servit d'autel, comme il l'a d'ailleurs indiqué dans son journal. La disposition que nous avons maintenant est beaucoup plus conviviale : assis les uns à côté des autres, face au paysage. Pierrot, comme prêtre, croit beaucoup à la nécessité de donner la parole à chacun lors d'une célébration. Il n'y a pas de « sermon » : c'est une homélie partagée où chacun peut exprimer son point de vue. En paroisse, c'est plus difficile, évidemment, mais dans un contexte intime comme celui que nous vivons présentement, c'est tout indiqué. Et nous ne sommes pas seuls à prier, me semble-t-il. Tout le royaume de la Témiscamie étalé devant nous paraît se recueillir et s'accorder à notre rite.

Dans l'Antre de marbre, la « Maison du Grand Génie » ou « Waapushkamikw » (la maison du Lièvre) – comme on a pu lire sur un grand panneau en voie de désintégration au pied du sentier, près de la baie –, la messe commence. Nous avons le sentiment que cette célébration constitue une messe « sur le monde », pour reprendre la belle expression choisie par Teilhard de Chardin. Et c'est avec humilité que nous la vivons, cette messe sur le monde, dans le monde et pour le monde. Nous pensons à ceux et celles qui aiment croire en la parole du Christ, à tous les hommes et à toutes les femmes de bonne volonté, à tous ceux qui souffrent de déshumanisation, d'indignité. Nous voulons aussi honorer la mémoire de nos défunts, des peuples perdus, en priant aussi pour le Peuple de la loutre, dont Ronald Bacon nous a parlé. À quelques moments, Pierre-Olivier chante tout en jouant du charango. Bien sûr, nous l'accompagnons. Notre joie est tranquille, comme si les joies les plus émouvantes devaient être vécues sur le mode de la délicatesse. Devant nous, les épinettes se balancent doucement. Nous savons à quel point une cérémonie, tout comme un lieu, un paysage, une rencontre, a parfois le don de prendre une valeur sacrée. Le père Laure et les Innus avaient voyagé pendant des semaines, voire des mois, dans de petits canots, en affrontant de réelles difficultés, bien des longueurs de temps et moult attaques de moustiques, avant d'atteindre l'Antre de marbre. Leur expédition fut mille fois plus périlleuse et laborieuse que la nôtre. Alors, comment ne pas chercher à évoquer, même avec si peu d'informations, tous les moments de grâce qui purent avoir lieu ici à travers les âges, sur cette Colline-Blanche déjà consacrée par des générations de coureurs de Nord?

Comment la messe du père Laure se déroula-t-elle ici, il y a quasiment trois cents ans? Peu importe, finalement. Ce qui compte, ce n'est jamais tant le «comment» ou la gestuelle que le «pourquoi». Ce qui compte, c'est la raison d'être, le sentiment d'être ici et maintenant, *hic et nunc*, en pleine harmonie entre nous-mêmes et le monde.

Après la messe, j'ébranche deux tiges d'épinette avec ma hachette. Je les noue ensemble de manière à former une croix. Nous voulons laisser une trace de notre passage, qui évoquerait en même temps le passage du père Laure. Pierrot pense qu'il vaut peut-être mieux placer notre croix au même niveau que l'Antre de marbre, plutôt qu'au sommet de la montagne, pour ainsi ne démontrer aucun signe d'impérialisme. Mais le sol est rocheux et très dur près de la caverne. Finalement, nous la plantons tout au sommet, fondue à la forêt environnante, avec discrétion. Ni trop visible ni trop invisible, elle représente notre volonté de communier au souffle créateur animant le monde, ouvrant les cœurs et interpellant les humains à devenir plus *humains*.

Devant la croix, nous réfléchissons à la délicate question de la «coexistence» du catholicisme avec les autres religions et spiritualités. Cet acte de bâtir une croix et de la planter sur la montagne a été réfléchi. Nous ne voulons pas qu'il soit interprété comme un geste de suprématie, ou bien de conquête, ni en aucune façon comme un désir de supplanter la spiritualité autochtone. Il s'agit plutôt d'un rappel, très humble, de ce que nous venons de vivre.

Je n'y avais pas pensé de prime abord en sélectionnant des extraits de ce roman pour le septième jour du périple, mais *La montagne secrète* de Gabrielle Roy, avec le passage où le personnage de Pierre, seul à peindre au fond des bois, se sent en communion avec le monde, me paraît fort bien convenir à la démarche que nous vivons. J'en fais la lecture à mes compagnons :

> Il s'aperçut qu'il pensait à des hommes, des inconnus, une multitude. Il rêvait d'eux, d'une entente entre eux et lui – d'une entente avec des inconnus – lui qui, toute sa vie, jusqu'ici, s'était sans cesse éloigné des hommes.
> Éloigné ? Rapproché ?
> Tout à coup, l'inonda le sentiment d'avoir pour eux seuls osé ce qu'il avait fait. Et pour qui d'autre l'eût-il tenté ?
> Il pensait à cette impression qu'il avait maintes fois éprouvée d'avoir en la poitrine un immense oiseau captif – d'être lui-même cet oiseau prisonnier – et, parfois, alors qu'il peignait la lumière ou l'eau courante, ou quelque image de liberté, le captif en lui, pour quelques

instants s'évadait, volait un peu de ses ailes. Songeur, à demi étendu sur la mousse, Pierre entrevoyait que tout homme avait sans doute en sa poitrine pareil oiseau retenu qui le faisait souffrir. Mais, lorsque lui-même se libérait, pensait Pierre, est-ce que du même coup il ne libérait pas aussi d'autres hommes, leur pensée enchaînée, leur esprit souffrant[2] ?

Nous sommes ici pour répondre à une quête intime, personnelle et infiniment vaste à la fois. De mon côté, cette quête implique nécessairement de tenir compte des autres. *Je est un autre*, peut-être, comme l'écrivait Arthur Rimbaud, mais *je suis les autres*, aussi. Je m'inscris dans une famille, un réseau, une communauté, une société. Je ne suis pas ici pour me marginaliser, mais pour me solidariser. En vivant plus fort à travers cette expérience, en naissant d'une nouvelle façon dans ce pays, je veux me faire plus présente au monde, plus *humaine*, plus lucide quant à ce qui me construit. Non pas que je m'érige en modèle de vertu, pas plus d'ailleurs que le personnage de Pierre, chez Gabrielle Roy. Suivre très fort sa propre voie, assumer sa

---

2. Gabrielle Roy, *La montagne secrète*, Montréal, Boréal, coll. « Boréal Compact », 1994, p. 90. Reproduit avec l'aimable autorisation du fonds Gabrielle-Roy.

vocation avec authenticité, paradoxalement cela nous rapproche des autres.

Cela dit, planter une croix n'était pas nécessaire à mon sentiment d'accomplissement personnel. C'est une trace de notre passage, un peu perdue parmi les arbres, une sorte d'hommage, aussi, à l'audace du père Laure, à celle de tous ceux qui passèrent ici. Ce n'est surtout pas la croix que plantait Jacques Cartier au nom du roi de France, en signe d'appropriation du territoire. C'est la croix du Christ, signe du plus grand passage qui soit – et du plus grand mystère –, celui de donner sa vie. Merci à ceux qui la reconnaîtront ; tant pis si d'aucuns la déracinent. J'aime penser qu'elle s'érodera tout doucement, humus parmi l'humus.

Un peu avant midi, le signal du départ est donné. Nous redescendons les bagages jusqu'au canot. Comme il a plu pendant la nuit, il y a un réel danger de glisser sur la mousse mouillée. On sent qu'il y a de l'orage dans l'air. Le temps sera passablement variable aujourd'hui. Nous canoterons sur la Témiscamie dans le sens du courant, mais le vent souffle toujours de l'ouest ; nous aurons donc la plupart du temps à l'endurer, et en pleine proue !

Nous prenons le large. Pagayer instaure un rythme, une pulsation. Nous sommes plus silencieux, plus concentrés qu'hier. Nous économisons nos forces. Canoter représente toujours une affaire de cœur et de courage. Les épaules et le dos travaillent, les cerveaux virevoltent face à la grandeur du paysage. Nous faisons halte sur la même petite île où, hier, nous nous sommes baignés. Nous mangeons un peu ; dans nos sandwichs, à cause du vent, le sable se mêle à la mayonnaise. Tout en déguerpissant, une bande d'outardes se plaisent à nous envoyer des *nirliq nirliq nirliq*[3] surexcités. Cette forêt est habitée par une faune qui n'est à peu près jamais dérangée. Mais la route de gravelle, qui auparavant s'arrêtait au lac Albanel, se poursuit maintenant, en direction nord-est, jusqu'à la mine Stornoway, là où l'on fera l'extraction de diamants. Pendant la messe, ce matin, il nous semblait parfois entendre des bruits de machinerie dans le lointain. Provenaient-ils des camions lourds qui coursent déjà sur la route suivant la rive sud du lac Albanel, frôlant parfois la rivière Témiscamie ? Osons croire que le merveilleux du silence que nous avons vécu à la Colline-Blanche ne sera jamais vraiment troublé. Les lieux de grand calme commencent sérieusement à se raréfier, partout sur Terre, les humains ne

---

3. Mot inuit pour nommer la bernache du Canada.

cessant de créer chaque jour des cacophonies nouvelles associées à des machines de plus en plus efficaces et géantes.

Imaginons une grande compagnie qui souhaiterait exploiter une mine d'uranium dans les environs, ce qui conduirait au passage de milliers de camions géants plusieurs fois par mois. Allons jusqu'à imaginer certains individus qui, pour « blaguer » ou pour « exploiter », souilleraient les lieux même où les Indiens, depuis des millénaires, se sont recueillis, là où le père Laure a dit la messe. Comme toute profanation reste facile pour les humains… C'est Louis-Edmond Hamelin qui nous disait qu'il ne faudrait surtout pas que des gens aillent là « en s'obstinant à ne rien comprendre ».

Il n'y a pas si longtemps, on a sérieusement songé à exploiter une mine d'uranium dans les monts Otish. En 2006, la compagnie Strateco a mis sur pied le projet Matoush, l'un des projets ayant la plus forte teneur uranifère du monde. Tout d'abord, les Cris ont accepté, puis ils ont changé d'idée, l'assemblée générale du Grand Conseil des Cris adoptant à l'unanimité, en août 2012, une résolution demandant un moratoire sur les territoires conventionnés. Les gens de l'industrie ont répété que les risques pour la santé étaient minimes. Pourtant, la Colombie-Britannique, la Nouvelle-Écosse et l'État de Virginie, aux États-Unis, ont déposé des moratoires sur les mines d'uranium, justement à cause des risques posés par ce type d'exploitation. Ces mines génèrent des tonnes et des tonnes de rejets contenant des éléments radioactifs, ces déchets devant être entreposés à perpétuité au cœur même du territoire. Récemment, un jeune Cri de Mistissini a marché avec des amis, à partir de son village, sur huit cents kilomètres jusqu'au Sud, afin de militer contre le projet Matoush. Une autre route sacrée... Le débat se poursuit.

*

Une fois reposés, nous rembarquons dans le canot en visant cette fois le pont de la Témiscamie. Encore quatre ou cinq kilomètres... Mais de fortes bourrasques nous obligent à faire du surplace. Le ciel s'est chargé de cumulo-nimbus gros comme des montagnes. Isabelle et moi devons déployer de réels efforts pour avancer. Pierrot nous aide. Ramer en étant assis au centre d'un canot n'est toutefois pas chose facile. À un moment, nous nous arrêtons pour qu'il remplace Isabelle, à l'avant. Lorsque nous franchissons certaines pointes, nous recherchons des portions de rivière protégées par la forêt, des zones encalminées. Heureusement que ce cours d'eau n'est pas rectiligne! Certes, nous glissons sur l'eau, mais nous progressons parfois moins vite que si nous étions à pied. Nous n'embarquons toutefois aucune vague, pas même un bouillon.

Eh bien, on peut dire que le Coyote prend vraiment sa revanche, cette fois! Assise au milieu du canot, je reprends mon souffle en me remémorant ce que me racontait Andrée Levesque-Sioui, une amie wendate, à propos de la création du monde selon sa nation. C'est Aataentsic, la Femme-Ciel, qui aurait eu deux fils jumeaux, le «bon» et le «mauvais[4]», mais Andrée m'a dit que la notion de bien et de mal dans la vision du monde des Wendats était passablement différente de celle de la vision chrétienne. Ainsi, le «bon» fils avait planifié faire de beaux fruits bien gros, mais le «mauvais» fils a refusé: «Non, c'est trop facile! Faisons plutôt de petits fruits, framboises, fraises, bleuets, camarines, canneberges, plus longs à ramasser.» Même raisonnement au sujet des épines données aux roses. Dans cette perspective, les rivières à deux sens seraient beaucoup trop faciles à naviguer, évidemment. Andrée ajoutait que la distinction bien-mal se traduisait donc par facile-difficile. Le difficile n'est pas «mal»: il

---

4. Il s'agit respectivement de Tsesta et de Tawiscaron.

est associé à quelque chose qui se mérite. Il faut croire que notre pays se mérite! Nous avons ainsi l'occasion de prouver notre valeur, notre vaillance, notre courage!

Faire cette réflexion me permet de prendre du recul et d'admirer le moment présent. Malgré la fatigue, nous allons bien. Nos cœurs ne sont peut-être pas légers comme ils l'étaient hier, mais quelque chose en nous – en moi – exulte bel et bien, à évoluer dans la force de la rivière. Car nous sommes vraiment «dans» la rivière. Avec notre canot chargé, nous sommes pesants : nous sommes, me semble-t-il, plus bas sur l'eau que lors des autres canotées que j'ai pu vivre, enfoncés. Rechercher les zones à l'abri du vent nous oblige à zigzaguer sur la rivière. Ainsi, nous la traversons plusieurs fois, croyant apercevoir, de l'autre côté, moins de vagues – une portion, donc, où le vent serait moins fort. En plein centre de la rivière, j'ai le vertige : quel animal gigantesque nous chevauchons! Oh comme je comprends le besoin, primitif peut-être, d'offrir un tribut à l'esprit de la rivière pour pouvoir y naviguer! L'eau *est* animée, mue par sa propre volonté. Pagayer est un acte de foi!

Après un accès de vent plus rude que les autres, nous choisissons de faire une nouvelle pause afin qu'Isabelle reprenne place à l'avant.

Les rives sont presque toutes boueuses. Sur la berge, tout n'est que bouette. Les bottes s'y enfoncent. Vaut mieux marcher nu-pieds et se saucer, encore une fois. « *Si potes laveris, lotus te*! » lance Pierre-Olivier en sautant à l'eau, fidèle à sa devise, en dépit du temps plus frisquet qu'hier. Il se sera donc baigné dans les eaux du Saint-Laurent, du Saguenay, de l'Ashuapmushuan et de la Témiscamie (deux fois plutôt qu'une). Sacré Pierrot! Et le voyage n'est pas terminé… Je suis épaté de le voir si confiant, même s'il n'a jamais vécu de longues expéditions en canot. Ce compagnon démontre de réelles qualités d'aventurier. Il n'a pas peur, il a la foi – c'est le cas de le dire. Il a foi en moi et je lui en suis reconnaissant. Quel plaisir de le côtoyer, rien que pour sa capacité de blaguer et de se moquer, pareil à un Indien.

Vers quinze heures, le ciel noircit complètement. Un gros orage s'abat. Bien vite, le canot se transforme en bain. Un éclair, géant, suivi d'un grand coup de tonnerre, juste à bâbord, devient le signal d'une chute radicale de la température, qui passe de vingt-cinq à quinze degrés. Détrempés par cette pluie, nous stoppons une nouvelle fois pour retirer nos chandails mouillés, en trouver des secs dans les sacs étanches et revêtir nos imperméables. ✪ Vive le caoutchouc! Vive la boue, aussi, puisqu'elle permet à Isabelle de repérer les traces d'un gros orignal, sur la berge.

Nouveau départ. Au loin, nous entrevoyons les structures du pont de ciment. Le ciel se dégage : voilà qu'il fait grand soleil ! Le vent tombe… oh, quelques instants seulement, mais assez longtemps pour nous encourager. Bientôt, nous dépassons la base d'hydravions, sur la gauche, et le hangar d'où émane un sempiternel vrombissement de génératrice. Nous accostons sur la petite plage de notre point de départ. Avec plaisir, nous redécouvrons la roulotte. Nous sommes fiers – fatigués, mouillés, « bouetteux », mais fiers. Nous chargeons le matériel. Tout est détrempé. Je refixe le canot au toit de l'auto.

Réunis à l'abri de la roulotte – il s'est remis à pleuvoir à verse –, nous trinquons, chacun son verre de porto à la main. Victoire ! Rien d'héroïque peut-être, mais nous sommes plus qu'heureux. Mission accomplie ! Nous avons atteint notre but, soit de coucher dans l'Antre de marbre et d'y célébrer une messe en hommage au père Laure. Mais l'essentiel ne résidait pas dans cette relative « réussite », non. L'essentiel tenait à la qualité de la camaraderie, celle que nous avons vécue jusqu'ici comme celle que nous avons envie de vivre au cours des prochains jours. Toute ma vie, ce sont les expéditions où il m'a semblé que régnait l'harmonie – l'harmonie entre les êtres et le monde – qui m'ont marqué, qui m'ont donné le goût de recommencer, de repartir, de m'aventurer encore et encore dans le plus bel inconnu, d'aller plus loin, malgré les dangers.

Isabelle nous confie que, au cours des derniers jours, c'est en canot qu'elle a vécu ses meilleurs moments, alors qu'elle s'est sentie en communion intime avec le pays tout entier, avec ses gens et leur histoire, Indiens, coureurs de bois, visiteurs et missionnaires, tous ceux et celles qui surent habiter le territoire en le parcourant, de fond en comble, à pied, en canot ou autrement, et souvent en chantant pour se donner du courage ou tout simplement pour exprimer leur joie de vivre. J'apprécie Isabelle pour bien des raisons, comme amoureuse bien sûr, mais en particulier pour cette confiance qu'elle a en ce monde comme en ceux et celles qui la guident, une confiance qui lui donne du courage, qui lui retire quasiment la peur, dirais-je.

Nous songeons à la croix que nous avons osé planter, faite avec deux maigres épinettes, au cœur même de l'autochtonie du Moyen Nord. Comment en arriver à pouvoir affirmer: nous sommes croyants, nous croyons en la qualité de la parole du Christ, bien que cette expérience n'exclue pas celle des Cris d'il y a mille ans? Comment faire en sorte que cette croix ne soit pas le signe d'une contradiction, mais plutôt d'une coexistence? Le «trialogue», comme dit Pierrot, sera toujours extrêmement difficile entre croyants, athées et agnostiques, les uns ayant facilement l'impression que les autres souhaitent les dominer. Convenons que le travail existentiel, philosophique et théologique doit se poursuivre pour trouver une posture adéquate, afin que le psaume 85 de la Bible se réalise : «Amour et Vérité se rencontrent. Justice et Paix s'embrassent. »

Aujourd'hui, jour sept de notre expédition, nous avons beaucoup discuté, prié, chanté et fait des blagues, beaucoup de blagues. Des outardes se sont dandinées devant nous avant de s'envoler d'un seul coup d'ailes. Un grand chevalier aux pattes filiformes nous a salués. Je rêvais d'une expédition sur une rivière du Nord où la nature aurait gardé assez de virginité pour que nous puissions apercevoir un loup gris, par un après-midi de grand vent et de soleil ardent, pour qu'un ours noir vienne faire son tour, à l'aube, et décide de fouiller dans une caisse laissée sous le canot, pour que nous ayons tout ce qu'il faut pour camper, manger, pêcher, nous défendre, nous baigner, et bâtir une croix, et préparer une messe, et filmer, et pagayer, et vivre le courant d'une rivière, nous-mêmes devenus rivières.

Avant de reprendre la direction de Chibougamau, nous piquons une pointe jusqu'au lac Albanel qui ne se trouve qu'à une trentaine de kilomètres. Voilà un autre haut lieu du Québec nordique – nommé en l'honneur d'un jésuite ayant précédé le père Laure en ces terres : Charles Albanel, qui «découvrit» le lac en 1672. Nous voici tout au bout de la route. Face au lac et à ses îles densément peuplées de longues épinettes noires, nous nous disons que nous reviendrons ici l'été prochain, en kayak de mer. Qui sait?

Retrouvant son signal cellulaire sur la route, Isabelle tient à partager avec nous un texte intitulé *Joie*, qu'un de ses amis, Éric, lui a fait parvenir :

> Nous connaissions les chemins peu fréquentables et la cartographie des étoiles. Sous les nuées capricieuses, nous aimions notre vie. Des lendemains nous ne savions rien : aujourd'hui nous possédait tout entier. Nous marchions donc à contre astres, de crépuscules en aubades, le vers aux lèvres, le violon à l'archet, le sourire las, mais sincère. Parfois, nous trouvions à manger ; tout nous était festin. Le reste des jours, nous chantions à pleine voix. Car si nous n'avions pas de chaussures, nous avions notre liberté, l'espoir et cette increvable joie de vivre.

Nous étions de riches mendiants : nous
avions la musique[5].

Étrange de se retrouver soi-même, mais
différente, comme si enfiler des vêtements
secs, être dans le confort de la voiture
– choses habituelles s'il en est – s'arrimait
mal avec mon « corps aventurier », même
extrêmement fatigué. Je sens que je suis allée
loin en moi et je ne veux pas en revenir, pas
tout de suite. Nous avions prévu dormir
une nuit à proximité de la Témiscamie, dans
la roulotte ; nous avions même repéré un
endroit où il serait possible de nous installer, un petit embranchement juste avant de
passer le pont. Les événements se sont suc-
cédé plus vite que prévu et il est trop tard
maintenant pour l'envisager : nous sommes
trop fourbus, trop mouillés, surtout, et le
temps demeure incertain. Bien sûr que j'aspire à prendre une douche, à dormir dans
un vrai lit. Et pourtant, je serais restée plus
longtemps dans le sauvage des choses – un
état nouveau pour moi. J'ai fait quelques
expéditions et pas mal de voyages, mais
c'est la première fois que je me rends aussi
loin dans la communion avec la nature. Et,
j'ajouterais, dans la communion avec les
autres aussi. J'ai senti qu'à travers l'union de

5. Éric Fortier, extrait des *Cahiers de fonds de tiroir*, [inédit], 2013.

nos forces physiques, mentales et spirituelles, nous avions la possibilité d'habiter ce pays plus profondément, de nous y ancrer poétiquement, de le ressentir, d'y naître. C'est un peu à cela que m'amène le texte de mon ami Éric : « aujourd'hui nous possédait tout entier ». Ce moment présent que nous habitions si fort a commencé à s'écouler, à fuir. Assise dans l'auto, je regarde le paysage qui défile et déjà je ne me sens plus tout à fait dedans.

Qu'est-ce qui a changé dans mon rapport au territoire ? Il est trop tôt pour le dire. Je m'en remets à Jean, qui a l'énergie de nous conduire à bon port, de coller de nouveau du Duct Tape autour des fenêtres de la roulotte pour protéger l'intérieur de la poussière de la route. L'expédition se poursuit. Je rêve. Nous ne parlons pas beaucoup. Pierrot s'assoupit à l'arrière. Je reste éveillée, partage quelques réflexions avec Jean. J'aime beaucoup les panneaux le long de la route qui annoncent différents « sanctuaires », au sens écologique du terme, soit les refuges d'oiseaux. Mais on peut bien prendre le mot dans son sens religieux, n'est-ce pas ? Voilà qui renforce l'impression d'être sur une route sacrée.

Depuis le début de cette expédition, j'ai parfois eu le sentiment que nous vivions au cœur d'un mythe, celui d'une route à la fois sacrée et mythique. Mais comme il est souvent extrêmement complexe de vouloir mythifier un espace, un lieu ou un simple chemin !

Dans un propos tenu dans le film *Québékoisie*, Serge Bouchard insiste sur le fait que le Québec ne fut jamais vraiment capable de « mythifier » ses routes. Par quel coup de sort la route 138, par exemple, ce cordon vital reliant Québec à la Côte-Nord, qui s'allonge de plus en plus et finira bien un jour par rejoindre Blanc-Sablon – pour des raisons de développement hydroélectrique en particulier –, pourquoi cette route ne fut-elle jamais magnifiée ou à tout le moins entourée de plus de soins ? Pourquoi n'existe-t-il pas plus de paroles et de textes et de chansons et de préoccupations esthétiques concernant une voie si essentielle à toute la vie contemporaine des humains des Haute, Moyenne et Basse-Côte-Nord ? D'où vient cette ténuité dans l'envie de mythification, chez nous, et depuis toujours ? Félix Leclerc, grâce à certaines chansons, mais aussi grâce à son aventure de vie et d'artiste, semble être parvenu à mythifier le chemin du tour de l'île d'Orléans. J'aime penser que c'est grâce à sa parole poétique que l'île a pu conserver autant de qualité, autant d'harmonie dans ses paysages comme dans l'occupation de ses terres. C'est « pieds nus dans l'aube » qu'on marche sur cette île autrefois nommée île de Bacchus. Il existe bien une horreur faite de grands pylônes qui scarifie l'île dans sa partie occidentale – méchante bavure! –, mais sans la poésie de Félix, demandons-nous combien de centres commerciaux ou même peut-être de grands buildings envahiraient maintenant les terres agricoles de ce joyau du Saint-Laurent.

Mythifier une route, voilà peut-être une des raisons de notre expédition. Mythifier, c'est se préoccuper de la beauté du tracé conduisant de Tadoussac à La Doré, au nord du lac Saint-Jean. Mythifier, c'est se préoccuper des paysages du parc de Chibougamau, le long de cette route qui traverse l'une des plus magnifiques forêts nordiques du Québec, pour se rendre compte avec tristesse qu'un quelconque décideur, au ministère des Transports ou ailleurs, imposa un «grand ménage» des arbres qui la bordent, sous prétexte qu'il fallait plus de soleil pour faire fondre la glace en hiver! Non, mais… Était-ce vraiment une raison valable? Des bandes d'épinettes faisant parfois deux cents mètres de large furent abattues, ou plutôt non, déchiquetées, laissant au regard des passants un charnier, comme une terreur à ciel ouvert. La première fois que j'ai vu ce paysage brisé, je suis resté bouche bée, avec une bizarre envie de pleurer. Non pas de me mettre en colère ou de hurler, mais bien de pleurer, comme si c'était mes frères et mes sœurs qu'on avait sauvagement mutilés, laissant place à des zones de dévastation aux allures de guerre mondiale ou de fin du monde, de chaque côté d'une route autrefois splendide, sur les deux cents kilomètres entre La Doré et Chibougamau. Tristesse. Même après des années, le mal persiste. La verdure a beau avoir repris quelque peu ses droits, je reste contraint de ne pas trop regarder ailleurs qu'en plein centre de la route, sans possibilité d'admiration ou de contemplation, comme si quelques machines avaient pu ébranler mon âme... Oh, certes, cela permet peut-être à un certain nombre de conducteurs d'éviter de heurter des orignaux, car dorénavant, on voit large. Mais les mots « économie », « développement » et « sécurité » doivent-ils toujours coïncider avec « salissure », « pollution visuelle » et « destruction massive » ? La mythification d'une route, ne serait-ce pas aussi la poétisation d'une voie permettant d'investir tout simplement plus d'amour dans un lieu, dans une forêt, dans ses habitants ?

Parler de Serge Bouchard, grand routier lui-même, amène Isabelle à fouiller dans ses notes pour retrouver ce passage, extrait de *C'était au temps des mammouths laineux* :

Le Nord est le lointain. Il n'a jamais cessé d'attirer les âmes en peine. La forêt a toujours été le refuge de la marginalité et les grands espaces portent bien leur nom : ils sont grands à n'en plus finir. Nous avons l'éternelle nordicité, nous avons la forêt sauvage, la profonde laurentienne et l'infinie boréale, jusqu'à la toundra, et nous aurions mille sagas à raconter à propos de nos aventures si nous nous y mettions, si seulement nous voulions le dire pour en faire toute une histoire. Matagami, Joutel, Chibougamau, Chapais, Gagnon, Wabush, Schefferville, Murdochville et combien d'autres places, plus petites, plus éphémères encore, autant de lieux et chacun de ces lieux a un mystère et un drame, des espoirs et des désespoirs, des destins uniques et des routines banales[6].

Nous nous redisons que notre expédition servira à « mythifier » le Nord. Cette pensée me console sur le chemin du retour. Tout ce que j'ai filmé et photographié, toutes ces notes que j'ai prises au fil des conversations, des impressions, des rencontres, cela n'est pas perdu. Est-ce un mythe que je tenterai

6. Serge Bouchard, *C'était au temps des mammouths laineux*, Montréal, Boréal, 2012, p. 196. Reproduit avec l'aimable autorisation des Éditions du Boréal.

un jour d'édifier en puisant dans tout ce matériel ? Sommes-nous en train de vivre une « saga » ? L'avenir le dira. Avec l'aide de Jean, écrivain aventurier infatigable, j'arriverai moi aussi à « faire toute une histoire » !

*

De retour à Chibougamau, et considérant l'heure tardive, nous pensons qu'il vaut mieux ne pas déranger Janique et Carol, eux qui nous ont si gentiment accueillis avanthier. Et puis, il nous faut de l'espace, beaucoup d'espace pour faire sécher nos affaires. Pendant qu'Isabelle et Pierrot commandent quelque chose à manger dans un petit restaurant de la rue principale, je pars à la recherche d'un lieu pour dormir. Bizarrement, au premier hôtel visité, on me répond qu'il n'y a plus aucune « chambre standard » disponible : il reste néanmoins des petites chambrettes, mais pour « travailleurs », moins chères. Détail non négligeable : si une femme devait y loger, elle n'aurait pas le droit d'utiliser ni les toilettes ni les douches, cellesci étant situées dans une salle commune. Vraiment, en 2014 ! Outre les « travailleurs », ces hommes qui, entre autres, œuvrent à la construction du site minier Stornoway, il y a sûrement quelques « travailleuses » dans les environs ! M'enfin… L'hôtel Harricana étant fermé, je réserve deux chambres au seul hôtel restant, le Chibougamau, puis vais rejoindre mes comparses au restaurant. Pour une fois, la conversation s'étiole… Hormis quelques commentaires amusés de Pierrot autour d'une publicité sur les napperons du restaurant (laquelle affirme que «la douleur est ton amie»), j'ai l'impression que lui et Isabelle vont s'endormir dans leur spaghetti! La nuit à l'hôtel sera bienvenue.

Huitième jour
Chibougamau – Mistissini

Très tôt le matin, pendant que mes compagnons dorment encore, je pars avec l'auto, en traînant la roulotte, et parviens à dénicher un garage où se trouve l'équipement nécessaire pour retirer l'épaisse couche de boue qui l'englue : jets d'eau puissants, brosses à long manche, savon… J'ai aussi quelques achats à faire. À la quincaillerie, je me procure du Duct Tape – dont nous avons épuisé la réserve –, des pentures et deux longues vis, afin de remettre en place le joug du canot qui s'est détaché la veille, ce qui faisait en sorte qu'on ne pouvait plus portager seul l'embarcation sur ses épaules. Quand on sait que les Indiens transportaient de cette façon leur canot, et pendant des jours et des jours, de lac en lac, de rivière en rivière, alors qu'ils avaient décollé pour d'hallucinants périples, sur des milliers de kilomètres, entre Uashat et le Labrador, par exemple, en famille et parfois pendant des années ! Jamais je n'oublierai cet Innu de soixante ans qui m'avait consulté à l'hôpital de Havre-Saint-Pierre, dans les années quatre-vingt, à cause d'une bronchite, me désignant fièrement sa bosse de canot sur la nuque – une bursite chronique organisée et non douloureuse d'au moins une quinzaine de centimètres de diamètre –, sur laquelle, depuis toujours, il lançait la barre transversale de son canot afin de portager, libre d'utiliser ses mains pour tenir une hache ou des bagages.

Dans la roulotte, le contenu de plusieurs armoires a été sévèrement bousculé par les innombrables trous et cahots sur les centaines de kilomètres de la route de gravelle. Il y a aussi une grosse cavité qui s'est creusée dans le flanc gauche de la roulotte, à cause des cailloux qui y étaient constamment projetés. Beaucoup de pierraille et d'eau se sont accumulées au fond de cette béance qu'il faut fermer, sinon l'éventrement ne fera qu'empirer. Blessures et cicatrices du matériel vont quasiment de soi au cours de toute expédition. Mais l'essentiel, toujours, c'est que la fatigue des aventuriers ou les difficultés qu'ils ont pu vivre dans les moments plus rudes ne viennent pas troubler l'harmonie. Réparer une pièce de matériel n'est rien quand on compare avec le travail de réparation si une âme a été blessée par un mauvais mot, par une gaucherie, par une idiotie. Considérant que nous avons eu de la chance qu'il ne soit survenu aucun problème technique majeur jusqu'à maintenant, pas même une crevaison, je prends conscience de la joie sincère qui nous unit, qui nous donne envie de poursuivre, de nous rendre jusqu'au lac Mistassini pour y pêcher deux ou trois ou quatre brochets, peut-être.

J'émerge d'une lourde nuit sans rêve et récupère peu à peu des bribes de réalité. Jean n'est pas là, il m'a laissé un message disant qu'il est dans la roulotte. Je ramasse mes choses, refais mes bagages et vais le rejoindre. Il m'accueille dans une roulotte fraîchement lavée – il a travaillé fort pendant que je faisais la grasse matinée! Je déjeune d'une toast et d'un café, au beau milieu du stationnement de l'hôtel. Nous élaborons le programme de la journée. Pierrot a contacté ses amis Julie et Marcel, que nous irons voir en milieu d'après-midi, chez eux, à Chibougamau. Marcel travaille toutefois à Mistissini, comme infirmier en santé publique, et le village lui prêtant une maison, lui et Julie ont finalement décidé d'aller s'établir là-bas. Ils ont donc mis en vente leur maison de Chibougamau et c'est aujourd'hui même qu'ils déménagent! Ils nous proposent de loger chez eux à Mistissini, dans leur nouvelle maison, dès ce soir. Voilà une offre tout à fait providentielle!

Avant de nous mettre en route, Jean doit cependant effectuer une réparation de

fibre de verre sur la roulotte, ce qui néces-
site un certain temps et un endroit idéale-
ment plus bucolique que le stationnement
de l'hôtel Chibougamau. Nous quittons
donc le centre-ville, en passant par l'épicerie pour refaire le plein de denrées. Pierrot
en profite pour acheter un permis de pêche
(les gars rêvent d'une pêche miraculeuse à
Mistissini!) et nous montrer quelques lieux :
son ancienne église et la paroisse Reine-du-
Rosaire, fondée par des oblats, puis le cimetière de Chibougamau où, nous apprend-il,
les gens souhaitent de plus en plus être enter-
rés. Je n'avais jamais réfléchi à ça... La population de Chibougamau a longtemps été
surtout constituée de travailleurs qui ne pré-
voyaient pas finir leurs jours ici : ils étaient là
tant qu'il y avait du travail. Ça ne fait pas si
longtemps que l'économie de la région s'est
véritablement stabilisée, quelques décennies
tout au plus. Il est donc relativement récent
que des gens y passent *toute* leur vie, considérant que Chibougamau est bel et bien chez
eux. Lors du souper chez Janique et Carol,
une amie de Pierrot nous a parlé de sa mère,
qui réside maintenant dans un centre de
personnes âgées situé à quelques coins de
rue. Et parmi les trois enfants de Janique et
Carol, qui ont grandi à Chibougamau, deux
y demeurent toujours, projetant d'y faire
leur vie.

Et moi ? Si, à quarante ans, je déména-
geais dans une nouvelle ville et y passais le
reste de ma vie, voudrais-je être enterrée là
ou dans ma ville natale ? À partir de quand
s'estime-t-on « de la place » ? Après combien
de générations ? Je serais curieuse de poser
la question à mon frère : né à Québec, il est
maintenant bien installé à Chicoutimi. Ses
enfants y ont vu le jour. Je serais surprise
qu'il ait déjà réfléchi au lieu où il souhaite
être enterré – à trente-quatre ans, on a autre
chose à faire ! –, mais ce serait intéressant
de lui poser la question. Et j'imagine que le
questionnement est plus vif quand le lieu où
l'on prévoit finir ses jours est une nouvelle
ville – je pense aux premiers habitants de
Chibougamau, qui obtint son statut officiel
de ville dans les années cinquante, mais dont
la prospérité connut quelques creux. Ville
minière, ville forestière, soumise aux aléas
de l'industrie. Juste avant le cimetière, sur le
chemin Merrill, nous avons justement croisé
les Chantiers Chibougamau, le fleuron de la
région et sûrement l'employeur principal.
Jean m'a déjà suggéré d'aller les voir pour
leur proposer d'investir dans la production
de ma série de photographies sur les épinettes noires…

Nous aboutissons finalement sur la rive
est du lac Chibougamau, un peu passé le
Rainbow Lodge et la cascade qui nourrit

le lac aux Dorés. Ce Rainbow Lodge, nous apprend Pierrot, fut construit par Larry Wilson, un prospecteur qui découvrit les gisements de la mine Bateman et qui souhaitait accueillir les visiteurs dans ce lieu exceptionnel, situé au confluent des lacs Chibougamau et aux Dorés. Un panneau touristique nous apprend qu'au moment de finir la construction du Lodge, «une ondée baptismale tomba, suivi [sic] d'un splendide arc-en-ciel». Nous qui parlions hier d'écrire à propos des légendes du pays! Ce Rainbow Lodge me semble avoir été le témoin de toute une époque. Il nous faudrait mettre la main sur l'ouvrage *L'appel du Chibougamau*, écrit par Wilson, et élaborer une grande saga nordiste. Dans les années cinquante, à peu près au même moment où Chibougamau reçut son statut de ville officielle, c'est au Rainbow Lodge que se retrouvaient les pilotes de brousse, foreurs, prospecteurs, géologues et autres touristes américains, en plus des Cris qui fréquentaient l'endroit depuis toujours, notamment à cause de l'«ancestral» sentier de portage qui s'y trouve. Le panneau m'apprend également que le Lodge a été le premier établissement de Chibougamau à être doté d'une salle de bain complète... Je note que presque tous les noms qui apparaissent sont ceux d'anglophones: Larry Wilson, Nelson Bidgood, Marie McQuade,

Robert et Emily Bosum. Le Rainbow Lodge, lieu de villégiature nordique créé par et pour des anglophones? Mais y a-t-il encore des anglophones en ville? Et à qui appartient le Rainbow Lodge maintenant? En tout cas, la Société d'histoire régionale de Chibougamau a fait un beau travail avec ce circuit historique intitulé « Le chemin des mines ». Je n'ai pas le courage de lire tous les textes maintenant, mais je prends des photos et me promets d'y revenir plus tard.

Jean me raconte brièvement ce qu'il sait du dénommé Joe Chibougamau, un prospecteur d'origine autrichienne ayant découvert plusieurs gisements importants dans la région. Il se rappelle une anecdote racontée dans l'ouvrage *La Baie-James des uns et des autres*, qu'il a écrit avec François Huot : Joe Chibougamau était apparemment un barbu notoire, avec les cheveux bien fournis. Quand il décida de se raser et de se couper les cheveux, le journal local jugea la nouvelle assez importante pour en faire mention dans ses pages! Eh bien, on n'a plus les pages *people* qu'on avait, décidément. Jean n'a pas bénéficié d'une telle attention médiatique quand il s'est rasé la tête dans un *truckstop* de Louisiane… C'est Louis-Edmond Hamelin qui dit que Joe Chibougamau est probablement une des figures « mythiques » les plus importantes du Nord québécois. Moi qui aime l'imaginaire western, je retrouve là une galerie de personnages et des lieux qui m'intriguent fort. Tout ça, ce n'est pas la conquête de l'Ouest américain : c'est notre histoire à nous ! *Go north, young woman!* Jean dit que Chibougamau devrait axer son développement autour de son côté country. Déjà il y a la course de minounes polaires (vieux skidous des années soixante) – qu'il a remportée avec François Huot en 2006. J'ai aussi entendu parler d'un Tempo Fest, une journée de festivités dans les abris Tempo de la ville, tout décorés pour l'occasion. Pour ma part, je dois dire que j'aime bien les stationnements en diagonale…

Pendant qu'Isabelle prépare le repas – une de ses traditionnelles cocottes minute –, je fixe un large carré de fibre de verre enduit de résine et de durcisseur sur le flanc de la roulotte. Les moustiques sont rares. Le temps est frais. Je suis heureux, encore un peu fatigué, mais tout baigne. Si une grande étape a été accomplie – l'aller-retour en canot jusqu'à l'Antre de marbre –, le voyage se poursuit, tandis que les discussions philosophiques vont bon train. Couché sous la roulotte, j'entends ce qui se dit à l'intérieur. Dans un élan d'enthousiasme, Pierrot fait l'exégèse des textes figurant sur les emballages de bacon Lafleur. Apparemment, les stratégies de marketing n'ont plus aucun secret pour lui!

Au cours du dîner, nous conversons à propos de certains textes sacrés. Comment interpréter le récit de la Genèse, du moment qu'on reconnaît scientifiquement que la création du monde ne s'est pas tout à fait passée comme il est écrit? Pierrot nous apprend que les onze premiers chapitres de la Genèse montrent la détérioration qu'il put y avoir dans l'alliance entre Dieu et l'humanité, jusqu'à la rupture de cette même alliance, ajoutant que la parole biblique ne doit pas nécessairement être considérée comme antinomique à la parole scientifique. Le combat opposant créationnistes et évolutionnistes n'est peut-être qu'un vain combat. À ce propos, il me semble que la philosophie bouddhiste incorpore plus facilement dans son discours plusieurs considérations scientifiques contemporaines. Pierrot rappelle que les postures scientifique et fondamentaliste, issues du XIXᵉ siècle, se sont toutes les deux nourries en se pourfendant. N'y a-t-il pas lieu de croire en la possibilité de concilier, sinon de «réconcilier» ces deux types de langage, tout en gardant en tête que si le discours scientifique repose sur le «comment» des choses, le discours religieux, lui, repose sur le «pourquoi»?

Pour ma part, je refuse une vision strictement positiviste qui prétend être fondée sur la pure objectivité. Je m'étais beaucoup intéressé à ce sujet, jadis, dans le cadre de mon mémoire de maîtrise en philosophie, intitulé *Le nécessaire irrationnel*. L'univers de la théorie quantique, basé entre autres sur le principe d'incertitude, montre l'impor-tance de la présence du sujet dans toute étude. Des physiciens comme Schrödinger, Planck ou Pauli – qui lui-même contribua à donner une structure mathématique à la notion de synchronicité élaborée avec le psychologue Carl Gustav Jung – étaient persuadés de la pertinence de la complémenta-rité entre les différents champs d'expertise. Un scientifique comme Hubert Reeves a su rester ouvert aux phénomènes poétiques et religieux, nous donnant accès à une compré-hension plus harmonieuse et plus complète du monde. Je me souviens qu'il dédiait son essai *Malicorne/Réflexions d'un observateur de la nature* « à ceux qui sont épris de science et de poésie ». Einstein, dans un petit livre inti-tulé *Comment je vois le monde*, ose parler de sa foi en la « religiosité cosmique ». On sait qu'Einstein a toujours eu du mal à se faire à l'idée de la prééminence des forces du seul hasard. S'il ne va jamais jusqu'à prétendre qu'il prie Dieu, évoquant même un agnos-ticisme tout scientifique, il s'écrie toutefois, face à une difficile conciliation des visions

classique et quantique : « *Gott würfelt nicht*!
(Dieu ne joue pas aux dés!) »

Accepter de recevoir les paroles mystique,
religieuse ou poétique, pour un scientifique, c'est accepter d'ouvrir un tout nouveau champ de découvertes, les mystiques,
religieux ou poètes ne pouvant par ailleurs
nier l'extraordinaire capacité qu'a la science
de donner prise sur le réel. En ce sens, la
pensée en « silo », sectorialisée et spécialisée,
est probablement, à mon sens, l'une des
grandes tares des xxᵉ et xxiᵉ siècles. Comme
le propose avec sagesse Pierrot, entre une
voie exclusiviste créatrice de dogmes et une
voie relativiste où tout et rien s'emmêlent
dans le même fourre-tout, il existe une troisième voie, inclusiviste celle-là, qui cherche
à préserver la parole de Dieu en acceptant
que Dieu puisse se manifester différemment
selon les époques, les traditions, les personnes et leur culture. Chez les Orientaux,
avec sagesse, on parle du « Tao » et de la
« Voie », des synonymes de « Dieu ».

Depuis le début de cette aventure, plusieurs sujets nous amènent à considérer
l'existence ou la possibilité d'une « troisième
voie ». On revient souvent, d'ailleurs, au
triangle de Karpman, une figure d'analyse
transactionnelle que Pierrot a étudiée et qu'il
applique à toutes sortes de situations pour

tenter de comprendre les mécanismes en jeu. La dynamique Victime-Sauveur-Bourreau dudit triangle se met en place dans un contexte de manipulation d'où il est difficile de s'extraire et où les rôles s'interchangent : la Victime devient Sauveur ou Bourreau, le Sauveur devient Bourreau ou Victime, etc. Pierrot transpose ce scénario à la situation de l'Église au Québec. Il s'est créé au fil des XIXe et XXe siècles une relation de dépendance entre le peuple et l'Église, laquelle se posait comme celle qui allait « sauver » le peuple. Mais peu à peu, de « salvatrice », la religion prit des allures de « tortionnaire », particulièrement après la Révolution tranquille. Et aujourd'hui, on peut considérer que l'Église a plutôt des airs de victime, tantôt repentante, tantôt indignée du traitement que lui réservent certains médias. Elle n'est certes plus le « bourreau » du Québec, même si cette image persiste dans l'esprit de plusieurs – parfois à très juste titre si on pense aux victimes des prêtres pédophiles. Dans notre société, on peut avancer les mots *sacré* ou *spirituel*, mais on se méfie du mot *religieux*. *Embrigader, moraliser, fanatiser*, voilà des connotations extrêmement négatives dorénavant associées au religieux.

Mais cette façon de voir les choses ne mène pas à grand-chose : on doit sortir du triangle. L'Église actuelle doit refuser le rôle de victime, sans chercher non plus à jouer le rôle de sauveur, ni évidemment celui du bourreau. Et la société ne peut nier le fait religieux. Indubitablement, la société québécoise se cherche, prise entre un athéisme de plus en plus répandu et plusieurs nouveaux types de spiritualités. Le débat autour des accommodements raisonnables et de la Charte des valeurs québécoises (aussi appelée Charte de la laïcité) en est une preuve. L'actuelle angoisse face au fanatisme musulman n'est surtout pas une seule construction des médias... mais comment se situer par rapport à cela ? Comment réagir ? Comment prévenir ? Dans les faits, la société québécoise se trouve de plus en plus emprisonnée par les forces d'un matérialisme qui se préoccupe peu de spiritualité. Mais l'humain est en quête de sens, voire de transcendance : cette quête doit pouvoir être vécue sans que des réponses toutes faites soient imposées. J'ai parfois l'impression que les discours de certains athées réfractaires à toute religion ressemblent drôlement aux prescriptions du petit catéchisme. Pour ma part, je ne m'identifie à aucun des deux. Pour être franche, les deux me semblent plutôt nuisibles !

Pierrot décrit ainsi les reproches que la société québécoise adresse à l'Église, ce qu'elle rejette : le conformisme, le conservatisme, le dogmatisme (s'afficher comme détenant le monopole de la vérité), les conquêtes (la mentalité de colonisateurs) et le contrôle des consciences. Mais tout ça, Pierrot, en tant que prêtre, le rejette tout autant! Et moi aussi.

Nous sommes tous des concitoyens ayant les moyens de nous parler de manière égalitaire. En France, l'abbé Pierre passait la rampe parce qu'il ne faisait pas de discours doctrinaires. Il y a peut-être un moyen de sortir du cul-de-sac qui fait que notre société, sans religion, pourrait se transformer en un monde sans solidarité, dans lequel il n'y aurait plus que le « je-me-moi » qui importerait. Le capitalisme, particulièrement le capitalisme néolibéral contemporain, s'associe plutôt bien avec un spiritualisme individuel, mais beaucoup moins facilement avec l'aspect communautaire et collectiviste proposé par le religieux. S'il est plutôt facile d'être empathique quand on vit seul, il faut par ailleurs pactiser avec plusieurs forces divergentes dès qu'on se retrouve au sein d'une collectivité. C'est alors que la compassion peut devenir difficile. « J'aime mon pays; mon voisin, je l'haïs », chantait Richard Desjardins...

Entre le nihilisme et l'impérialisme semble se dessiner une troisième voie (tiens donc), capable d'arrimer la conviction à l'humilité, qu'on pourrait nommer la voix « dialoguale ». Dans la conjoncture actuelle, on se trouve probablement à un moment propice pour explorer cette troisième voie. C'est du moins ce que nous tentons de faire dans le cadre de notre expédition. Notre but n'est pas d'affirmer mordicus la présence catholique. Notre démarche reste une quête, une prière. Ce que nous souhaitons, c'est d'abord mieux comprendre comment on peut être relié aux autres, à la terre et au divin, au sein d'une collectivité.

Jean, qui admire beaucoup la parole autochtone, avance l'hypothèse suivante : selon lui, à ce moment de notre histoire, les Indiens sont de moins en moins pris dans une dynamique s'apparentant au triangle de Karpman, dans cette dichotomie manichéenne qui laisse croire qu'ils vivaient dans le paganisme et que nous, descendants d'Européens, n'avons fait que les corrompre tout en prétextant vouloir les sauver. Une écrivaine comme Naomi Fontaine ne se pose pas comme victime, ni comme sauveuse ni comme bourreau. Elle assume sa parole, assume ses origines, dénonce les abus et faiblesses sans pour autant récriminer, désire le meilleur pour son peuple, reconnaît toutes ses qualités. Et en ce sens, Jean est convaincu que la voie autochtonienne pourrait nous aider à sortir du cul-de-sac doctrinaire qui se retrouve dans le « triangle vicieux » victime-bourreau-sauveur.

Mais Jésus ne s'est-il pas présenté comme le Sauveur par excellence? Pierrot dit qu'un véritable sauveur doit apprendre à s'effacer, ce qui explique le fait que Jésus fuyait continuellement la fausse image de sauveur que les gens voulaient lui accoler: «Je ne suis pas ici pour juger, disait-il aux uns et aux autres, mais ma parole, oui, peut vous sauver.» De cette manière, Jésus montrait le chemin de la vraie liberté.

Et que penser des prêtres missionnaires qui souhaitaient tellement baptiser, convertir? Le film *Robe noire*, par exemple, montre un père jésuite assoiffé de baptêmes. Ce n'est pas ma religion, ça! Il faudra que j'en parle à Pierrot. Pour l'instant, la discussion, très intense, m'a fatigué le cerveau. Ces grands enjeux nous font travailler fort. Il est temps de bouger! Jean a réussi la réparation de la roulotte, la fibre de verre a durci, le dîner est avalé, la vaisselle faite, alors partons!

Dans l'auto, nous écoutons *Les Yankees* de Richard Desjardins, le texte prévu pour le huitième jour. Encore une histoire de victimes et de bourreaux… J'essaie de ne pas trop penser au triangle de Karpman et de juste profiter de la force poétique de la chanson. Merci à Richard Desjardins d'être ce grand résistant face au «dragon fou [qui] s'ennuie» de l'Amérique. Tous, nous chantons le passage où le vieil Achille répond aux Yankees:

Hey gringo! Escucha me, gringo!
Nous avons traversé des continents,
des océans sans fin,
sur des radeaux tressés de rêves.
Et nous voici devant vivants,
fils de soleil éblouissant,
la vie dans le reflet d'un glaive.
America, America, ton dragon fou
s'ennuie,
amène-le que je l'achève !
Caligula, ses légionnaires :
ton président, ses millionnaires,
sont pendus au bout de nos lèvres.
Gringo, t'auras rien de nous,
de ma mémoire de titan, mémoire de
tit enfant.
Ça fait longtemps que je t'attends…
Oh *gringo* ! Va-t'en ! Va-t'en !
Allez *gringo* ! Que Dieu te blesse[1] !

Un peu étourdis par cette longue conversation à bâtons rompus, mais ragaillardis
par la musique de Desjardins, nous arrivons chez ces autres amis de Pierrot, Julie
et Marcel, qu'il a côtoyés pendant les six
ans qu'il a passés à Chibougamau. Pierrot
a d'ailleurs fort bien connu les deux filles
du couple quand elles étaient toutes jeunes
– celles-ci le considèrent un peu comme

---

1. Richard Desjardins, « Les Yankees », *Les derniers humains,* Foukinik,
1988-1992. Reproduit avec l'aimable autorisation d'Éditorial Avenue.

leur oncle. Maintenant, elles n'habitent plus Chibougamau ; Julie et Marcel nous disent qu'elles sont bien tristes de manquer sa visite.

Comme il est émouvant – encore une fois – de percevoir chez ces Chibougamois l'immense bonheur qu'ils ont de revoir leur ami prêtre. Aujourd'hui est un grand jour pour eux puisqu'ils sont en plein déménagement. Ils partent s'établir à Mistissini, dans une maison prêtée par le Conseil cri de la santé et des services sociaux, rue Petawabano. Marcel y travaille depuis quelques mois, faisant constamment l'aller-retour entre Mistissini et Chibougamau. Quand il a su qu'une maison pourrait être disponible pour lui et Julie, il a sauté sur l'occasion. Puisqu'ils ont encore plusieurs choses à régler en ville, nous partons avant eux. Ils nous ont laissé leurs clés. Nous pourrons ainsi faire une brassée de lavage dans leur nouvelle maison, déjà toute meublée et équipée.

Après quatre-vingts kilomètres de route vers le nord, la petite ville de Mistissini apparaît, rutilante : de nombreux bâtiments publics dénotent une réelle volonté d'intégrer l'art autochtone à l'architecture moderne. J'ai l'impression que la moitié des constructions n'ont pas dix ans ! Je suis souvent venu à Mistissini pour mon travail médical. J'ai campé en plein hiver sur le bord du lac. Parfois, j'ai été prendre le thé avec

Gérald Dion dans la tente « prospecteur »
qu'il gardait montée sur une île située non
loin du village, dans laquelle nous pouvions
nous réchauffer grâce à un petit poêle à bois.
On respire bien dans le Moyen Nord, là où
le mot « avenir » est toujours présent, parmi
les rires des si nombreux enfants.

Peu après notre arrivée, nous filons vers
l'auberge, sise devant le lac, où se trouvent
les bureaux touristiques. Le lac lui-même,
immense étendue d'eau douce – le plus long
lac naturel du Québec avec ses cent vingt
kilomètres –, fut officiellement « découvert »
par Guillaume Couture en 1663, alors qu'il
était le capitaine d'une flottille de plus de
quarante canots, bien sûr manœuvrés par des
Indiens pour la plupart. Je rêve de dénicher
un guide qui acceptera de nous emmener
à la pêche, dès demain si possible. Mais au
bureau touristique, un jeune Cri, Andrew,
nous explique que tout le monde est occupé
ces jours-ci, que lui-même doit partir dans
quelques heures en direction d'une pourvoirie autochtone située à l'entrée de la rivière
Rupert, non loin de la fameuse pierre qui
donne son nom au lac. Il nous aurait fallu
réserver plus longtemps d'avance… Andrew
nous dit cependant que si jamais nous trouvons quelqu'un pour nous guider, nous n'aurons qu'à le recontacter, grâce à son cellulaire,
afin qu'il nous délivre les permis nécessaires

pour pêcher en toute légalité sur le territoire cri. Ces permis s'ajoutent à nos permis de pêche provinciaux. Quand je lui demande si nous avons besoin de tels papiers pour nous promener dans notre canot et pêcher un peu, il répond : «Bien sûr que non!» comme si la pêche dans un petit esquif sans moteur ne menaçait aucunement l'économie locale. J'aime cette manière «indienne» de voir les choses, cette façon autochtonienne d'être dans le monde, sans trop de flaflas concernant les règles, les lois et autres coercitions.

Devant les grandes fenêtres de la salle à manger de l'auberge, le lac s'étend, à perte de vue, extraordinairement paisible. J'imagine toutefois la furie de cette mer d'eau douce certains jours de grands vents. Sur un mur, près de la sortie, tout près de plusieurs photos d'époque et de panneaux décrivant les attraits touristiques de la région, nous découvrons une carte de «notre» père Laure – qui d'autre? – sur laquelle l'Antre de marbre se trouve parfaitement identifié. Décidément! Même quand on ne le cherche plus, il est là. À ce stade-ci du voyage, revoir son nom et ses cartes, c'est comme revoir un vieil ami. Sacré père Laure!

Les panneaux qui décrivent la région autour de Mistissini sont très poétiques – je dirais même géopoétiques. J'aime beaucoup la phrase : « Touchant le ciel, sous le reflet des aurores boréales, s'élance *Ciiwetinustikwaan*, la tête de l'homme du nord. »

On fait une large place au sacré – à la « longue relation des Cris avec la terre sacrée, source de vie » – et à la mémoire :

> Terre de récits et de légendes, où la connaissance traditionnelle du territoire se manifeste, entre autres, dans les noms de lieux. Mémoire de générations d'individus qui ont développé un savoir extraordinaire inscrit dans le paysage. Cette connaissance demeure invisible pour celui qui ignore l'emplacement de *Maauchihiitunaans*, le lieu de rencontre où l'on pêche avec des filets pendant l'hiver.

On y parle, oui, de chasse et de pêche, de la responsabilité de l'*Amiskw Uchimaau*, le maître de trappe. Il y a une carte de la région où sont identifiés tous les territoires de trappe de chaque famille. Tout un découpage ! On parle aussi de la fameuse grosse roche de Mistissini, sur la rive ouest du lac, à l'origine du nom du village : « *Mistissiniyukamikw*, la grosse roche, est aussi la maison d'un esprit qui est favorable aux humains. On lui offre toujours un peu de tabac au passage. Un aîné vous racontera avec le sourire que si l'esprit ne s'est pas servi du tabac, vous pouvez le reprendre lors du prochain voyage. » Voilà qui confirme les dires du père Laure, qui avait remarqué lui aussi que certains se servaient allègrement dans le tabac laissé en offrande à l'esprit de la roche, ce qui fait beaucoup rire Jean, qui voit là un trait particulièrement révélateur de la psyché indienne.

On parle beaucoup des esprits présents sur le territoire, esprits des saisons, des vents et des quatre directions. Je repense à ce qu'observait Pierrot au sujet de l'influence positive qu'ont pu avoir les missionnaires sur les Indiens, quoi qu'on en dise. Dans leur vision du monde, chaque maladie, chaque malchance, chaque coup du sort était causé par un esprit mécontent. Certains missionnaires y sont sans doute allés un peu fort en encourageant leurs ouailles à se débarrasser de ces croyances pour les remplacer par un Dieu trop souvent vengeur et dont les voies étaient à bien des égards « impénétrables », mais Pierrot soulignait à quel point plusieurs Indiens étaient soulagés d'être délivrés de tous ces esprits capricieux et de pratiques rituelles un peu limites. Je me rappelle d'un grand ami, prêtre missionnaire au Bénin, qui disait travailler fort pour empêcher les gens de tuer en catimini les « enfants sorciers », bébés qui avaient le malheur d'être identifiés comme possédés par un esprit maléfique parce que, coquetterie du sort, leurs dents d'en bas poussaient avant leurs dents d'en haut... Je ne sais pas si c'est le genre de pratiques rituelles auxquelles référait Pierrot, mais je frémis encore au souvenir de cette anecdote.

Et bien sûr, parmi les panneaux de l'auberge, on trouve la Colline-Blanche et sa maison du Lièvre, *Waapushkamikw*, aussi nommée en cri *Manituu Miichiwaap*, la Maison du Grand Esprit : « C'est un important lieu de recueillement sur le territoire, et les légendes cries font référence à la présence d'un lièvre géant impliqué dans la création du monde. » Est-ce la cavité ronde dans le fond de la grotte qui est la tête du lièvre, la caverne en tant que telle étant son corps ? Ça se tiendrait. On pourrait faire un lien avec le fameux saut dans le terrier du lapin d'*Alice au pays des merveilles*. Ce n'est pas vraiment l'ambiance qui régnait lors de notre passage à l'Antre de marbre (je ne me suis pas sentie dans un monde « merveilleux », au sens magique du terme), mais la référence est tout de même intéressante, comme si elle donnait encore plus de résonances au lieu.

Près de l'auberge, à cinquante mètres, il y a le vieux cimetière cri, protégé par une forêt de peupliers faux-trembles. Nous comptons y revenir bientôt, mais pour l'instant, nous allons rejoindre Julie et Marcel qui nous ont invités à souper. Jean stationne la roulotte au bord de la rue. C'est là qu'il va dormir, en vrai bohémien! Dans la maison, il y a deux chambres d'amis que Pierrot et moi occuperons. Je vais profiter de cette relative solitude pour mettre de l'ordre dans mes affaires et publier du contenu sur notre blogue. Le voyage se poursuit bel et bien, même si l'objectif est déjà atteint.

Le souper avec Julie et Marcel est délicieux. L'ambiance est chaleureuse. Ils nous parlent un peu plus de leur décision de vendre leur maison pour habiter à Mistissini. Ils garderont tout de même un petit chalet près de Chibougamau. Nous parlons bien sûr de notre expédition. Ils ne connaissaient pas la Colline-Blanche, même s'ils vivent depuis longtemps dans la région. Pierrot leur raconte son cheminement des dernières années, ses propres projets, ses rêves. Il y a beaucoup d'humour, de simplicité, d'amitié. Je suis vraiment touchée qu'ils nous accueillent ainsi en ce premier jour de leur nouvelle vie.

Demain, nous irons souper chez Gérald, l'ami de Jean, médecin lui aussi et grand nomade, qui habite ici depuis plusieurs années. Vivre à Mistissini, en plein pays cri, est un plaisir.

Neuvième jour
Mistissini

Réveil rue Petawabano. La journée s'annonce belle. Une voyagerie, une aventure, une expédition prennent un sens accru, sinon tout leur sens, dans la mesure où à travers les préparatifs et la vie matérielle intervient une vie plus spirituelle, plus poétique, plus méditative. Tant de choses vécues. Tant de choses à vivre! Après des jours entiers sur la route, après avoir affronté de grands vents en canot, il y a lieu de contempler le ciel et ses nuages, tout en laissant la rêverie éveillée faire son boulot, peut-être le meilleur boulot qui soit.

Le bourg cri de Mistissini, en pleine forêt boréale, au cœur d'un développement tourné vers le lac, dégage un réel dynamisme. Guidés par Julie, qui nous a si gentiment reçus chez elle, nous poussons une pointe jusqu'au nouveau pont enjambant un des bras du lac, près d'un ancien brûlis où l'on prévoit bâtir plusieurs maisons, le village s'agrandissant sans cesse. Ce pont a été créé tout en bois avec d'immenses poutrelles assemblées aux Chantiers Chibougamau, grâce à des arbres coupés dans la région – probablement des épinettes noires. L'industrie chibougamoise a su innover en inventant ce type de poutrelles qui est devenu – il vaut la peine de le souligner – sa marque de commerce. Le stade Telus, à l'Université Laval, a été bâti en partie avec des structures du même type. Qu'elles aient servi à l'édification d'un pont à Mistissini, où grouillent tant de projets, me semble hautement significatif. Ça bouge, dans le Moyen Nord. L'avenir du Québec demande que soit retrouvée cette alliance qui exista pendant des siècles avec les forces autochtones.

En ce matin de fin d'août, à Mistissini, la vie tourne autour de la rentrée scolaire. Les enfants et les adolescents sont partout, sève neuve d'une parole qui s'affirme un peu plus chaque année, une parole que les gens du Sud devront apprendre à mieux écouter. Qu'est-il devenu, ce Sud dorénavant composé de grands boulevards et d'autoroutes, de restaurants de fast-food dispersés autour de centres commerciaux géants qui poussent plus vite que le chiendent? Je dis cela, mais réalise, soit dit en passant, qu'un Tim Hortons a ouvert ses portes depuis peu à Mistissini. Le monde change… Julie nous raconte que les gens de Chibougamau, à ce qu'il paraît, n'hésitent pas à venir y faire leur tour[1]!

---

1. À noter que Chibougamau possède maintenant lui aussi «son» Tim Hortons.

Nous partons visiter le vieux cimetière cri, près de l'auberge. À l'abri de grands trembles aux feuilles nerveuses, nous déambulons lentement, devisant, lisant quelques épitaphes, admiratifs des délicates clôtures en bois peintes de différentes couleurs, parfois simplement placées dans l'herbe, sans lien précis avec une croix ou une pierre tombale. Les petits rectangles formés par ces clôtures créent comme des sépultures pour les âmes, qui semblent avoir un espace magnifié pour voler, intensifiant le caractère sacré des lieux, la mémoire des êtres qui furent aimés et le sont encore. Nous marchons dans ce cimetière indien pour nous y recueillir, certes, mais aussi pour profiter du beau temps, pour le simple plaisir de vivre tout en prenant quelques photos.

Au cours de cette promenade, je me rends compte qu'il y a des années que je n'ai pas mis les pieds dans un cimetière au sud (sauf celui où est la tombe du père d'Isabelle, il y a quelques jours à peine). Symboliquement, j'ai enterré ma mère tout près de ma cabane, sur le bord de la rivière Bras-du-Nord, près de Saint-Raymond-de-Portneuf. C'est là, chaque fois que j'y passe, que je fais une prière. Ma mère. Ma Poune à moi. Au centre d'une croix en bois rond que j'ai érigée le jour même de son enterrement, j'ai cloué une photo d'elle. Je

la regarde. Elle me regarde. Je lui fais un clin
d'œil. La forêt chante.

Je sens mon regard renouvelé ce matin,
frais. Quel bonheur que cette journée à
Mistissini! Ce matin, chez Julie et Marcel,
nous avons pris le temps de lire et de discuter en buvant une deuxième tasse de café :
le chapitre sur Madame Montour dans *Elles
ont fait l'Amérique* a impressionné Pierrot,
lequel se doutait que l'aristocratie française
avait fait des dommages en Nouvelle-France,
mais pas à ce point… On se prend à rêver à
ce qu'aurait pu être l'Amérique. À ce qu'elle
pourrait encore devenir et à quelles conditions. Comment fusionner les cultures, les
groupes, les visions du monde?

Je me suis promis de filmer davantage
aujourd'hui, j'ai même installé mon micro
sur mon appareil photo pour tenter d'obtenir un meilleur son. Le cimetière est un lieu
photogénique, étonnant, avec ces enclos
autour des pierres tombales et ces objets
que les proches installent pour agrémen-
ter le voyage du défunt vers l'au-delà – ou
simplement pour décorer. À Waswanipi,
j'ai vu plusieurs paquets de cigarettes! Ici,
à Mistissini, il y a même quelques références aux Canadiens de Montréal. Le CH
de l'équipe de hockey en plein centre d'une
croix – rien de moins – nous fait rigoler.

Après le cimetière, nous sommes attirés par un autre site, le « Elder's Point », tout au bord de l'eau. Une pancarte nous souhaite la bienvenue. Il s'agit d'un site d'enseignement traditionnel et culturel (*Site of Traditionnal and Cultural Teachings*) ; Jean le désigne comme un « shaputuan », même si le mot est innu. C'est le lieu de rassemblement de la communauté, le lieu où se vivent les rituels et les fêtes. En cette journée ensoleillée, on peut dire que le site est vraiment enchanteur. La brise agite les feuilles des trembles ; les ailes de minuscules mouches scintillent dans les rayons du soleil. Nous sommes sous le charme, émerveillés. Voilà qui prédispose à l'expérience du sacré ! Mais sommes-nous dans un lieu sacré ? Je pose la question à Pierrot, qui reprend la réflexion amorcée à la Colline-Blanche. Le vrai lieu où Dieu veut se voir adorer, c'est le cœur de l'homme. Et quant aux autres lieux sacrés ? Oui, on peut désigner un lieu comme « sacré » dans la mesure où y être incite au recueillement, à la rencontre de ce qui nous dépasse. Pierrot précise les choses ainsi ✪ : « Les lieux sacrés, c'est très honorable, c'est respectable. C'est un espace qui nous est donné. Ce n'est pas quelque chose qui est nécessaire, ce n'est pas quelque chose qui est absolu : il faut le recevoir comme un cadeau. Un cadeau à valoriser et à relativiser. Si on l'absolutise, on perd la présence de Dieu qu'on peut trouver à tout endroit. Si, par contre, on n'en tient pas assez compte, c'est que, quelque part, on ne tient plus compte du fait qu'on est des gens incarnés et qu'il y a des lieux qui nous inspirent – et ici, c'en est un. Alors comme on est des gens incarnés, on a besoin de lieux qui sont beaux, de lieux qui sont touchants. Les grands mystiques sont capables de prier dans les endroits les plus horribles, dans les camps de concentration, en plein milieu d'un champ de bataille : ils peuvent trouver Dieu partout – et je pense que [tous, nous avons un espace de grand mystique en nous] –, mais de manière plus normale et récurrente, on a besoin d'espaces qui vont favoriser notre intériorisation. C'est pour ça qu'on a besoin des lieux sacrés, des églises, des espaces qui nous touchent, qui nous parlent. Merci beaucoup à ce lieu. Merci à ceux qui nous ont reçus. »

Je ne saurais mieux dire. Merci ! Et Jean de se lancer dans une petite danse du *shaputuan !*

Moment de joie partagée dans le *shaputuan*, tout près du lac qui scintille. Je songe à l'atmosphère à la fois solennelle et festive dans laquelle j'ai parfois baigné, dans différents *shaputuans*, avec des amis, sur la Côte-Nord, en particulier en compagnie de la poète innue Rita Mestokosho. *Shaputuan :* «là où on se rassemble», un beau mot qui sonne un peu comme *mateshan* : «là où l'on peut vivre la cérémonie d'une tente de sudation». Ma seule expérience d'un *mateshan* s'est déroulée à Ekuanitshit, il y a quatre ou cinq ans, avec Rita Mestokosho et une amie qui voyageait avec moi à ce moment, Anne Beaumier. Un maître du feu avait préalablement fait chauffer les pierres, les «grands-pères», pendant tout un après-midi, dans un brasier de bûches d'épinette noire. Francine, la chamane du village, officiait à la cérémonie. Une amie de Rita, originaire de Havre-Saint-Pierre, se trouvait avec nous. Dans la tente à suer, conique, montée dans un cabanon, il régnait un noir quasi absolu. Bientôt, il se mit à faire plus que chaud ; l'atmosphère devint oppressante. Je me souviens de la sensation d'étouffement, de cette pensée subite que j'eus à propos du fait que je pourrais perdre connaissance et chavirer dans les pierres incandescentes. Mais peu à peu, je me suis habitué à cette totale touffeur. Le fait d'être en bedaine m'a aidé. Tout le monde a parlé, beaucoup parlé. Chacun y est allé d'une histoire, d'une anecdote, importante ou tragique, concernant différents épisodes de sa vie. Quand est venu mon tour de m'exprimer, j'ai proposé que nous récitions le *Notre Père*. Les Innus ont prié avec cœur.

Le père Laure lui-même parle longuement des *mateshans* dans *Mission du Saguenay*.
Isabelle retrouve le passage alors que nous
reprenons place dans la voiture afin de nous
diriger vers la maison de Marcel et Julie :

> Ils font rougir au feu des cailloux qu'ils
> renferment tout brulans dans un petit
> cabanot d'écorce bien bouché. Alors tout
> nu la sueur s'y renferme, s'assied sur du
> sapinage, et de tems en tems pour reveil-
> ler la chaleur il jette sur les pierres de
> l'eau froide, même en boit. De là une
> extrême abondance de sueur l'inonde ;
> mais comme il ne respire aucun air nou-
> veau je croirois qu'il reboit ses sueurs et
> se fait plus de mal que de bien, et il n'y
> a point de doute que cette manière de
> suer avec ces cailloux ne leur dessèche
> beaucoup et ne leur brulent la poitrine.
> On leur a enseigné une autre façon de
> prendre ce remède, qui évacuant toutes
> les mauvaises humeurs les laisse s'évader
> au dehors et ne sauroit faire que beau-
> coup de bien. C'est de faire bouillir dans
> une grande chaudière de petites branches
> d'épinettes avec quelques autres herbes
> aromatiques, parmi lesquelles on met
> de ces arbrisseaux onctueux, qu'on ne
> nomme icy poivriers que parceque
> leur fruit, dont se fait la cire verte, a

effectivement, sinon la consistance et la dureté, du moins assez la ressemblance du poivre. On prépare une cuve où l'on met d'abord une planche en travers pour servir de siège [...] Tout préparé ainsi on met d'avance la chaudière bouillante dans le fond de la cuve et sous le siège. Pour soutenir les pieds du malade on place sur la chaudière un bout de planche, crainte de la brulure. Le patient enveloppé seulement d'un linceuil se fourre doucement dans la surië avec un petit baton qui lui sert à remuer la médecine à mesure que la chaleur se ralentit. On reste dans cet état jusqu'à ce qu'on sente la chaleur diminuer : puis reprenant vite une chemise chaude on s'en va ressuer dans de bonnes robbes de castor ou dans un bon lit bien bassiné à qui le peut avoir. Cette manière de provoquer les sueurs est souveraine pour les lassitudes, les rhumatismes, les enflures, les maux de côté, les inquiétudes, en un mot elle vaut plusieurs bains. Je croirois que ce sont là les purifications légales de nos sauvages. Quoy qu'il en soit plusieurs de nos moribonds s'en servirent à propos et les françois des postes n'usent guère d'autre remède[2].

---

2. Pierre-Michel Laure, *Mission au Saguenay*, p. 49-51.

Ce passage parle de lui-même. Le père, préoccupé par la santé des Indiens comme par les soins qu'ils se donnent, et même s'il démontre quelques réticences quant aux vertus de la «surie», confirme que les Européens eux-mêmes appréciaient cette thérapie.

Nous n'aurons pas vécu de *mateshan* au cours de notre expédition (moi-même, je n'ai jamais pu expérimenter cette cérémonie). Nous n'aurons vécu aucun rituel autochtone. Hormis la rencontre avec Ronald Bacon, nous n'aurons pas véritablement pris contact avec des Indiens. Mais nous aurons lu Joséphine Bacon, Natasha Kanapé Fontaine, Naomi Fontaine, Rita Mestokosho. Nous aurons écouté Florent Vollant, Andrée Levesque-Sioui. Et nous aurons rencontré des gens qui vivent et travaillent avec des Indiens : Geneviève, cinéaste du Wapikoni à Pessamit ; Marcel, infirmier de Mistissini ; Gérald (que nous rencontrerons plus tard), médecin à Mistissini. Bien sûr, Jean côtoie des Indiens et des Inuits depuis plus de trente ans ; Pierrot a mieux connu le monde attikamek en accompagnant certains jeunes lors d'un pèlerinage à Lourdes et lors de fins de semaine de réflexion.

Pour ma part, m'intéresser aux cultures autochtones est relativement nouveau dans ma vie. J'aime beaucoup Florent Vollant : sa musique et celle de Kashtin ont été pour moi des portes d'entrée dans ces cultures. Et puis, bien sûr, il y a la poésie. Je suis touchée au cœur quand je lis Naomi et ses consœurs poètes, je veux humblement me faire proche d'elles, je veux moi aussi dire le territoire, mieux connaître leur histoire, notre histoire. De plus en plus, parmi les gens que je fréquente, il y a des Indiens et des gens qui leur sont liés, qui travaillent avec eux. Cela se reflète jusque dans mes amis Facebook. Curieux qu'au moment de préparer notre pèlerinage, mon propre frère ait commencé une relation amoureuse avec une Innue! J'ai prié pour elle, pour mon frère et elle, et pour leurs enfants, à la Colline-Blanche. Je prie pour l'harmonie et que soit réconcilié tout ce qu'il y a à réconcilier entre les nations.

Tout au long de notre route sacrée, nous souhaitions ardemment prendre contact avec des bribes de poésie innue et crie afin de renouer avec une parole millénaire qui, nous l'avons senti, existe bel et bien au sommet des épinettes, dans l'antre des ours, dans la tête des grands-pères qui savent encore nommer la danse des lucioles. *Pepkutshukatteu*, en innu aimun («l'innu des bois»), signifie : «La toile de ma tente est trouée de cent étincelles de bois crépitant de mon petit poêle.»

C'est ce que rappelle le père Alexis Joveneau, un missionnaire oblat qui vécut pendant des décennies sur la Basse-Côte-Nord, en particulier à Unamen Shipu[3], et qui écrivait dans un texte intitulé « *Eka takushameshkui*: Ne mets pas tes raquettes sur les miennes »: « Les Indiens désignent par leur nom chaque perche et chaque piquet de la tente, ils donnent son propre nom à chaque sac de toile selon leur usage[4]. » Mais, comme nous l'avons transcrit sur notre blogue, le missionnaire soulignait vers la fin de sa vie:

> Les trois qualités des Blancs sont la politesse, la propreté et la ponctualité. Les trois qualités des Indiens sont: la paix, la patience et le partage. [...] Pendant des millénaires, les Indiens ont survécu grâce à leur culture. Aujourd'hui, c'est leur culture qu'on essaye de faire survivre. [...] Les enfants indiens parlent maintenant une autre langue. [...] Les Indiens n'emploient plus leurs plus beaux mots, fruits de leur génie, de leur race, fruits de leurs marches et des nuits sans étoiles, autour du feu, fruits de cette vie unique qu'eux seuls pouvaient vivre sur terre. [...] Maintenant, sur les

---

3. Il apparaît dans le film *Le goût de la farine* du cinéaste Pierre Perrault.
4. Alexis Joveneau, « *Eka takushameshkui*: Ne mets pas tes raquettes sur les miennes », *Histoire Québec*, vol. 15, n° 1, 2009, p. 18-19.

réserves, les valises ont toutes le même nom, et tous les murs sont semblables[5].

Comment comparer le présent de 1984 – moment où le père Joveneau écrivait cela – au présent de 2014? Y a-t-il lieu de croire que l'innu aimun a repris de la vigueur, grâce à la parole d'écrivaines telles que Joséphine Bacon, Natasha Kanapé Fontaine, Rita Mestokosho, Naomi Fontaine, Marie-Andrée Gill, grâce à l'œuvre de l'Institut Tshakapesh à Uashat (Sept-Îles) grâce à des projets mobilisateurs, tant en cinéma (avec le Wapikoni mobile) qu'en littérature (*Aimititau!/Parlons-nous!* ou *Les bruits du monde*, deux collectifs publiés aux Éditions Mémoire d'encrier)?

Quel héritage le père Joveneau a-t-il laissé sur la Côte-Nord? Quand nous avons publié un article le concernant sur notre blogue, une Innue, amie de Jean, a émis des commentaires mitigés à son endroit sur notre page Facebook. Tout un personnage, en tout cas, si on en juge par sa gouaille dans le film de Perrault, *Le goût de la farine*. Difficile d'évaluer le travail de ces missionnaires avec notre sensibilité moderne. Certes, la présence du père Joveneau ne remonte pas à si loin. Mais que penser des

---

5. Alexis Jovenau, «*Eka takushameshkui*: Ne mets pas tes raquettes sur les miennes», p. 19.

jésuites ? Pierrot me dit, par rapport au film *Robe noire*, que la vision de la foi qui prévalait à cette époque (autour de 1634) était très marquée par saint Augustin. Or il est clair que selon ce dernier, ceux qui ne sont pas baptisés sont condamnés à brûler éternellement dans les feux de l'enfer. On comprend mieux, alors, l'obsession du père Laforgue, le personnage joué par Lothaire Bluteau, à baptiser les Indiens.

Revoir ce film ces derniers mois m'a fascinée : même s'il fait référence à une époque révolue, à une conception de la religion plus près de la chrétienté que du christianisme, ce film me paraît proche de l'idée que se font toujours pas mal de Québécois quand ils pensent à la religion et aux missionnaires. C'est la religion qui veut conquérir, qui veut convertir, en considérant que l'autre, celui qui n'est pas baptisé, est « perdu », « infidèle », « sauvage », sans vraiment voir la valeur de ses coutumes. Dans ce contexte, le baptême a une signification magique. Le père Laforgue « gagne » quand il réussit à baptiser les Hurons à la fin du film. Ouf !

Pour revenir au père Laure, Pierrot nous fait remarquer que celui-ci n'avait pas les outils théologiques actuels (qui nous viennent du concile Vatican II) pour arriver à un vrai dialogue interreligieux. On peut tout au plus émettre l'hypothèse selon laquelle il aurait vu des «semences du Verbe» dans la culture et la spiritualité des Amérindiens. Pierrot insiste sur l'importance de ne pas juger son approche avec notre sensibilité actuelle (ce serait un anachronisme). Il souligne par ailleurs son héritage : les traductions, les cartes et sa vie offerte tout entière à ces peuples.

En vagabondant dans Mistissini, je réalise une fois de plus que les Cris sont en train de bâtir un monde de qualité, tout à fait inscrit dans les réalités contemporaines du Moyen Nord, à l'aide de plusieurs techniques modernes, mais en parvenant – c'est mon impression – à conserver un réel dialogue entre les jeunes et les aînés, entre le Nord et le Sud, entre trappeurs et avocats. Notre séjour ici, même bref, me laisse songeur devant les réalités d'un monde du Sud actuellement accaparé par une vision individualiste et capitaliste qui semble s'éloigner à toute vitesse de la coopération et de la solidarité. La civilisation du Sud se dirige-t-elle vers un cul-de-sac à la fois idéologique, sociologique, politico-philosophique et écologique ? La voix autochtone, qui n'est heureusement pas morte, propose de ne pas oublier cette obligation que nous avons de ne faire qu'«un» avec la nature. Et cette voix, depuis quelques années, semble à nouveau entendue et écoutée. On pourrait la qualifier de « troisième voie » (une autre!) qui s'immisce entre deux grands courants de pensée : les voies environnementales et développementales.

Une vision écologiste pure et dure a tendance à exclure les êtres humains des territoires en les considérant souvent comme les seuls grands responsables de toutes les destructions, au point où l'on perçoit, sous le discours d'un amour inconditionnel pour les animaux et les plantes, une réelle amertume envers l'humanité. La vision développementale, quant à elle, se soucie plus ou moins des territoires, des lieux ou des êtres peuplant ces mêmes espaces, ne cherchant souvent à utiliser les forces de la nature que pour l'exploiter, au profit de quelques compagnies, grandes ou petites. Et malgré la belle idée de nourrir et d'équiper l'humanité en marche, les compagnies travaillent d'abord pour l'expansion de leur capital.

Vouloir sacraliser de force un territoire – un parc national, par exemple –, en l'encadrant à tel point que mille règlements finissent par entraver la vie des humains qui ne peuvent même plus s'y rendre, à leur manière ou quand ils le veulent, sous prétexte qu'il faut des lois pour « protéger » ce même territoire, eh bien, ce type de « sacralisation » forcée va à l'encontre d'une vision sacrée des choses – de la mienne en tout cas. La vision autochtonienne, me semble-t-il, n'est pas celle-là et ne l'a jamais été. Les gens soudés à la nature n'acceptent pas de faire une distinction étanche entre un nomade qui court le bois et le bois lui-même. Le monde autochtonien, essentiellement, reste centré sur l'*Unus Mundus*. C'est en cela qu'il peut garder pied dans le sacré.

Si le sacré s'inscrit dans les choses et les êtres, c'est à mon avis à travers ce qu'on pourrait nommer, à la manière de Lao-tseu, une espèce de « non-être » manifesté par tout être humain qui accepte de se muer en rivière, en caillou, en nuage, en insecte. Voilà l'essence de la sacralisation du monde : chercher à donner sa vie en échange du merveilleux qui en jaillit. Difficile, dans notre culture, de se représenter toute la valeur du vide comme du non-être. En ce sens, particulièrement lorsqu'on évolue dans le Nord auprès de gens dont les structures mentales demeurent influencées par une façon asiate de voir les choses, l'enseignement du Tao-tö King est précieux. Cela fait plus d'une dizaine d'années que je le mets à l'étude dans mes cours de littérature. Je me souviens entre autres de ce passage :

> On façonne l'argile pour en faire des vases,
> mais c'est du vide interne

que dépend leur usage.

Une maison est percée de portes et de
    fenêtres,
c'est encore le vide
qui permet l'habitat.

L'Être donne des possibilités,
c'est par le non-être qu'on les utilise[6].

Si l'on ne devient pas soi-même rivière,
si l'on ne se fond pas au courant et aux
bouillons quand on canote, les risques sont
grands de se noyer en dessalant subitement.
Être rivière et boulder et algue et petit poisson, voilà peut-être l'une des qualités fon-
cières de l'*homo imaginens*, de l'humain en
état d'imagination active, dans la mesure
où c'est lorsqu'on se transforme en rivière
qu'on arrive véritablement à aimer une
rivière. Peut-être n'y a-t-il réel amour chez
l'humain que lorsqu'il accepte de faire taire
les manifestations de son *ego* pour véritablement « communier » avec le monde.
Communiquer n'est toujours qu'un premier
pas vers la communion entre les êtres qui,
elle, demeure plus essentielle. On commu-
nique en paroles ou par gestes pour se faire
comprendre, intelligemment. On communie

---

6. Lao-tseu, *Tao-tö King* (stance XI), Paris, Gallimard, 2003, p. 44.

pour aimer et se laisser aimer. Et c'est alors, seulement, que le sacré naît, en communion avec l'Autre. Donner sa vie aux forces d'une rivière qui coule et chante, c'est accepter de perdre sa vie, à chaque instant, comme au bout de ses jours, assurément, pour parvenir à ne jamais la perdre, cette vie sacrée, au cœur de l'éternité de toutes les rivières coulant à travers les âges.

Au sein de l'Âme du monde, auprès des animaux, des loups et des caribous, des renards et des grands corbeaux, nous faisons partie d'une vie qui nous dépasse, mais que nous savons pouvoir dépasser à certains moments. L'ordinaire du moindre geste, le fait de remplir une gourde d'eau ou d'enfiler une veste de sécurité devient extraordinaire, justement parce que c'est dans les choses ordinaires que palpite l'Âme du monde. Conscients du sublime dont nous sommes porteurs, nous sentons s'annihiler l'angoisse du néant, à l'instant où l'âme, le corps et l'esprit se fondent à l'Esprit. Cet Esprit, pour moi, c'est Dieu, ou le Tao, ou le plus grand Sens à la vie, la nôtre, celle de nos dérives, de nos joies, de nos souffrances et de nos amours.

La poésie et l'amour forment le noyau de l'Âme du monde, tout comme nos atomes, nos molécules, nos cellules, notre support matériel, notre conscience, notre mémoire, notre tête, notre esprit. Notre âme fait indéniablement partie de l'Âme du monde. Pourtant, cette Âme ne peut se manifester que si nous y croyons avec force. Une bonne partie de notre intelligence raisonnable sait très bien qu'il est inepte de croire en l'Âme du monde ou même en l'âme humaine. Or, la poésie, en nous et autour de nous, nous rappelle, certains petits matin, ou certains après-midi de grand bonheur, ou certains soirs magiques, que l'Âme du monde est bien plus qu'une simple création de la pensée, qu'une idée, qu'un concept ou qu'une illusion.

Dans la forêt, je traverse un nuage de mouches noires avec le canot sur les épaules. Je pense à ce fardeau, à la douleur que m'inflige cette masse. Tout à coup, j'apprécie même la douleur. Tout a un sens, malgré tout. En nature, je ressens très souvent le sens de la souffrance. Le canot : symbole d'une adolescence renversée au-dessus de moi. Arrivé sur l'autre versant d'une montagne, je me libère du joug. Survivant, j'arrache ma chemise et me jette à l'eau.

Ai-je la foi ? Oui, quand je m'intègre à une Nature emportée qui me laisse toute la place pour rêver, dans certaines forêts d'automne, entre les hêtres jaunes et les érables rouges, dans la taïga ou dans la toundra, au cœur de l'immense désert vivant. Alors,

Dieu se manifeste. Je le perçois, je l'entends sans rien entendre, je le sens dans le silence. Dieu se trouve en moi, entre mes oreilles comme au plus intime de mon ventre. Peut-être que cette puissante impression que la terre qui nous entoure est de moins en moins sacrée vient du fait que l'espace sacré qui est en nous n'a cessé de rapetisser depuis quelques siècles. Le temps d'une « resacralisation » intérieure est venu, et tout sauvetage de la planète sans sauvetage de nos propres planètes intérieures, de toutes ces constellations qui vibrent en nous, sera impossible. De toute urgence, il nous faut nous tourner vers le cœur de nos êtres qui, lui, ne peut être marchandé.

*

En milieu d'après-midi, après avoir laissé Julie chez elle, nous reprenons la route sur une dizaine de kilomètres, direction sud, afin de trouver un accès au lac Mistassini. Je connais une petite plage où nous pourrons mettre le canot à l'eau. Il vente du nord-ouest, assez fort. Mais les nombreuses îles semées sur la partie méridionale du lac nous protégeront. Pierre-Olivier rêve de quelques poissons dans sa besace. Au bout d'un chemin de traverse en terre battue, nous parvenons à la plage. Une fois « en mer », Pierrot

lance sa ligne plusieurs fois, mais sans succès. Il démontre une patience que je n'aurais
pas, relançant sans relâche tout en faisant des
blagues. J'ai pourtant déjà pêché ici même
quelques beaux brochets, en compagnie de
Gérald. À un moment donné, un poisson
devrait venir mordre... Nous placotons,
chantons et filmons, tout en pagayant doucement, nous laissant parfois dériver, poussés
par un vent chaud.

Cette séance de pêche est une fête! On
a commencé à surnommer Pierrot le «père
Laure 2» pour rigoler, mais la blague ne cesse
de prendre de l'ampleur. Jean devient quant
à lui le Docteur Tape: il nous a tellement
parlé de l'importance du Duct Tape que
le surnom lui va comme un gant! Je crois
qu'on est tout simplement heureux de vivre.
On n'a plus rien à prouver, puisque l'expédition a été une réussite, alors on ne fait que
profiter du moment, de l'amitié de Julie et
Marcel (Pierrot est particulièrement heureux
que l'expédition lui permette de revoir ses
amis de la région), du beau temps. On se
sent «dans» le pays, on le visite de l'intérieur – spirituellement, géographiquement,
historiquement – et cela aussi nous met en
joie. Voyons voir si la pêche miraculeuse
aura lieu! On ne peut pas dire que ça mord
beaucoup, mais chaque remontée de canne

à pêche est prétexte à diverses exclamations qui nous font rire de plus belle. Bientôt, Pierrot se lance dans un discours improvisé sur le père Laure 2 ✪ :

Pierrot : On le croyait mort, disparu au xviiie siècle
Son corps reposait parmi ses frères jésuites
Il avait cartographié la Nouvelle-France comme jamais avant
Il avait fait des voyages, des rencontres inattendues, inhabituelles
Mais… il n'était plus là…
On ne retrouvait plus sa trace.
Eh bien, il est de retour !
xxie siècle : le père Laure 2
Muni de son iPad, de son appareil photo
Avec ses nouveaux guides, ses nouveaux amis
Il cartographie de nouvelles régions
Il ouvre de nouvelles routes sacrées
C'est le père Laure 2 !

Jean : Même les brochets se rassemblent pour prier !
Les cormorans chantent la gloire du Seigneur !
Les grands dorés du lac Mistassini vont venir plonger dans notre canot

Grâce au père Laure 2

Avec une casquette de chez Canadian Tire!

La casquette mistassinienne!

Isa : On l'appelait Robe noire…

Jean : Maintenant, c'est Costume de bain bleu!

C'est le père Laure 2!!! […]

Pierrot : Comme Louis Jolliet et Samuel de Champlain

Il a traversé les continents, il a traversé les siècles

C'est le père Laure 2

Dans son maillot bleu

L'ami du bon Dieu

Il ne sera pas vieux

C'est le père Laure 2

L'ami du bon Dieu

Dans son maillot bleu

Il ne sera pas vieux, yeah yeah

XXIe siècle, nouvelles méthodes, nouvelle ardeur

Nouvel Évangile? Non!

Même Évangile, nouvelles méthodes, nouveau langage

Pour un nouveau monde

C'est le père Laure 2

Dans son maillot bleu

C'est l'ami du bon Dieu

Il ne sera jamais vieux

C'est le père Laure 2…

Il faut voir Jean faire des simagrées avec sa pagaie en guise de chorégraphie sur le rap de Pierrot. Tout un duo! Entre deux blagues (et entre deux algues pêchées par le père Laure 2), on évoque de nouveau la vie de Madame Montour, cette femme à qui un chapitre a été consacré dans *Elles ont fait l'Amérique*[7]. Pierrot n'en revient pas de réaliser à quel point, au début du XVIIIe siècle, l'Europe, et en particulier la France, ne comprenait pas l'Amérique du Nord, sa grandeur et les possibilités qu'elle recelait. Jean en rajoute: «Aujourd'hui, c'est le Sud qui ne comprend pas le Nord!»

Pierrot se lance dans un nouveau discours *slammé* contre les éminences grises, les mauvaises personnes à la mauvaise place, les «gouvernants ingouvernants». Dans la vie de Madame Montour, c'est le gouverneur Cadillac, celui qui a fondé la ville de Detroit, qui aura été son ennemi juré. Tout à coup, ça mord à l'hameçon du père Laure 2! Ce n'est pas une éminence grise: c'est un beau brochet, pas très gros, mais tout de même. L'honneur est sauf! Vraiment, cette séance de pêche aura été fructueuse en moments d'anthologie. J'ai aussi eu droit à un cours de langues autochtoniennes avec le Docteur Tape et le père Laure 2 ✪.

---

7. Serge Bouchard et Marie-Christine Lévesque, *Elles ont fait l'Amérique. De remarquables oubliés, tome 1*, Montréal, Lux Éditeur, 2011.

Une fois que nous sommes de retour à la plage, pendant que Pierrot se baigne dans le lac (fidèle une fois de plus à sa maxime), Jean fait de courts filets avec le brochet afin d'éliminer les arêtes. Un seul poisson contentera tout le monde, en guise d'entrée pour le repas qui s'en vient.

En soirée, nous nous rendons à la maison de Gérald Dion, qui nous a invités à souper. Il attend deux amis du Saguenay avec lesquels il doit partir le lendemain pour l'Antre de marbre. Pour des raisons d'horaire, ils ne pouvaient se joindre à nous il y a quelques jours. Mais dès l'aube, ils seront sur la route. C'est en kayak qu'ils remonteront la Témiscamie. Gérald est plus qu'heureux de servir de guide encore une fois.

Quelques semaines plus tôt, lors de notre repérage, il nous avait raconté, encore ému, sa participation à une cérémonie du *walkabout* à laquelle il avait été convié en tant que parrain. Moment solennel et typiquement indien alors qu'un tout-petit, paré d'habits traditionnels tout neufs, au moment de ses premiers pas, fait le tour d'un tipi, accompagné par sa mère. L'événement fut quelque chose d'exceptionnel pour Gérald. Il ne lui est pas arrivé souvent de pouvoir vivre une telle cérémonie chez les Cris, même s'il habite au Eeyou Istchee depuis des décennies.

Tout en mangeant, nous discutons à propos du chamanisme, du Nord et de la vie à Mistissini. Lorsque ses amis Guylaine et Roch débarquent, la conversation se concentre sur la dernière aventure qui les a réunis, il y a un an, dans les monts Torngat, à la frontière du Nunavik et du Labrador. À pied, ils ont voyagé avec tous leurs bagages sur le dos, pendant des semaines. Un ours blanc, un gros mâle, les a empêchés de gravir un sommet qui était en quelque sorte l'objectif final de leur aventure, face au détroit du Labrador. Ils avaient pourtant une arme, mais ils ont préféré changer d'itinéraire, laissant le champ libre à l'animal qui chassait l'omble arctique. Avec fierté, ils nous ouvrent un grand cahier contenant un montage de différents textes et photos. Encore maintenant, cette expédition les allume.

Nous sommes touchés de l'intérêt de Gérald, Guylaine et Roch pour notre expédition – les vins qu'ils ont apportés au souper le manifestent : « La cuvée mythique » et « Céleste » –, mais curieusement, on dirait qu'on ne sait pas comment parler de notre quête avec eux, comment entrer dans le vrai vif du sujet. J'ai l'impression – cette vieille impression – qu'on marche sur des œufs par rapport à tout ce qui relève du religieux. J'aurais bien aimé que Gérald nous parle davantage de sa vision des choses, de sa fréquentation de la Colline-Blanche, lui qui s'y est rendu plusieurs fois, qui y a passé plusieurs nuits. J'espère que ce sera partie remise. C'est vrai que l'ambiance est plus à la fête qu'à de longues discussions sur des sujets délicats… Il faut dire aussi que leur expédition dans les monts Torngat est tout à fait fascinante. Sur leur route, ils ont lu plusieurs textes de Jean et sont tout heureux de montrer des photos de leur expédition où on voit que le recueil *Chez les ours* était dans leurs bagages!

Nous retournons en fin de soirée à nos écrits, au blogue, à nos nombreux fichiers photo et vidéo (finalement j'ai beaucoup filmé aujourd'hui), et aussi à la discussion, avec Julie et Marcel, notamment autour des liens de plus en plus nombreux que nous sentons s'établir entre notre propre voyage et l'entreprise du père Laure, en 1730. Si le père Laure « 1 » nous a inspirés depuis le début de notre quête, dans les courbes comme sur les lignes directrices de la route sacrée, nous rions encore beaucoup d'imaginer Pierrot en père Laure 2. Pour ma part, la façon qu'a Pierrot de vivre sa foi m'interpelle davantage que ce que je connais du père Laure. Mais l'idée n'est pas tant de les comparer, même s'il vaut la peine de faire savoir au monde que la religion a évolué depuis trois cents ans! Autre temps, autres mœurs.

Quant à Pierrot, notre après-midi sur le lac lui a fait penser à la fin de l'Évangile de Jean, lorsque Jésus ressuscité se montre à ses disciples tandis qu'ils sont à la pêche au lac de Tibériade. Jésus boucle la boucle – puisque la rencontre initiale avec la plupart d'entre eux s'était faite lors d'une séance de pêche – et en même temps c'est un nouveau départ, une nouvelle prise de contact qui envoie les apôtres dans le monde. Après tout ce qui s'est passé d'incroyable pour ces gens – leur vie avec Jésus, les miracles, la montée vers Jérusalem, la mort et la résurrection –, Jésus est encore là, même dans leurs activités les plus banales. Même chose pour nous. Au terme de notre route sacrée (nous quittons Mistissini demain), après avoir vécu notre montée vers la Colline-Blanche, après la messe que nous y avons célébrée, après tout ce que nous avons vécu d'inédit, le Christ continue d'être là, jusque dans nos activités les plus simples, comme le fait d'aller à la pêche, de parler avec nos amis, d'écrire. Cet après-midi, si nos cœurs voguaient très haut au-dessus du canot, c'est peut-être justement grâce à l'action de Celui qui marche sur les eaux. Un autre genre de chasse-galerie... Et Pierrot cite de mémoire l'ultime phrase de cet Évangile : « Jésus a fait encore beaucoup d'autres choses ; si on les écrivait en détail, je ne pense pas que le monde même pût

contenir les livres qu'on écrirait. » (Jn 21, 25)
Quelle phrase énigmatique ! J'aime croire
que cet éventuel débordement de livres vient
du fait que le Christ n'a pas cessé d'agir en
ce monde. Si son action est infinie, les livres
à écrire sont infinis aussi.

Mais comment agit-il, ce Jésus mystérieux qu'on ne reconnaît pas d'emblée, mais
seulement à quelques signes ? Voilà la question délicate par excellence… « À quel *niveau*
agit-il ? » devrions-nous plutôt nous demander, s'il ne peut arrêter la souffrance, la
maladie, la guerre. Et dans notre expédition,
où est-il ? Comment parler de telles questions sans avoir l'air complètement freak ou
vaguement extrémiste ? Aurais-je l'air freak
si je prétendais que c'est son audace qui m'a
donné l'audace de *La route sacrée*, le goût de
passer sur l'autre rive, de brasser les cartes,
de provoquer les choses, de relire l'Histoire ?
Aurais-je l'air illuminée si je disais que sa joie
se situe quelque part dans cette folie qui nous
habite souvent, comme lors de la pêche sur
le lac Mistassini, dans cette légèreté totale et
la liberté d'être pleinement qui nous sommes
– et dans l'accueil que nous réservent nos
amis ? Aurais-je l'air d'une terroriste en puissance si je disais que je sens sa présence dans
la déception qui m'habite quand je pense
à tout ce que nous n'avons pas fait, parce
qu'à travers ma déception, il y a mon désir

– et *son* désir peut-être – d'aller plus loin, de provoquer des rencontres, encore plus de vraies rencontres, pour que le monde change, oui, pour que le monde change dans le bon sens! J'aurais certainement l'air freak si je disais que je sens mon cœur brûler en faisant cette énumération – et que mon cœur qui brûle, c'est le Christ qui est là, c'est l'Esprit qui bouge. *Every time I Feel the Spirit Moving in my Heart, I Will Pray*, dit le negro spiritual. Oui, ça existe! Nous avions interprété ce chant avec la soprano Marie-Josée Lord, jadis. Pour nous donner du cœur au ventre et muscler notre interprétation, elle s'était adressée à nous, choristes, en nous demandant si nous avions déjà ressenti cette joie extrême dans nos cœurs. Pourquoi ne parlons-nous pas plus souvent de l'Esprit qui bouge, qui vit en nos cœurs?

Dixième jour
Mistissini – Mashteuiatsh

Aujourd'hui, il fait encore un temps splendide autour de Mistissini la crie. Beaucoup de légèreté dans l'air. Je sens que chaque heure qui passe en vaut la peine, comme si l'étape de l'Antre de marbre avait accentué notre lien de qualité avec le moment présent. Nous sommes parfaitement reposés, ayant profité de l'accueil de Gérald et des amis de Pierrot qui étaient si heureux de le revoir, qui lui ont signifié, chacun à sa manière, combien ils appréciaient la joie profonde qu'il dégage.

Nous quittons Mistissini vers neuf heures, en direction du lac Saint-Jean. Il a été décidé de ne pas filer d'emblée vers Québec, aboutissement de notre expédition. Nous avons convenu qu'il serait significatif de nous arrêter au camping de Mashteuiatsh, sur la rive ouest du Piékouagami, tout près du village innu qui fait comme une avancée dans les eaux du lac. Nous avons encore du temps. Le voyage a pris une tournure de grand calme. Nous étirons le temps, jouons avec lui.

Sur la grand-route, la discussion reprend, notamment à propos de la poésie de Gaston Miron, alors que nous nous demandons comment, nous aussi, nous pouvons être « entêtés d'avenir ». Qu'est-ce que cela signifie pour nous ? Isabelle avait photocopié un extrait de *La marche à l'amour* en prévision du voyage :

> Tu as les yeux pers des champs de rosées
> tu as des yeux d'aventure et d'années-lumière
> la douceur du fond des brises au mois de mai
> dans les accompagnements de ma vie en friche
> avec cette chaleur d'oiseau à ton corps craintif
> moi qui suis charpente et beaucoup de fardoches
> moi je fonce à vive allure et entêté d'avenir
> la tête en bas comme un bison dans son destin
> la blancheur des nénuphars s'élève jusqu'à ton cou
> pour la conjuration de mes manitous maléfiques
> moi qui ai des yeux où ciel et mer s'influencent
> pour la réverbération de ta mort lointaine
> avec cette tache errante de chevreuil que tu as[1]

Pour moi, la seule manière d'être bellement « entêtés d'avenir » dépend de cette conscience de tous les siècles de métissage qui eurent lieu au cours de notre histoire. Inscrits dans un espace nommé « Kébec »,

---

1. Gaston Miron, « La marche à l'amour », *L'homme rapaillé*, Montréal, Éditions de l'Hexagone, 1994, p. 51. Reproduit avec l'autorisation des Éditions de l'Hexagone.

nous nous devons de poursuivre notre quête identitaire si nous voulons survivre avec harmonie. Pourquoi ne pas oser croire en une métisserie contemporaine originale qui n'aurait nulle part sa pareille?

Le poème de Miron nous amène à discuter des liens entre le religieux et le poétique. Quelle différence fondamentale peut-il y avoir entre le *Cantique des cantiques* de l'Ancien Testament et *La marche à l'amour*? Ce long poème fluvial, qui semble avoir été composé dans un pur élan d'amour humain, ne manifeste-t-il pas lui aussi un souffle universel, une quête du divin? Pierrot souligne que, pour le croyant, le texte religieux est à la fois issu d'une inspiration humaine, provenant du «moi» de l'auteur, et d'une inspiration divine. Dans le texte poétique, c'est l'humain qui continue, à la fine pointe de son désir, de tendre vers quelque chose qui, parfois, le dépasse, rendant ainsi l'humanité *capax dei*, «capable de Dieu». En tant qu'humain, on ressent l'infini en soi. Mais encore faut-il que l'œuvre profane soit reçue par des lecteurs ouverts au sacré.

Pierrot nous rappelle qu'en ce qui concerne les Évangiles, ce sont des apôtres qui ont choisi de colliger la parole du Christ. Pour les chrétiens, les quatre évangélistes ont été des humains bien de leur temps. Même si, de toute évidence, on peut dire qu'ils ont été « inspirés », ils ont cependant agi en tant qu'« auteurs », pareils à des poètes, ce qui diffère passablement de la vision des musulmans, qui ne considèrent pas Mahomet comme étant l'auteur du Coran, mais plutôt comme son messager. Pour eux, c'est Dieu lui-même qui en est le véritable auteur (l'archange Gabriel ayant dicté le texte à Mahomet). Cela dit, les textes de la Bible servent encore d'inspiration à d'innombrables croyants. La Genèse, par exemple, est lue depuis deux mille sept cents ans et continue à servir de balise. « Les vieux textes, dit Pierrot, sont comme les vieux lieux sacrés. Le fait que tant de gens avant nous les ont marchés, les ont lus, les ont reçus, nous inscrit dans une grande famille, dans un peuple en marche. » Notre propre démarche se trouve associée à celle de toute une communauté à travers les âges, à travers le monde. Étudier, lire, recevoir la parole religieuse, c'est aussi accepter de s'inscrire dans une filiation.

Si les chrétiens s'entendent pour parler du « divin » qui sourd des Évangiles, la grande énigme, peut-être, demeure cet autre « divin » qui paraît s'inscrire dans certains textes non religieux. Certaines personnes ont vécu des conversions en lisant des poèmes, en étant éblouis par des vitraux – œuvres bien humaines. Serait-ce que les artistes arrivent parfois à se faire les instruments d'une voix plus universelle ou, disons-le, «divine», rendue accessible à l'humanité grâce à leur travail, grâce à leurs intuitions, grâce à leurs perceptions? Un texte poétique d'Homère, de Shakespeare ou de Rimbaud nous atteint peut-être dans ce qu'il y a de plus «divin» en nous.

Quand je lis avec mes étudiants le Tao-tö King de Lao-tseu, je m'amuse à proposer des «copiés-collés» avec certains textes tirés des Évangiles, particulièrement celui de saint Matthieu, de même qu'avec certains passages du Coran. De toute évidence, les évangélistes ont été inspirés, traversés par la parole du Christ. En ce sens, leurs écrits demeurent des incontournables, pas seulement pour les esprits religieux, mais pour quiconque aime croire en la littérature. Et si plusieurs textes sacrés comme le Tao-tö King, le Coran, la Torah, le Nouveau Testament ou la Bhagavad-gîtâ doivent être offerts comme lecture aux étudiants du monde entier, il n'y a pas lieu de négliger des auteurs comme Sophocle, Shakespeare, Goethe, Molière, Kazantzakis ou Saint-Denys Garneau, tout aussi incontournables si on accepte de fonder une manière d'être, d'agir et de pacifier sur le poétique.

Chose sûre, une rencontre entre poètes, tous des gens qui lisent, qui s'écoutent, qui sentent, qui aiment la littérature et qui savent que la parole poétique entendue et échangée a bien plus de valeur que les paroles politiques, médiatiques ou publicitaires, une telle rencontre, dis-je, constitue une assemblée aux allures éminemment «religieuses». Mais peut-être que si je suis souvent satisfait de mes rencontres avec les poètes, c'est que, justement, en tant qu'artistes, ils n'ont pas à tendre à la création de quelque religion que ce soit, comblés qu'ils sont par la poésie du monde. Bien sûr que tout n'est pas toujours harmonieux ni idyllique lors des rencontres entre poètes. Mais j'ai en tête des dizaines de «journées de littérature» organisées entre nous, chez moi, à la maison, comportant toujours des sorties en nature, regroupant huit, dix ou douze personnes, ces journées représentant les moments les plus inspirants et les plus inspirés de ma vie d'homme, de poète, d'aventurier et de prof.

Après avoir terminé mon mémoire de maîtrise – il y a déjà plusieurs années –, dans lequel j'entrais en profondeur dans l'écriture poétique de Marie Uguay, je me souviens d'avoir eu l'intuition que dans le *Tu*, auquel s'adresse le *Je* de la poète, soit l'amoureux par excellence, on pouvait voir une figure du Christ, une manifestation du sublime, celui par qui la salvation pouvait enfin être possible. Je retrouve cette même intuition lorsque je lis *La marche à l'amour*. Le désir si puissant qu'exprime le poète ne peut être comblé que par un être qui ne connaît pas la finitude. Un être profondément traversé par l'Amour infini. Un être qui a le pouvoir de réunifier toutes les parties dépareillées du *Je*, du poète. Je crois qu'en écrivant son désir, le poète ouvre en lui (et en ses lecteurs) des espaces nouveaux d'où peuvent jaillir l'infini, l'Amour, l'unification. Est-ce à dire qu'il est «capable de Dieu», comme le dit Pierrot?

Comment dire ce monde? De quel droit l'artiste se pose-t-il comme cocréateur? Quelle exigeante mission! Créer peut s'avérer d'une grande prétention chez les humains, même chez les artistes les plus accomplis, qui doivent accepter d'être le plus souvent accaparés par un phénomène de «recréation» plus que de création du monde. Tout artiste doit parfois se laisser glisser dans des situations de profonde instabilité physique et surtout psychique, «recréant» ainsi la tension nécessaire existant entre l'utopie d'une parole qui est autocréatrice – qui crée le monde – et le texte qui simplement décrit ce qui est déjà là. Pierrot parle souvent de la tension féconde entre le «déjà là» et le «pas encore» (il l'appelle aussi la tension «eschatologique»): nous sommes dans un monde qui n'est pas encore accompli, mais dont on peut parfois pressentir l'accomplissement, la pleine réalisation, ce que les croyants appellent le «Royaume de Dieu». Pierrot évoque le «non» prophétique, révolutionnaire et radical des artistes lorsqu'ils affirment à travers leurs œuvres que ce monde est plus que ce qui est sous nos yeux, et que nous sommes, comme humains, appelés à plus vaste, plus grand, plus profond, plus beau, plus fort.

Le monde est en voie d'accomplissement : il n'est pas «fini». Les textes religieux et les œuvres d'art s'accordent sur ce point. On en revient à saint Paul qui écrivait que «la création tout entière gémit dans les douleurs de l'enfantement». Est-ce ainsi qu'adviennent les œuvres? En fouillant dans mon ordinateur, je retrouve un long passage que j'avais transcrit jadis, tiré des *Cahiers de Malte Laurids Brigge*, où le poète Rainer Maria Rilke suggère qu'il faut avoir beaucoup vécu pour en arriver à ce qui «cherche à se dire» :

Oui, mais des vers signifient si peu de chose quand on les a écrits jeune! On devrait attendre longtemps et butiner toute une vie durant, si possible une longue vie durant; et puis enfin, très tard, peut-être saurait-on écrire les dix lignes qui seraient bonnes. Car les vers ne sont pas, comme certains croient, des

sentiments (on les a toujours assez tôt),
ce sont des expériences. Pour écrire un
seul vers, il faut avoir vu beaucoup de
villes, d'hommes et de choses, il faut
connaître les animaux, il faut sentir
comment volent les oiseaux et savoir
quels mouvements font les petites fleurs
en s'ouvrant le matin. Il faut pouvoir
repenser à des chemins dans des régions
inconnues, à des rencontres inattendues,
à des départs que l'on voyait longtemps
approcher, à des jours d'enfance dont
le mystère ne s'est pas encore éclairci,
à ses parents qu'il fallait qu'on froissât
lorsqu'ils vous apportaient une joie et
qu'on ne la comprenait pas (c'était une
joie faite pour un autre), à des maladies
d'enfance qui commençaient si singuliè-
rement, par tant de profondes et graves
transformations, à des jours passés dans
des chambres calmes et contenues, à
des matins au bord de la mer, à la mer
elle-même, à des mers, à des nuits de
voyage qui frémissaient très haut et
volaient avec toutes les étoiles – et il ne
suffit même pas de savoir penser à tout
cela. Il faut avoir des souvenirs de beaucoup de nuits d'amour, dont aucune ne
ressemblait à l'autre, de cris de femmes
hurlant en mal d'enfant, et de légères,
de blanches, de dormantes accouchées

qui se refermaient. Il faut encore avoir été auprès de mourants, être resté assis auprès de morts, dans la chambre, avec la fenêtre ouverte et les bruits qui venaient par à-coups. Et il ne suffit même pas d'avoir des souvenirs. Il faut savoir les oublier quand ils sont nombreux, et il faut avoir la grande patience d'attendre qu'ils reviennent. Car les souvenirs eux-mêmes ne sont pas encore cela. Ce n'est que lorsqu'ils deviennent en nous sang, regard, geste, lorsqu'ils n'ont plus de nom et ne se distinguent plus de nous, ce n'est qu'alors qu'il peut arriver qu'en une heure très rare, du milieu d'eux, se lève le premier mot d'un vers[2].

Touchante énumération... un peu paralysante, convenons-en. Ô comble de paradoxe, ce fut entre seize et dix-neuf ans que le poète Rimbaud, sans avoir autant «vécu le monde» – du moins pas de la manière suggérée par Rilke –, en arriva à produire, pour ne pas dire à «créer», un chef-d'œuvre comme *Les Illuminations*! L'explication tient peut-être au fait que Rimbaud travaillait à se rendre «*Voyant*», souhaitant «arriver à l'inconnu par le dérèglement de *tous les*

---

2. Rainer Maria Rilke, *Les Cahiers de Malte Laurids Brigge*, *Paris*, Seuil, 1966, p. 24-26. Reproduit avec l'autorisation des Éditions du Seuil.

sens[3] ». Mais avec la démarche de Rilke d'un côté et celle de Rimbaud de l'autre, il me semble qu'on a là une bonne démonstration des dynamiques paradoxales propres à l'acte d'écriture, de cocréation.

Dans mon activité poétique, autant je cherche à me lancer à corps perdu dans le réel pour le transfigurer (Rimbaud), autant je ressens aussi le besoin que ma création repose sur du vrai, qu'elle soit filtrée par l'expérience que j'ai du monde (Rilke). Créer, c'est aussi organiser le chaos. Et tenter de saisir, d'une certaine manière, le plus-que-réel dans le réel – une quête qui pourrait s'apparenter à celle du croyant.

Tout croyant authentique, il me semble, se base autant sur son expérience et ses connaissances que sur son intuition. Parce que la foi n'est pas figée : elle évolue sans cesse, se nourrit du pain quotidien, doute, interroge. On dirait que l'imaginaire populaire a intégré un stéréotype du croyant basé sur l'apprentissage par cœur du petit catéchisme, l'asservissement aux ordres du curé, à la pensée unique, comme si être croyant supposait perdre tout sens critique, être borné, mal dans sa peau, pastel. Freak. Mais la religion est autre chose qu'une béquille. Elle

---

3. Lettre dite « du voyant » adressée à Georges Izambard, dans Rimbaud, Arthur, *Poésies/Une saison en enfer/Illuminations*, Paris, Gallimard, 1984, p. 200. L'italique est de Rimbaud.

implique une communauté (Pierrot nous faisait remarquer que « religion » vient probablement du mot latin *religare :* « relier »), à la différence de la spiritualité qui est davantage une affaire personnelle, individuelle. Et cette communauté, parfois, joue un rôle de soutien pour celui qui traverse une épreuve. Croire en l'amour de Dieu, c'est aussi tout un soutien. Voilà pour la supposée béquille. À cela j'ajoute que la foi, c'est surtout toute une aventure. Fleureter avec la transcendance, oser croire à une intuition de fond qui nous rattache au divin, avec le doute, avec l'institution, aussi, et ses semblables – s'inscrire dans une communauté est parfois tout un défi –, s'interroger sur le sens de sa présence sur Terre… N'y a-t-il pas là beaucoup plus qu'une béquille ? Curieux comme en parlant de la démarche du croyant de cette façon, je retrouve aussi beaucoup, encore une fois, des éléments propres à l'expérience poétique.

Depuis quelques mois, j'ai comme projet d'écriture de m'inspirer de plusieurs textes bibliques et de prières pour composer des poèmes. Les mots du religieux sont peut-être usés pour certains – obsolètes, blessés –, mais pour ma part, j'y vois tout un réservoir de sens et de sensations. Quand je suis allée en Israël, j'ai eu l'impression de faire le voyage pour pénétrer le mystère de certains mots : Tibériade, Jérusalem, Jéricho, Jourdain…

Ces mots m'apparaissaient comme autant de clés vers un monde légendaire, un autre univers. Visiter ces lieux ne les a pas vidés de leur charge poétique, au contraire : les voici encore plus touffus, déroutants. Il y a dans les textes sacrés un souffle venu de la nuit des temps, qui a rythmé la vie de milliards de croyants pendant des siècles – cela m'émeut profondément. La structure même de certains versets bibliques me semble venir du fond des âges : « Au commencement était le Verbe, et le Verbe était avec Dieu, et le Verbe était Dieu. » Comment m'approprier poétiquement cette structure ? J'ai tenté de le faire à travers un texte sur les épinettes noires, puis dans un autre sur la louve, et j'en ai ressenti toute la puissance – en espérant que d'autres la ressentent aussi. J'ai l'intime conviction que nous avons tous été marqués par ces structures, qu'elles parlent de nous. Je trouve qu'elles conviennent bien pour évoquer la découverte de mon pays, de ma terre, de moi-même. Et parce que nous venons de parler de *La marche à l'amour* et du *Cantique des cantiques*, je lis à mes compagnons mon *Cantique des ensauvagés*.

Cantique des ensauvagés

Isabelle

Que tu es beau, mon compagnon, mon fiancé,
que tu es beau !
Tes yeux sont deux perdrix
qui donnent vie au paysage.
Ta parole est une clairière
où le chevreuil voit le jour.
Ta tête rêve à l'impossible lumière.
C'est pourquoi les jeunes femmes t'aiment.

Où es-tu, mon écorceur, mon coureur de bois,
mon voyageur à la voix de mâle qui tambourine ?

Ton pas me fait frémir quand tu t'avances
dans les sous-bois.
J'étais endormie, mais mon cœur veillait.

Que tu es beau, mon travailleur, mon apparition,
que tu es beau !
Ton arrivée est une partance renouvelée, infinie.
Tu serpentes le pays, tu sangles la terre.
Je te cherche, je t'accompagne,
je marche à ton poitrail, à ton cœur.

Mon métis, mon portageur, mon guide,
mon délinquant.
Qu'il est beau, ton verger,
ton festin de fruits sauvages !

Le panache de l'orignal nous isole
à l'abri des regards.
Ta main gauche est sous ma tête
et ta droite m'enlace.

Mon guetteur, mon frondeur, mon tumultueux !
Tes muscles parlent la langue de la forêt.
Nous avançons comme l'hiver,
quand le cours d'eau gelé se ploie
et grimpe sous le chemin.
Mon trappeur, mon nomade, mon combattant,
mon départ perpétuel dans les grands retours !
Laisse-moi vaincre tes barrages,
habiter les digues où tu gîtes.

Que tu es beau, mon fiancé, mon compagnon,
que tu es aimable !
Notre lit, c'est la neige.
Les solives de notre maison sont des érables.
Les lambris sont des pins noueux.

Mon bâtisseur, mon intuitif, mon vaillant !
Fais-moi voir ton visage, fais-moi entendre ta voix.
Car ton visage est doux et ta voix m'enchante.

Viens avec moi, mon bien-aimé, viens!
Dévalons de roche en roche les éboulis,
les labyrinthes.
Hennissons dans l'automne de force!

J'aurai du souffle. La vitesse mettra du beau flou
dans tes yeux.

Mon homme libre, mon vulnérable,
mon avironneur.

Touchons le satiné du pin blanc,
les lettres sacrées de l'épinette,
le mélèze avec son or qui brûle.

Fleurs et fruits nous feront tressaillir.
Cueillir sera une délivrance.
Nos doigts deviendront racines, palmes et aiguilles.

Nous arriverons au centre du monde,
où le diable est un brochet qui fouette et mord
et mange ses semblables.
Nous lui tiendrons tête, nous nagerons longtemps.
Nos baisers s'échapperont sur ses écailles.

Tu seras mon génie, mon témoin, mon survivant,
ma légende.

Nous irons où la mémoire
n'aura pas le dernier mot,
        à jamais désennuyés.

Et quand on parlera de notre croisade,
du moment de nos épousailles,
on saura que le pays nous a conduits
dans ses châteaux, ses jongleries,
ses luttes, ses prophéties.

*

Juste après Chibougamau, où nous avons visité un magasin tenu par Alexe, la fille d'une amie de Pierrot (et où d'ailleurs Isabelle s'est procuré des mitaines en peau de loutre, magnifiques, qui ne lui serviront qu'en janvier, mais qu'à cela ne tienne), nous faisons une pause au «Sentier du bonheur», un peu avant la fourche en direction de Chapais. Il y a là un site religieux aménagé en pleine forêt qui fut pensé par Dany Larouche, une autre amie de Pierrot, et dont Janique nous avait parlé il y a quelques jours.

À dix minutes à peine de la grand-route, nous découvrons une minuscule chapelle, toute en bois, émouvante par sa beauté sans fard. Il n'y a personne, mais comme cela se passe souvent avec les installations «à l'indienne», rien n'est barré ou cadenassé. Pierre-Olivier avait promis à son amie Dany de bénir le site: une fois que nous sommes réunis à l'intérieur de la chapelle, c'est ce qu'il fait. ✪ Il ne savait pas quand il pourrait donner cette bénédiction si symbolique… mais voilà, ça y est! Vive les chapelles ouvertes à tous. Nous nous recueillons, avec comme compagnons les peupliers et les geais bleus.

L'espace sacré du Sentier du bonheur est évidemment protégé et aimé. Aucun déchet dans les sous-bois ou autour des rangées de bancs disposées devant une estrade où, parfois, il y a des spectacles. Comme il est indiqué sur un petit panneau, les Chibougamois l'ont conçu «pour le bonheur». Les Chantiers Chibougamau ont fourni le bois nécessaire à la construction, qui fut entreprise par des bénévoles. L'hiver, les visiteurs viennent en motoneige. On organise des fêtes pour souligner Noël. Voilà un site bien adapté à la nature nordique! Œuvre de gens ouverts et généreux, impliqués dans la communauté, ayant à cœur de l'enrichir. Nous en sommes émus.

Cette chapelle toute simple, toute petite, n'est pas moins émouvante que la chapelle de Tadoussac. Intéressant de comparer ces deux sites, car l'ambiance qui s'en dégage est similaire. On dirait que nous sommes davantage inspirés par les petites chapelles que par les grandes basiliques. Peut-être qu'on a besoin d'un retour aux sources – retour à l'essentiel –, comme si les grandes basiliques nous renvoyaient trop à l'idée d'une Église qui veut montrer sa richesse, sa puissance. Voir les évêques et autres primats avec leurs costumes dorés me rend toujours mal à l'aise. Je comprends qu'il y ait une symbolique derrière tout ça, mais quand même. Un peu d'humilité, les gars ! Je repense à un ami prêtre qui, au moment d'entrer dans l'église au début d'une célébration, disait à ceux qui devaient le précéder dans la procession (le célébrant est celui qui entre en dernier) : « Allez, les clowns ! » D'ailleurs, j'aime beaucoup notre pape actuel, qui insuffle un peu de fraîcheur et de simplicité dans tout ce vieux décorum. On a raconté qu'il avait refusé la cape d'hermine, la croix en or et autres attributs papaux. Il a pris le minibus avec les autres cardinaux, a payé sa note d'hôtel comme tout le monde. Merci, pape François, pour la cohérence et, de là, la ré-espérance ! Dégagée de toutes ses symboliques complexes et ostentatoires, l'Église paraît plus vivante, plus « en marche ». Peut-être que l'Église doit retrouver son côté nomade ? Voici ce que m'inspire cette installation du Sentier du bonheur.

*

De nouveau sur la route en direction de Saint-Félicien, la conversation reprend de plus belle. Nous parlons maintenant de nomadisme et de sédentarité. Isabelle s'interroge à propos du texte de la Genèse où il est écrit que Caïn aurait tué son frère, Abel, parce que, devant Dieu, les offrandes de celui-ci avaient «meilleure odeur». Sinistre histoire de jalousie... Selon Pierrot, ces chapitres traitant du meurtre d'Abel sont la représentation d'une agression que les nomades vont subir de la part des sédentaires tout au long de l'Histoire, les nomades finissant à peu près toujours par être repoussés dans les marges de la plupart des territoires occupés.

Du point de vue des nomades, constamment appelés à se déplacer pour des raisons de survie, particulièrement en tant que chasseurs-cueilleurs, l'homme est celui qui «fait la terre» en marchant dessus, du sud au nord comme de l'est à l'ouest. Pour les sédentaires, l'homme est celui qui cultive la terre et la fait fructifier, la subsistance de la majorité étant assurée grâce à une utilisation laborieuse des ressources disponibles. Foncière différence de vision du monde entre deux groupes. Le nomade, par essence, ne reste jamais longtemps à la même place, tandis que le sédentaire, lui, cherche à développer un lieu de manière à se l'approprier de façon définitive tout en le magnifiant ou en le transformant. Ainsi se sont opposés, depuis des temps immémoriaux, deux modes d'habitation, deux façons d'être dans le monde qui n'ont à peu près jamais trouvé, dans les faits, un ancrage commun. Pierrot se souvient d'un échange tiré du documentaire *Le prêtre et l'aventurier*, réalisé par Isabelle, où il est question de cette vérité très nomade : « Tout pays ne peut vraiment appartenir qu'à celui qui l'habite, qui le parcourt et qui l'aime. » Le sédentaire pourrait rétorquer que tout pays n'appartient vraiment qu'à celui qui l'habite et le possède, en l'ayant conquis, labouré, travaillé, entouré.

Les Québécois ont jusqu'ici permis que l'espace nomade puisse coexister avec l'espace sédentaire grâce à une géographie et à un climat qui ont laissé la nordicité relativement vierge des assauts d'une civilisation industrielle profondément sédentariste et sédentarisante. L'immensité du territoire y a contribué. Bien des nations autochtones du Québec trouvent encore une manière de vivre selon les règles du nomadisme. Jamais les Cris de la Baie-James ne se sont probablement autant déplacés qu'au cours des vingt-cinq dernières années, à travers l'immensité d'un Eeyou Istchee couvrant quasiment 25 % du territoire québécois, profitant d'une conjoncture économique favorable, en partie liée aux accords de la Baie-James, et surtout à la Paix des Braves, en plus d'un réseau développé de chemins de bois et de ponts bâtis par différentes compagnies forestières et minières.

J'aime me déplacer. Le mouvement me met en état de parlure. Ce que je ressens avec intensité «au tréfonds de moi» – pour reprendre une expression chère à Gilles Vigneault –, c'est que cette mouvance itinérante, en compagnie d'amis, est plus que propice aux envolées d'idées. Le nomadisme m'est nécessaire pour que je reste en état de créativité.

Les Cris voyagent; ils ont toujours aimé voyager. Les Cris de Waswanipi ou de Mistissini, dans l'inland de la Jamésie (le Nouchimii Eeyou), partent parfois en famille, avec armes et bagages, pour des périodes dépassant deux ou trois mois, simplement pour aller visiter des membres de leur famille dont les maisons ou les campes se trouvent dans le Winnebeoug Eeyou, sur les rives de la baie de James. Les Cris de Chisasibi ou de Waskaganish n'hésitent pas à se déplacer sur des milliers de kilomètres afin d'aller magasiner à Val-d'Or ou se faire soigner à Montréal ou à Ottawa. Nomades depuis des lustres, ils n'ont rien perdu de cette fonction psychique qui les pousse à se mouvoir, souvent en groupe, pour des raisons physiques, pragmatiques ou même poétiques.

Les liens de métissage ayant été nombreux entre Européens et Autochtones, et ce, pendant des siècles, il ne faut pas se surprendre que tant de Québécois adorent partir, en auto, en avion ou en traînant une roulotte, en direction du sud états-unien, vers le Nevada, le Texas ou la Floride, parfois pendant des mois. Il y a bien sûr dans ce comportement collectif un refus de l'hiver et de l'intrinsèque nordicité du pays d'origine. Mais aussi, il se manifeste là un goût du déplacement nomade qui coule encore dans les veines d'une portion non négligeable de la population québécoise. Vivre au nord présuppose-t-il d'être nomade ? Ici, il faut relativiser. Il est curieux de toujours considérer que le Nord, « c'est loin ! », quand on sait que pour les gens de Chibougamau, comme le disait Marcel : « Le Nord, ce n'est pas loin : c'est chez nous ! »

Isabelle poursuit son interrogation à propos des raisons qui firent que les offrandes d'Abel, ce nomade « vagabond » (probablement grand amateur de voyages en roulotte !), eurent « meilleure odeur » pour Dieu. Pourquoi celui-ci semble-t-il apprécier plus les offrandes d'un nomade, contribuant à aiguillonner une meurtrière jalousie chez son frère sédentaire ? De l'avis de Pierrot, ce passage de la Genèse constitue la représentation symbolique de l'histoire du peuple juif lui-même, celui-ci n'ayant à peu près jamais eu de « chez lui » stable au cours de son histoire, hormis pendant de courtes périodes, d'ailleurs toujours mouvementées. Comme si le destin du peuple juif était lié à sa « nomadité

intrinsèque», une espèce d'éternel nomadisme qui forgea la diaspora. L'histoire de
Caïn et de son passage à l'acte contre Abel
serait la démonstration de l'éminent danger qui existe dans toute forme de sédenta-
risme exacerbé par l'accumulation de trop de
biens. *A contrario*, l'offrande d'un nomade
qui n'a pas l'habitude de thésauriser plaît aux
«narines de Dieu».

Plus j'y pense, plus je vois un parallèle
entre l'histoire de Caïn et Abel et celle du fils
prodigue avec son frère aîné (j'imagine que
je ne suis pas la première à faire le rappro-
chement). Caïn, fils aîné d'Adam et Ève, est
celui qui suit les règles, travaille d'arrache-
pied pour cultiver son lopin de terre. Même
chose pour le frère aîné du fils prodigue, qui
travaille à faire fructifier le domaine de son
père. Quand le fils prodigue revient et que
le père fait tuer le veau gras pour lui, l'aîné
s'offusque : lui n'a jamais droit à de telles festivités! De même, quand il devient manifeste
que Dieu aime les offrandes d'Abel, mais
que celles de Caïn lui sont indifférentes,
on comprend que ce dernier en soit irrité.
Si la Genèse ne permet pas de comprendre
l'indifférence de Dieu à l'égard des offrandes
de Caïn, la parabole de l'enfant prodigue va
plus loin : le père va rencontrer le fils aîné,
lui explique la situation, lui donne accès à ce

qui se passe dans son cœur de père ému de retrouver son enfant qui avait disparu.

L'histoire ne dit pas si le fils aîné s'est réconcilié avec son frère prodigue, mais comme la version du Nouveau Testament est «humaine», comparée à celle de la Genèse! La perspective change complètement quand on sait que le père vient chercher son fils aîné, en lui rappelant que tout ce qui lui appartient est aussi à lui. Le père n'est pas indifférent au fils aîné. À moi qui suis l'aînée de ma fratrie, souvent portée à comparer mon sort à celui des autres, cette parole me fait grand bien, alors que celle de la Genèse m'est brutale. Dans la Genèse, Dieu lance un défi à Caïn, le met à l'épreuve après avoir dédaigné son offrande : «Pourquoi es-tu irrité et pourquoi arbores-tu un air sombre? Certainement, si tu agis bien, tu te relèveras. Si en revanche tu agis mal, le péché est couché à la porte et ses désirs se portent vers toi, mais c'est à toi de dominer sur lui.» (Gn 4, 6-7) Comment accepter d'entrer en relation avec un Dieu cruel? Heureusement que la parabole de l'enfant prodigue insuffle de l'amour dans cette dynamique.

Jean y voit aussi un parallèle entre la culture québécoise «blanche» établie dans le Sud et le monde autochtone : les Québécois comme le frère aîné, suivant les règles, érigeant des lois, prévoyant pour

l'avenir, planifiant leur retraite, sédentaires
et exploitant la terre, travaillant à en perdre
le sens de la vie, à en faire des dépressions,
des burnout; les Indiens, eux, comme le
fils prodigue, qui gèrent leur avoir matériel
en se souciant moins que les sédentaires de
faire des réserves pour l'avenir, vagabondent,
acceptent mal de respecter des lois qui n'ont
pas de sens pour eux, ont de la misère à
se situer dans la vision du monde mise de
l'avant, voire imposée, par les Québécois.
Ces derniers ont parfois, comme Caïn,
comme le frère aîné, des tentations de «tuer»
l'Indien: on pense à l'affreuse formulation
«tuer l'Indien en eux», qu'employait John A.
Macdonald au sujet des enfants autochtones
au moment d'instaurer les premiers pensionnats. Horreur. Les sédentaires croyaient-ils
que les Indiens avaient la «faveur» de Dieu?
Ont-ils fait cela par jalousie? C'est ce que
Jean pressent: oui, les sédentaires ne pouvaient accepter que les Indiens et les Métis
soient si libres. Certains coureurs de bois
français se sont fondus à cette culture, mais
justement: c'était des coureurs de bois, des
nomades déjà. Les aristocrates français, du
temps de la Nouvelle-France, et les élites bri-
tanniques, après la Conquête, n'ont jamais
compris cette liberté, qui a certes un prix,
il faut le dire: plus de pauvreté, moins de
réserves alimentaires, populations plus à la

merci des épidémies, des grands froids, etc.
Mais ce n'est pas à Caïn de juger de l'offrande
d'Abel. C'est à Dieu! Si on poursuit l'analogie, ce n'est donc pas aux sédentaires – aux
colonisateurs – de juger de la pertinence des
nomades, des Autochtones. Quel gâchis. Et,
en fait, la parabole de l'enfant prodigue va
plus loin. L'enfant prodigue n'a même pas
d'offrande à présenter à son père – il a tout
dilapidé. Et voilà que le père prépare un festin pour lui! Et souhaite y inviter aussi son
fils aîné, bien sûr... Quel « père » au Québec,
au Canada réussira à réconcilier nomades et
sédentaires? Qui nous montrera à quel point
nous sommes frères? Qui sera capable d'aller
chercher le frère aîné qui boude en lui montrant que tous, y compris lui, trouvent grâce
à ses yeux?

Ah, la logique de l'Évangile... Une
« bonne nouvelle » qui équivaut parfois à de
la dynamite pour les structures établies dans
nos sociétés. Comment rendre la logique de
Dieu compatible avec celle des hommes?
Puisqu'il faut rendre à César ce qui est à
César et à Dieu ce qui est à Dieu... Est-ce à
dire que la logique de Dieu – ou du moins
celle qui est promue dans les Évangiles – ne
peut s'appliquer dans la sphère politique?
Sans doute, surtout que l'interprétation
de cette logique « divine » prête à confusion, voire à d'horribles violences commises

au nom de supposées vérités érigées en dogmes... Mieux vaut – peut-être – s'en remettre aux différentes chartes des droits et libertés et à la Déclaration universelle des droits de l'homme, texte laïque. N'empêche qu'une vraie réconciliation exige, je le crois, le recours à la transcendance, à un Amour qui dépasse notre finitude.

Pierrot tient à citer l'anthropologue français René Girard qui affirme que le désir immodéré – désir mimétique –, converti en jalousie, fait que l'être humain, à force de souhaiter être comme l'« autre » (surtout si les offrandes de cet autre plaisent plus à Dieu que les siennes), ne peut que finir par vouloir éliminer cet « autre » s'il ne parvient pas à s'identifier à lui. On peut par ailleurs considérer que de nombreuses rivalités furent apaisées, au cours de l'Antiquité, grâce aux sacrifices offerts aux différents dieux. En se sacrifiant lui-même, Jésus fit en sorte de libérer l'humanité du besoin d'offrir des sacrifices. Il n'en demeure pas moins que le prix à payer pour cette libération est que les sociétés n'ont plus vraiment trouvé d'exutoires à leurs propres violences intérieures, ce qui expliquerait, partiellement bien sûr, que la civilisation chrétienne ait à certains moments été si violente. De l'avis de Pierrot, plusieurs groupes intimement associés au

christianisme n'ont pas su s'imprégner réel-
lement du message et de l'expérience chris-
tiques. Mais la chrétienté fut-elle à ce point
plus violente que tant d'autres civilisations ?
La violence n'est-elle pas inscrite au cœur
de l'ADN humain ? Comment contrer cette
force d'horreur, paradoxalement si utile pour
se défendre et survivre, sinon par la poésie,
par l'amour de la poésie ?

Peut-être faut-il travailler plus que jamais
à combattre ces envies de territoires occupés
et de frontières qui hantent nos vies, nos passés comme nos futurs. Peut-être faut-il travailler à casser tous les murs. À Berlin, on y
est parvenu. Y parviendra-t-on à Jérusalem ?
Les murs de cette cité s'écrouleront-ils d'eux-
mêmes, avec tant de fracas que cela fera du
bruit jusque dans la constellation du Cygne ?
Peut-être vaut-il mieux partir en canot pour
traverser l'Atlantique, un peu comme le fit
récemment une Québécoise qui avait peur
de l'eau, car mourir en état de grâce piqué
par une raie manta vaut mille fois mieux que
de vivre une seconde de trop en état de délire
vindicatif.

*

Outre ces débats émotifs, la traversée du parc
de Chibougamau se fait sans encombre. Nous
stoppons près d'un petit lac, dans une halte

345

routière, pour permettre à Pierrot de vivre sa baignade quotidienne. Si Pierre-Olivier nage pendant quasiment vingt minutes, je me sauce pour sortir de l'eau après huit secondes et quart. Canicule ou pas, les lacs de la région gardent tout de même plusieurs traits nordicistes... Isabelle sourit en prenant des photos.

Pendant le dîner, notre croix plantée parmi les épinettes est au centre de la discussion. Je pense à Gérald et à ses amis, qui ont dû la voir. Qu'en ont-ils pensé? Pierrot revient plus précisément sur la voie dite «inclusiviste», qu'il privilégie: «Évidemment, c'est délicat, parce qu'on a tous une façon différente de lire le lieu. Mon souhait, c'était que la croix ne soit pas un signe de contradiction, mais plutôt un signe d'un désir de coexistence, un désir d'unité, de réconciliation, de pacification. Ce n'est pas parce que c'est un lieu sacré autochtone qu'on n'est pas capables d'exprimer une foi autre – et l'expression de cette foi-là n'est ni un déni de la leur ni une arrogance par rapport à eux, et pas non plus une gêne par rapport à cette foi-là. On n'est pas habitués de dialoguer à ce niveau-là: la simple expression de sa foi – un signe comme notre croix – est interprétée presque tout de suite comme une volonté de conquête, d'impérialisme. Je crois qu'on prête facilement des intentions de conquête à ce qui n'est que la simple recherche de comment se dire. Se dire, ce n'est pas s'imposer. Nous l'avons fait de manière discrète, mais non effacée. »

Je suis heureuse d'avoir pu réentendre Pierrot à ce sujet. N'empêche que tout cela m'apparaît infiniment délicat. Comment être libre, vraiment libre de se dire? Comment s'affirmer sans dominer? Comment respecter l'autre sans être soumis? La posture n'est pas évidente à garder dans un monde traversé par autant de blessures, de déceptions. Entendre Pierrot expliquer ainsi les choses me donne l'impression qu'il les dénoue. Je voudrais tellement partager avec le monde ses propos, si éclairants! Lui n'a pas beaucoup le temps d'écrire. Mais nous le prendrons, ce temps, Jean et moi.

Le rôle d'archiviste me convient, même si je me sens parfois envahie par trop de paroles. J'enregistre, je capte, je filme, j'écris. Je prends en note toutes sortes de choses. Tout à l'heure, Pierrot disait: «Je suis un feuilluiste!» en parlant de sa préférence pour les feuillus. C'est si drôle de l'entendre répéter «Le monde change!» Il a ajouté récemment la formule «Tout se tient!» Et quand Jean, pendant le dîner, a exprimé une interprétation qu'il trouvait à propos, il s'est exclamé: «Tu n'es pas loin du Royaume

des cieux!» (Marc 12, 28-34) J'aime beaucoup que nous jouions avec ces expressions,
comme des leitmotivs ponctuant le voyage.

*

Nous parvenons enfin à Mashteuiatsh. À
notre arrivée au camping, malgré la fête
du Travail qui approche, on nous annonce
qu'il y a encore un site libre au bord du lac.
Quelle chance! Nous y plaçons la roulotte,
entre les arbres, puis commençons à débar-
quer le matériel, à nous installer, à monter
la tente. Mais soudain: le train! Un gronde-
ment puissant, suivi de plusieurs longs coups
de sifflet, le tonnerre d'un engin qui passe
à moins de cinquante mètres du camping.
Ouille! Après quelques minutes, la folie
s'apaise. À l'accueil, on nous dit qu'il ne faut
pas trop nous en faire... Le train fait partie
du décor, depuis des lunes, même s'il hurle
à tout moment, jour et nuit!

Nous allons sur la plage pour admirer le
soleil couchant, souhaitant profiter au maxi-
mum de ce dernier soir d'expédition. De
retour à la roulotte, je mets l'eau à bouillir
pour le traditionnel spaghetti. Soudain: de
la musique, une tonitruante musique! Un
party, un vrai gros party de plage avec chaîne
stéréo plus que puissante, chez les voisins, sur
un terrain privé, juste à la limite du camping,

à trente mètres de nous! Un couple de campeurs, assis à côté de leur Westfalia, nous dit qu'il s'agit probablement d'un simple cours de Zumba. Ah bon… Dans une heure, donc, tout devrait être redevenu paisible. Pris d'une intuition, je décide tout de même de parcourir le camping jusqu'à son autre extrémité, pour voir si l'ambiance y est plus tranquille et s'il y reste des sites vacants. Il y en a; on verra bien.

Nous soupons, mais il y a une réelle tension dans l'air. Pas exactement l'ambiance qu'on aurait souhaitée pour notre dernier souper! À l'intérieur de la roulotte, les fenêtres fermées, le bruit se fait tout de même assourdissant. Une heure et demie plus tard, rien n'a cessé. Le party semble enclenché pour la soirée. Nous vérifions auprès du gardien… Rien à faire! Le party n'a pas lieu sur le camping lui-même. Nous remballons donc toutes nos affaires pour fuir à l'autre bout du terrain, dans une clairière dénichée entre les sapins, heureusement encore disponible, car éloignée du lac. Nous y poussons la roulotte et replantons la tente. Le soir tombe.

Ainsi semble se dérouler la vie dans bien des campings contemporains. Dans cette section, nous sommes entourés de gros véhicules récréatifs, probablement des habitués qui restent ici plusieurs semaines. On se sent un peu dévisagés quand on circule, nomades parmi les «nomades sédentaires». Autour d'un petit feu, nous nous redisons comment cette expédition a pu être à la fois pleine et paisible, sauf pour quelques moments hystériques, toujours au sein des grands groupes. Quand vient le temps de chanter, Pierrot hésite à sortir son charango. Même s'il n'est que vingt heures, nous nous souvenons de l'épisode des Escoumins. Qui voudrait se faire rabrouer une seconde fois? M'enfin… Ce qu'il faut, c'est reprendre la route, chercher d'autres refuges de silence – là où la solitude la plus saine peut être partagée avec les pierres, les plantes, les animaux et, parfois, avec d'autres humains.

Onzième jour
Mashteuiatsh – Sainte-Brigitte-de-Laval

L'expédition tire à sa fin. Pourtant, rien ne me semble terminé. Tout va se poursuivre, *La route sacrée* n'en étant qu'à ses premiers milliers de kilomètres. Nous suivons un tracé nomade, pérenne, tourné vers l'avenir tout en restant ancré dans l'Histoire, dans notre histoire à nous, habitants de la péninsule Québec-Labrador, le «Tout-Québec».

Au cours de ce périple vers l'Antre de marbre, comme lors du retour, nous avons volontairement souhaité amalgamer les univers de la matérialité et de la spiritualité. Le voyage en canot sur la Témiscamie, précédé de la visite à Pessamit et de la rencontre si intrigante avec Ronald Bacon, elle-même suivie par plusieurs rencontres émouvantes, à Chibougamau et à Mistissini, ne sont que des préludes à plusieurs mois, sinon à des années de nouvelles aventures. Suivre les traces d'un missionnaire qui aima de toute évidence passionnément le pays, au début du XVIIIe siècle, ne peut que contribuer à notre quête identitaire. Nous sentons l'importance de discuter, sans faire preuve de prosélytisme, sans vouloir convaincre qui que ce soit des valeurs actuelles du catholicisme, qui survit malgré tout, en terre québécoise, en dépit de toutes les souffrances imposées par le phénomène religieux.

Après avoir déjeuné, nous quittons le camping – sans beaucoup de regret, il faut l'avouer. Sur la promenade devant Mashteuiatsh, nous prenons le temps de contempler le Piékouagami tremblotant. ✪ L'immensité de ce lac me donne le goût d'autres expéditions, en canot ou en kayak. Une fois sur la route, passé Roberval, Pierre-Olivier nous propose de faire un détour par l'ermitage de Lac-Bouchette, l'un des quatre grands lieux de pèlerinage du Québec (avec l'oratoire Saint-Joseph, le sanctuaire de Notre-Dame-du-Cap et la basilique de Sainte-Anne-de-Beaupré).

Pierrot nous indique que, curieusement, les grands sites de pèlerinage catholiques n'ont pas connu de baisses notoires de fréquentation ces dernières décennies, à la différence des paroisses. Il semblerait même que le sanctuaire de Notre-Dame-du-Cap soit l'attrait touristique principal de la Mauricie. Pierrot réfléchit à haute voix : les églises de paroisse sont des lieux à l'intention des sédentaires, alors que les sanctuaires sont les lieux de spiritualité des nomades. Intéressant! Et qu'est-ce que les gens vont chercher dans ces endroits qu'ils ne trouvent plus en paroisse? Qui exactement fréquente ces sanctuaires? Il y aurait là une recherche à faire... Tant de choses encore nous interpellent!

On pourrait croire qu'après plus de dix jours ensemble, la conversation en auto se serait un peu essoufflée, mais ce n'est pas le cas. Loin de là. Terminer cette expédition-ci fait entrevoir plus vaste, plus large, avec, nous semble-t-il, une meilleure compréhension des enjeux de notre temps. Pierrot résume ainsi sa vision des choses: «Le renouveau de la nation québécoise va s'opérer par une reprise en main de son histoire, de ses racines, mais cela va impliquer un dialogue jamais encore authentiquement réalisé collectivement avec les peuples autochtones, un retour sur le terrain. Donc ça va nous demander d'assimiler enfin l'hiver et d'arrêter de vouloir fuir notre géographie. Ça va nous demander aussi d'assumer notre histoire, de sortir de la victimisation, de dire: "On se prend en main, pis ensemble on va créer notre avenir." Et tout ça va se faire par un retour à des valeurs spirituelles et par un nouvel humanisme. On a du pain sur la planche, mais on a plus de ressources, de partenaires et d'alliés qu'on l'imagine.» Un peu plus, Jean et moi répondions «Amen!» à une aussi belle synthèse!

Comment lancer ce changement? Nous revenons sur certains mouvements marquants des dernières années qui dénoncent les dérives du capitalisme et du néolibéralisme, notamment Occupy Wall Street et le Printemps érable, où on a vu une mobilisation importante, un appui aux revendications étudiantes, un élan rassembleur – même si la population était tout de même très divisée et que les forces de l'ordre se sont montrées extrêmement violentes. Jean souligne que si Occupy Wall Street et la révolte étudiante sont apparemment terminés, réprimés par les forces policières et politiques, Idle No More, lui, mouvement national autochtone pacifiste, créé en réponse aux lois mises de l'avant par le gouvernement Harper, ne saurait être étouffé. La force autochtone est trop grande, sa population, trop nombreuse.

Pierrot nous fait part d'une intuition qu'il a eue pendant le Printemps érable : le problème, selon lui, était que le projet proposé était « amputé de l'âme », parce que sans fondement spirituel réel. Il dit : « Comment veux-tu rénover la société et sortir l'éducation du capitalisme si en même temps tu refuses qu'on évoque même les racines spirituelles de ton histoire, tes traditions, tes sources ? J'ai l'impression qu'il y a comme une contradiction là-dedans… Bien sûr, j'ai peut-être l'air de prêcher pour ma paroisse, mais il me semble que ce n'est pas ça... Ça va plus loin.» Jean renchérit: «Ça va plus loin que seulement le fait religieux catholique de dire qu'il y avait un mouvement qui n'avait pas d'âme. Il y avait de l'intelligence, du courage, de la jeunesse et de la force, mais où se situait l'âme? Je pense que c'est une interrogation à poursuivre.»

Toutes sortes de questions me viennent en tête, mais le sujet est si gros et si explosif... Cette grève du printemps 2012 a divisé la population, les groupes, les familles, ma propre famille. Deux visions du monde se sont affrontées sans qu'il y ait réconciliation. Peut-on dire qu'il n'y avait pas d'âme dans le projet proposé par les grévistes? Il faudrait creuser la question, mieux définir ce qu'on entend par «l'âme» dans ce contexte-là... Parle-t-on d'un idéal, d'une vision? Qu'aurait-il fallu que les leaders du mouvement étudiant fassent ou disent pour qu'on y sente cette âme dont Pierrot parle? Et quelle âme se dégage du mouvement Idle No More, qui s'inscrit dans la durée plus que la révolte étudiante? Comment pourrait-on, en tant que «Blancs», s'associer à ce mouvement autochtone? Est-ce possible?

Ce qui monte en moi, c'est le désir d'organiser quelque chose de gros, un grand événement rassembleur. Pourquoi pas une deuxième édition de la Grande Paix de

Montréal de 1701? Est-ce une totale folie?
Oui, sûrement! Et ça sonne bien, il me
semble, comme projet pacificateur et uni-
ficateur… Il faut recourir absolument aux
grandes légendes de notre continent. Je
me promets de me renseigner à ce propos
– éventuellement… En attendant, nous
voilà arrivés à Lac-Bouchette. Le pèlerinage
se poursuit.

*

Un certain Elzéar Delamarre, au début du
siècle, homme à la foi inébranlable, imagina
la fondation de l'Ermitage Saint-Antoine
sur la rive nord du lac, qui devint, avec le
temps, un lieu où nature et spiritualité se
marient d'une manière absolument réussie.
La «petite grotte de Lourdes», le monastère
comme la grande église, tous entretenus
par les capucins, s'amalgament avec art aux
épinettes blanches comme aux bosquets de
fleurs vivaces. Un homme fort du Québec,
Victor Delamarre, vint prêter main-forte
– c'est le cas de le dire – à son oncle Elzéar
pour l'édification de l'ermitage.

Comptant sur un certain hasard comme
cela nous est arrivé si souvent, nous gra-
vissons l'escalier menant à l'église pour
– surprise! – arriver au tout début d'une
célébration. Trois jeunes filles assurent le

chant. Il y a aussi un organiste. Je songe à certains moments de grâce que j'ai pu vivre dans ma vie, dans des contextes religieux, au sommet du mont Saint-Michel, en Bretagne, ou dans la nef de la basilique du Sacré-Cœur, en plein centre de Paris, ou encore face aux tours de la Sagrada Familia créée par l'architecte Gaudi, à Barcelone. Méditer dans une église qui a plus de mille ans, qu'on a perchée sur le faîte d'un rocher planté au beau milieu d'une baie géante, comme la baie du mont Saint-Michel, cela donne de la force tendre pour vivre et aimer vivre. L'église du mont Saint-Michel n'a pas été détruite par le temps ni par les humains, bien qu'elle ait subi plusieurs assauts. (Elle fut même transformée en prison pendant presque une centaine d'années, après la Révolution française... Révolution qui fut rude pour les structures cléricales françaises, comme si une partie du peuple, tout à coup, en avait eu assez des prêtres et des lieux de prière.) Méditer dans un lieu de culte millénaire, c'est aussi s'inscrire dans l'Histoire. Et, justement, c'est cette inscription dans la vie d'une Église qui me permet de ne pas être trop affecté par le cynisme ambiant d'une civilisation où tant d'humains semblent avoir perdu la foi en un avenir commun.

Ramenant mes pensées à Lac-Bouchette, je sens que la magie opère; oserais-je la

qualifier de «mystique»? Je suis heureux.
Je chante avec cœur pour accompagner les
trois jeunes femmes et les fidèles, une cinquantaine de personnes peut-être. Isabelle et
Pierrot chantent, eux aussi. Cela m'émeut.

Je ne sais pas si l'esthétique des lieux me
touche énormément : la petite chapelle est
jolie, mais la grande église reste un peu trop
froide pour moi et la grotte me rend perplexe.
Je ne sais pas si j'aurais le goût de venir vivre
une retraite ici… Mais je suis très contente
de notre visite. J'aime beaucoup le chapiteau
en plein air, les abords du lac, le fait qu'il y
a des jeux pour les enfants. Nous décidons
d'aller dîner au restaurant de l'hôtellerie
pour prolonger la visite. Pierrot remarque
que nous aurons vécu deux messes pendant
le voyage, dans deux sanctuaires – deux lieux
sacrés – à proximité d'une grotte. Il souligne
aussi que si on éprouvait un certain malaise
par rapport à la question délicate d'aller dire
une messe dans un lieu autochtone, on peut
en revanche observer qu'eux viennent prier
dans les lieux catholiques : il existe donc déjà
une mutualité.

Cette foi, semée jadis par les missionnaires, a persisté, n'a pas été rejetée en bloc
malgré les travers. Jean observe depuis longtemps la connivence entre la religion catholique et la spiritualité autochtone ancestrale.

Je repense à mon amie Geneviève Boudreau, une poète qui a passé plusieurs semaines à Unamen Shipu pour enseigner à l'école primaire. Elle a vécu le temps de Pâques avec les gens de cette communauté et nous a raconté avoir assisté à une célébration de la parole animée en innu par une religieuse blanche, le matin de Pâques. Puis, le soir, on l'a invitée à vivre l'expérience d'une tente de sudation – le fameux *mateshan* –, une cérémonie traditionnelle dans laquelle on retrouvait des éléments religieux catholiques. Cette expérience d'accueil, de partage et d'abandon l'a profondément marquée. Jean lui-même, lors du *mateshan* qu'il a vécu à Mingan, a récité le *Notre Père*, prière qui a été reprise par chacun dans la tente – située tout à côté de l'église.

Et si c'était au catholicisme maintenant de s'inspirer de la spiritualité autochtone, un peu comme nous l'avons fait à travers notre voyage ? Noter les convergences, s'ouvrir à l'autre, prier ensemble, reconnaître que « notre » Dieu ne nous appartient pas, qu'il est à l'œuvre partout.

Tout en écoutant Pierrot, je songe aux textes de la poète innue Rita Mestokosho. Correspondre avec elle[1] m'a permis de mieux connaître sa façon de lier le Nitassinan et le

---

1. Rita Mestokosho et Jean Désy, Uashtessiu/*Lumière d'automne*, Montréal, Mémoire d'encrier, 2010, p. 109.

Tshishe Manitu avec le cérémonial catholique, dans un langage que je retrouve d'ailleurs dans le cantique de saint François
d'Assise: «grand-père soleil», «grand-père
l'ours», «grand-mère lune», «mes frères et
sœurs les étoiles», «le destin mon frère».
Souvent ses lettres se terminent ainsi: «Que
le Grand Esprit vous protège!» C'est que
Rita est profondément croyante. Dans ses
correspondances, et même en public, elle
ne se gêne pas pour parler ouvertement du
Grand Esprit. Alors que, fidèle au goût du
jour, je mets le plus souvent des gants blancs
quand vient le temps de prononcer le mot
religion – quand je suis en classe, en tant que
professeur, ou lorsque je donne des confé-
rences –, Rita exprime sa foi religieuse sans
complexe, emmêlant facilement plusieurs
éléments du catholicisme à sa vision innue
du Tshishe Manitu.

Après le repas, nous filons sur l'autoroute
du parc des Laurentides. Retour tout en
musique. Pierrot nous fait écouter certaines
pièces religieuses, notamment l'hymne aca-
thiste, que je découvre, ébahi. Nous passons
progressivement à des œuvres plus profanes,
et c'est avec les Beatles que nous faisons les
derniers kilomètres. Je réalise que Pierrot est
un fan inconditionnel du Fab Four. Il nous
raconte toutes sortes d'anecdotes sur leur
vie, sait exactement qui a composé quoi et

dans quelles circonstances. Je me souviens d'un voyage avec mes quatre enfants quand ils étaient adolescents... Il n'y avait que la musique des Beatles qui faisait l'unanimité, qui évitait qu'après l'écoute de dix minutes de hard rock ou de heavy metal absolument atterrantes pour moi, je veuille imposer le *Requiem* de Fauré. À quelques kilomètres de la maison, le disque *Abbey Road* s'achève et nous chantons en chœur : *And in the end, the love you take is equal to the love you make.* À croire que la fin de l'expédition a été orchestrée par le gars des vues !

Et nous voilà arrivés au moment du vrai dernier souper ! Étrange de se retrouver chez soi après autant de kilomètres (deux mille cinq cents !) parcourus. C'est l'occasion d'oser une première synthèse de l'expérience, ou à tout le moins de faire ressortir les temps forts. Pour moi, la montée en canot vers la Colline-Blanche restera sans doute inoubliable : chanter en canot ces chansons interminables parce que la canotée est interminable, chanter pour se donner du cœur au ventre, chanter quand c'est à qui inventera les délires musicaux ou langagiers les plus audacieux. Voilà, il me semble, un des éléments de culture de mon pays, un élément intangible qu'on ne peut mettre dans un musée, qui ne peut s'endisquer, puisque ça prend le canot chargé à ras bord, ça prend la distance à parcourir, ça prend la camaraderie. Et ça permet de se dégager de l'effort physique. Jean nous raconte un épisode de sa traversée du Grand Nord en skidou. Les machines étaient tout embourbées dans la neige mouillée («slochées ben comme faut!»), lui et son ami Jean-Benoît étaient complètement trempés, gelés : «Dans ce temps-là, dit Jean, l'esprit doit voler ailleurs, sinon t'es mort!»

Systématique comme toujours, Pierrot propose la récapitulation suivante : dans un premier temps, on a suivi le père Laure ; dans un deuxième temps, à l'Antre de marbre, on l'a célébré ; et puis après, on a intériorisé sa quête, on a donc pu le recréer, l'actualiser, il est devenu une inspiration pour l'avenir, un de nos frères. Pierrot nous dit que durant la première partie du voyage, il a été marqué par l'histoire. Lui-même avait besoin d'entrer dans la démarche : c'est tout un monde qu'il découvrait. Il a senti qu'on avait tous besoin d'être conduits, d'être guidés, d'apprendre, d'où l'importance du père Laure qui nous aiguillait sur la piste par des signes étonnamment tangibles. Puis, au centre, c'est l'événement : notre passage à la Colline-Blanche. Son coup de cœur est le temps de prière en haut de la montagne, le soir de notre arrivée. Tout ce qu'on avait appris nous a permis de mieux vivre la rencontre interreligieuse. L'histoire devenait un point d'appui à notre réflexion, à notre prière et à ce que nous vivions. Et finalement, il voit deux épilogues : la pêche au lac Mistassini, moment très lumineux qui lui a fait penser à la fin de l'Évangile de Jean, et l'arrêt à Lac-Bouchette, où il a senti le parallèle entre la religion catholique et la spiritualité autochtone à travers les deux grottes. Si l'épisode au lac Mistassini était apaisant, celui de Lac-Bouchette a relancé notre quête, l'a élargie. Après quelques secondes de réflexion, il ajoute un autre épilogue : celui du Sentier du bonheur, où il a senti la présence des gens qu'il avait connus jadis et une réelle intégration du religieux dans la beauté de la nature — intégration pensée et construite par des gens de Chibougamau.

Il conclut : « On a fait une expérience qui est d'une densité exceptionnelle, d'une richesse qu'on va devoir chacun approfondir à notre manière. On a osé une parole croyante, catholique, qui se dit de manière respectueuse, mais pas gênée non plus, en communion avec ceux qu'on a rencontrés, ceux pour qui on prie. Il y a des espaces de mort, il y a des combats, il y a toutes sortes de choses, mais il reste qu'il y a de belles traces d'avenir ! »

Et maintenant, quel est notre pouvoir pour faire avancer les choses ? Sur quoi débouche la route sacrée? Je raconte à Jean et à Pierrot ma vision d'une Grande Paix de Montréal actualisée. Ça ne tombe pas dans l'oreille de sourds. Pierrot voit grand: «Et si on organisait une grande réunion des évêques et des chefs spirituels autochtones du Québec pour dire qu'on va prier pour nos nations? Pour travailler à une authentique réconciliation? Si on disait qu'on va prier pour la paix au Québec? Dire "Là, on va travailler ensemble pour l'avenir!" On va inviter tous nos réseaux de poètes – autochtones et non autochtones –, on va aller chercher les jeunes, les forces vives de la jeunesse, on va aller chercher les anciens. On va faire une authentique rencontre, une Grande Paix de Montréal! Il faut tisser des liens, créer des espaces de prière et de dialogue, d'enrichissement. Créer des canaux de communication réguliers.»

La route sacrée nous mènera à la Grande Paix! À suivre… Parce que le monde change. Et tout se tient!

En guise d'épilogue

Un foyer d'espérance

Jean

La route sacrée. C'est ainsi que s'est appelée notre expédition. Il ne pouvait y avoir de titre plus approprié pour ce voyage dont nous avions rêvé, que nous avons pensé et organisé pour finalement le vivre en espérant entre nous la plus grande harmonie. Tous les trois, Isabelle, Pierre-Olivier et moi, nous tenions au « sacré » de nos gestes, de nos dires, de nos écritures comme de notre amitié. Dès l'amorce du projet, dès l'exposition de nos rêveries initiales, nous avons cru qu'il était essentiel de nous situer dans l'esprit même de la sacralité d'une route déjà parcourue par le père Laure, avec ses guides, il y a plus de deux cent cinquante ans. Plus nous avancions dans notre recherche historique, plus nous pressentions que notre expédition allait devenir une manière de pèlerinage, avec tout ce que cela comporte de nécessaires moments sacrés. Les lectures dans lesquelles nous nous sommes immergés, et que nous avons poursuivies tout au long de la route, nous ont souvent ramenés au cœur même de la sacralité du voyage vécu par le père Laure.

La prière n'a jamais été anodine pour affirmer ou raffermir l'aspect sacré de notre périple. Lorsque nous avons chanté, lorsque nous avons discuté pendant des heures, lorsque nous avons canoté, mangé ou ri, une prière a souvent été présente entre nous. Peut-être pas une prière formelle avec les mains jointes et les yeux tournés vers le ciel, mais un chant-prière destiné aux beautés que nous croisions comme au plaisir simple d'être ensemble, alors que nous montions, en nomades, vers le Nord. C'est en état de prière que nous avons gravi la montagne abritant l'Antre de marbre, sur les rives de la Témiscamie. Bien sûr que nous avons prié de manière plus formelle, particulièrement lors de la première soirée, au sommet de la Colline-Blanche, puis le lendemain, dans la grotte elle-même. Mais finalement, tout fut « prière » grâce à l'accompagnement à la fois subtil et intense de Pierre-Olivier.

Nous étions conscients que différents problèmes physiques et matériels auraient pu miner notre voyage. Certaines difficultés auraient même pu être catastrophiques. Nous avons toutefois été chanceux, profitant indéniablement, entre autres, de l'absence des attaques de moustiques. En cette fin d'été sec, même dans un Moyen Nord connu pour sa surabondance en simulies, anophèles, cératopogons et tabanidés, nous n'avons guère été dérangés par les insectes. L'harmonie aurait pu aussi être brisée pour d'autres causes plus « humaines ». Toute expédition comporte son lot de mauvaises surprises associées aux caractères qui parfois s'échauffent à cause de la fatigue et du stress, ou pour d'autres raisons plus obscures et toujours plus graves. Mais le caractère sacré de notre voyage nous importait plus que tout. Cela a sans nul doute contribué à notre entraide mutuelle, à la bonne humeur et à l'harmonie.

Voici un mot qui semble se greffer naturellement aux mots « sacré » et « prière » : harmonie. L'harmonie entre les êtres n'est pas qu'un souhait ou une possibilité ; elle existe, et pas si rarement, bien qu'elle soit souvent en danger d'être brisée. Croire au sacré du monde, à la sacralité des faits et des gestes ne peut que contribuer à un surcroît d'harmonie. Il vaut la peine d'insister sur le mot « harmonie » ; il conditionne le sens ; il donne un sens majeur à toute forme d'existence. Car sans le sens, à quoi bon ? Pourquoi vivre quand le sens s'étiole et finit par se perdre ?

Une grande partie du sens de ce monde dépend des manifestations du sacré qui le fonde et l'anime. Il faut y croire. Cette signification transcendante, qui nous conduit par-delà les travaux et les jours, se joue dans l'invisible. L'essentiel tient à l'immatérialité comme à la spiritualité. Le sens ne se compte pas. Le sens ne se comptabilise pas. Sans la foi en la pertinence de l'existence, grâce au sacré en nous et autour de nous, il n'y a rien. Ou si peu. La vie matérielle, stricte et implacable, avec l'inévitable mort qui hante les esprits et les cœurs, depuis le premier humain qui se leva debout, a totalement besoin de son complément : la vie spirituelle.

Depuis des milliers d'années, la spiritualité humaine a trouvé des voies d'épanouissement grâce au phénomène religieux. Pourtant, que de guerres, que de haines, que de faux pas tragiques à cause des différentes religions. L'humanité du XXIᵉ siècle arrivera-t-elle à créer de nouvelles manières de garder pied dans le sacré sans sombrer dans les diktats, les ordres stricts, les inquisitions nouvelles ou les fatwas sanguinaires ? Osons avoir foi dans le phénomène religieux de qualité. Un christianisme de base intimement soudé à la parole de Jésus dans les Évangiles en est la preuve.

Après les premières décennies du XXIᵉ siècle que nous venons de vivre, convenons que la notion de sacré a plutôt été mise à mal, pas toujours, pas dans toutes les régions, mais dans la plupart des institutions et des pays. Ayons le courage d'avouer que les avancées les plus «progressistes» de l'armée humaine de sept milliards d'individus, sur terre, nous poussent vers un terrible cul-de-sac civilisationnel, et surtout écologique. Cela donne froid dans le dos.

L'histoire des humains de la dernière centaine d'années s'est passée comme si la seule matérialité avait fini par occuper toute la place, reléguant le sacré des choses et des êtres – «l'Âme du monde» – à des zones plus que secondaires. Il y a pour sûr des millions d'individus et de familles qui pressentent l'importance de la parole vraie, de la joie partagée, de la prière osée, et cela dans le pur sacré des rencontres, des soupers joyeux ou des feux de camp. Mais plusieurs grands groupes et bien des gouvernements semblent dirigés par une idée fixe et mondialisée du Capital qui, d'abord, cherche son profit. Et toute conception axée sur le seul profit, même avec d'occasionnelles apparences de générosité, trouve trop souvent son développement en profanant plutôt qu'en sacralisant. D'immenses conglomérats ont comme but d'exploiter les ressources disponibles sur la planète, toutes les ressources, aux dépens même de l'avenir des lieux et des êtres. Est-ce la première fois dans l'Histoire que tant d'humains et d'organisations montrent si peu de souci quant à l'écologie du monde? Peut-être pas. Mais c'est tout de même une première dans notre histoire d'être devenus si nombreux et si techniquement «avancés». Jamais tant de molécules chimiques de fabrication industrielle n'ont été disséminées dans la nature, puis dans le sang de centaines de millions d'êtres humains.

D'où l'extrême importance de reprendre contact avec le mot «sacré». Sacré: concept essentiel pour rester dans ce que Pirsig[1] appelle à juste titre la «Qualité», avec une majuscule. Il ne peut y avoir réelle qualité de vie sans qu'une aura sacrée n'ait été préservée. Et cette préservation passe par la lucidité, même si celle-ci ne peut être qu'éprouvante. Les forces inconscientes, liées à l'instinct de survie, n'ont jamais suffi à promouvoir la sacralité. Les notions d'harmonie, de beauté, d'esthétique et même de grâce passent par une obligatoire sacralisation des faits, des gestes, des choses et des gens.

L'expérience d'écriture en duo avec Isabelle restera l'une de mes plongées créatrices les plus intenses. Mais ce n'est pas d'abord pour moi que j'ai voulu travailler à *La route sacrée*. Bien sûr que j'ai aimé me remémorer toutes les discussions passionnantes qui ont eu lieu pendant notre voyage. Bien sûr que je rêvais de cette expédition. Maintenant que je l'ai racontée, en alternance avec Isabelle et en citant le plus fidèlement les paroles de Pierre-Olivier, je sais que nous avons réussi un bon, un fort bon voyage, une des expéditions les plus légères, les plus festives et les plus harmonieuses de ma vie, grâce à la chance, en partie, mais surtout grâce aux paysages et

1. Robert M. Pirsig, *Traité du zen et de l'entretien des motocyclettes*, Paris, Éditions du Seuil, 1998.

aux gens du pays lui-même, grâce à la nature du Moyen Nord et de la Colline-Blanche, grâce aussi à notre foi en la parole d'amour du Christ. Mais si j'ai accepté de parler d'âme, de spiritualité, de sacré, de religion et même de catholicisme, c'est que je souhaitais écrire à propos de certains des thèmes qui ont été parmi les plus essentiels tout en étant les plus ardus de ma vie.

Seul avec moi-même, en règle générale, je suis bien, surtout lorsque je marche en forêt ou que je descends une rivière en canot, encore plus lorsque je me trouve dans la toundra. Je le dis sans trop d'orgueil, sachant que si les forces de la nature me rassurent et m'inspirent, je conserve une fondamentale angoisse métaphysique, la même qui m'habite depuis l'âge de cinq ans. Si j'ai participé à l'écriture de *La route sacrée*, c'est particulièrement pour partager mes réflexions avec ceux et celles qui n'ont pas encore trente ans. Et aussi pour mes enfants. Parce que je pense que la société, dans laquelle ils évoluent tout en essayant avec bonne volonté de trouver un sens à leur vie, les laisse trop souvent dans un terrible «no man's land» spirituel qui ne peut être que dévastateur. J'ai voulu m'exprimer en sachant pertinemment que plusieurs de mes propos allaient heurter certaines personnes, surtout celles pour qui le mot « religion » est synonyme de délire, de fanatisme ou même de folie collective.

Je n'insiste pas. J'ai écrit pour tenter – oh! minimalement – de rappeler à mes étudiants que leur préoccupation face à l'univers sacré demeure essentielle, condition *sine qua non* à leur bonheur, même dans la souffrance. À voix haute, je dis aux êtres à qui j'aime passionnément enseigner la médecine ou la littérature que les contextes spirituel et religieux sont favorables à l'expression du sacré dans le monde. Comme le disait Pierre-Olivier quand nous étions assis tous les deux sur le même rocher, à la pointe d'Argentenay : « J'ai le goût de croire. » Je prends moi aussi le pari de la foi, non par couardise face à un possible néant qui m'attend, mais parce que le sens de ma vie, comme de tant de vies autour de moi, me paraît reposer sur la non-profanation des choses et des êtres de la nature. Plus j'apprends à prier en canotant ou en écrivant, plus je me rends compte que la prière est nécessaire pour aimer. *La route sacrée* me tient à cœur parce qu'elle servira peut-être à des gars et à des filles de seize ou dix-sept ans qui sont lancés tous azimuts dans les rêveries les plus altruistes.

L'Amour est assurément cause d'harmonie universelle. C'est seulement grâce à l'amour *agapan* – et non simplement l'amour *erôs* (l'amour passion et sexuel) ou l'amour *philia* (l'amitié) ou l'amour *storgê* (l'amour, pour les choses comme pour les êtres) – que je crois que notre âme peut entrer en contact avec l'Âme du monde. C'est ce que j'ai voulu transmettre par le dévoilement de plusieurs aspects de notre expédition. Je souhaite que les êtres d'avenir puissent croire à l'ancrage nécessaire qui existe entre le spirituel, le religieux et le sacré, pour « la suite du monde » – je reprends la belle expression du poète Pierre Perrault –, la suite la plus harmonieuse qui soit.

Mon ami Pierrot, prêtre, est un phare pour notre société. Sa parole résonne avec douceur et force, tout à la fois, malgré les grondements d'un monde qui semble hurler d'une colère mêlée de frissons en cherchant à éviter le vide. «Le monde change», disait-il souvent, un peu à la blague, mais avec sérieux, tout au long de notre petite odyssée. Peut-être... Peut-être que le monde change vraiment, et même pour le mieux.

Tant qu'il y aura une vingtaine d'adolescents qui accepteront de se réunir autour d'un feu de camp, certaines nuits d'automne, pour chanter leur foi en la splendeur du monde, il restera un foyer d'espérance.

Je suis Amériquoise

Isabelle

Tant de choses se sont passées depuis deux ans, depuis que nous sommes revenus de cette expédition. En suis-je d'ailleurs revenue ? Pas tout à fait encore, puisque le travail sur ce livre m'a constamment gardée sur la route, avec mes compagnons. Nos paroles, nos réflexions, nos blagues, je les ai entendues, lues et relues des centaines de fois ! Mais la vie a bel et bien continué elle aussi, et combien d'événements de l'actualité m'ont paru susceptibles d'être discutés dans cet espace de réflexion que nous avions réussi à créer autour de l'identité, de la religion, de l'histoire, des liens avec l'autochtonie, avec le territoire. Si j'ai jadis voulu réaliser mon court métrage *Le prêtre et l'aventurier* parce que je me sentais bombardée d'informations de toutes sortes sur une multitude de causes à défendre, la situation ne s'est pas améliorée ! Le monde s'accélère, le monde consomme de plus en plus, le monde continue de se tirer dessus – souvent pour des raisons religieuses –, le monde fait peine à voir. Mais le monde se mobilise contre les injustices, le monde s'ouvre aux différences, le monde accueille les réfugiés, le monde veut apprendre à méditer, le monde est beau.

Nous avons choisi de dédier notre livre au Québec de demain. Notre pèlerinage l'était aussi – Pierrot l'avait explicitement formulé ainsi au troisième soir de l'expédition. En triant mes notes, voici que je tombe sur une autre de ses citations, que je n'avais pas utilisée, mais qui me semble fort à propos pour continuer de cheminer :

> Une part du Québec s'est construite *avec* les autres et une part du Québec s'est construite *en se foutant* des autres. Notre avenir va être de retrouver une *alliance* avec les autres – pas juste les Indiens. Actuellement, il y a différentes directions : les nostalgiques, qui veulent toujours rester branchés sur l'Europe ; les futuristes, qui ne jurent que par la Chine ; les continentaux, qui veulent juste vivre des États-Unis ; et il y aurait les nordistes – qui ne sont pas les plus forts à l'heure actuelle. Mais on pourrait imaginer une société qui aurait une originalité incroyable si elle arrivait à un partenariat authentique Blancs-Indiens. Est-ce que ça ne pourrait pas même être une des missions du Québec en Amérique ? D'être signe et servant d'un partenariat qui pourrait aider d'autres peuples ailleurs en Amérique et dans le monde ?

Pour en arriver à une alliance, à une Grande Paix, pour guérir les plaies du passé, chacun de nous doit tout d'abord apprendre à lutter en son for intérieur contre l'inespoir. Comment entrer dans une vraie dynamique de ré-espérance, comme le disait Pierrot, et ainsi contester l'arrogance du nihilisme ambiant ? Tel est sans doute le questionnement qui s'est le plus imprégné en moi à travers cette aventure. La ré-espérance est différente de l'espérance en ce qu'elle considère ce qui pourrait amener à désespérer. Le regard du ré-espérant se veut lucide, le plus lucide possible. La ré-espérance est plus complexe à cultiver, mais a peut-être plus de goût encore que l'espérance. Cela dit, nous avons besoin de cultiver les deux. Il y a des temps d'espérance, plus profondément intérieurs, et des temps de ré-espérance, plus combatifs. Et il y a aussi des temps de doute, de jachère, de nuit obscure. Nous avons tellement besoin de l'espérance – et de la ré-espérance – des autres!

À l'été 2015, mon frère et sa blonde, heureux parents de la petite Romie, m'ont demandé d'écrire un poème pour le baptême de celle-ci. Je me suis prêtée au jeu avec plaisir et émotion, réalisant que grâce à Romie, c'est un peu de mon propre sang qui se métisse au sang innu, puisque sa grand-mère maternelle est innue. Il vaut la peine de souligner par ailleurs que Romie est la petite-nièce de Ronald Bacon, « notre » Ronald, du Peuple de la loutre, et la petite-petite-nièce-de-la-fesse-gauche – les liens familiaux sont un peu difficiles à démêler – de Joséphine Bacon, « notre » poète de *La route sacrée*, celle que nous avons citée le plus souvent. En ce qui me concerne, cette toute petite fille est le plus émouvant personnage du Québec de demain, celui qui m'inspire et me donne le goût de la ré-espérance.

Lors de la réception suivant le baptême, à quelques centaines de mètres du lieu où nous avions inauguré *La route sacrée* – soit la tombe de mon père –, mon poème a été lu en français par la marraine de Romie et en innu par sa *kukum* (grand-mère). Quelque chose de la boucle était bouclé. Il me semble que cet événement, survenu près d'un an jour pour jour après l'expédition, constitue le meilleur épilogue possible à la quête amorcée dans *La route sacrée*. Jean le répète souvent: la métisserie est notre meilleur avenir. Je suis touchée que mon frère et sa blonde aient choisi de faire baptiser leur enfant. Les vieux sacrements ont encore leur place dans le Nouveau Monde!

Poème pour Romie

Isabelle

Tu nages encore dans la rivière de ta naissance,
petite loutre de beau temps,
gigoteuse, marsouineuse, rêveuse.

Quand tes yeux croisent nos yeux,
nous sommes si émus :
te voilà déjà dans ta vie de femme,
ta vie d'enfant de Dieu.

Que s'ouvrent tes mains sur les premières neiges,
ce qui transforme le paysage
et nous transforme aussi.

Que ta quête te mène au cœur du monde : forêts,
villes, déserts,
dans les campes, les tentes, les grands hôtels,
les tropiques –
qu'elle te mène jusque chez nous, jusque chez toi.

Que fleurissent tes secrets :
ton beau rire de fille heureuse,

ta joie de fille arc-en-ciel, de fille louve,
le sourire qui appelle nos propres sourires.

Nous dirons la beauté de tes lignages et métissages :
quand tout devient sombre, quand tout s'éclaire,
ton sang est la plus grande alliance,
le plus puissant avenir,
le meilleur fruit de la terre Amérique.

Grâce à toi, nous existons tous plus fort.

Or il y a un épilogue à cet épilogue. J'ai eu l'occasion depuis ce temps de montrer à Joséphine des photos de Romie et de la famille, lors d'un voyage que nous avons fait ensemble pour la sortie du livre *Femmes rapaillées*, lui lançant en souriant: «On est de la même famille maintenant!» Elle a souri elle aussi. Ce qui n'était qu'une blague fait progressivement son chemin en moi. Cette métisserie me concerne.

Je reste parfois songeuse devant les Indiens qui prennent la parole aujourd'hui – des poètes, des chanteurs, des politiciens –, montrant leur fierté d'être Autochtones. La plupart ont un parent autochtone et un parent non autochtone, mais ce qui ressort de l'identité qu'ils revendiquent, qu'ils célèbrent, qu'ils mettent de l'avant, c'est presque toujours ce qui vient de l'autochtonie. Et je les comprends tellement! Qu'est-ce que la «non-autochtonie» a à offrir? Qu'il est fatigant d'être désigné comme non-Autochtone! Qui veut être un non-Quelque-chose, un non-Quoique-ce-soit? Jean m'avait déjà fait part de sa propre indignation à ce sujet[1]: à force de vivre des projets rassemblant Autochtones et non-Autochtones, il est devenu allergique à cette appellation. À mon tour de ressentir le même agacement.

La question cependant n'est pas que sémantique. De toute évidence, à force d'être immergé dans la culture

---

1. Il en parle d'ailleurs dans *L'esprit du Nord*, plus précisément dans le texte intitulé «Comment nous appelons-nous?».

occidentale, on perd de vue ses spécificités, ses qualités. Comme si les élans de fierté autochtone me rame-
naient à toutes les raisons de ne pas être fière de ce que
je suis. Ou est-ce plutôt que cette affirmation de soi me
confronte au fait que je ne sais pas très bien qui je suis?
La «majorité culturelle» (par opposition aux «minorités
culturelles») au Canada, c'est tout et rien à la fois.

J'ai été profondément touchée en lisant un texte
écrit par Stéphanie Lapointe, une jeune poète de Québec
qui travaille sur un livre de poésie avec des Innus, à
Pessamit. À l'occasion du 21 juin, journée nationale des
Autochtones, elle écrivait sur sa page Facebook:

> Un matin, en relisant mes textes, je me suis rendu
> compte que j'avais écrit un poème en me positionnant
> comme Métisse, c'est-à-dire comme un individu issu
> de la rencontre entre les Européens et les Autochtones.
> Ce jour-là, j'ai pris conscience que je n'étais plus une
> Blanche s'inspirant d'une autre culture pour écrire un
> livre, mais une Métisse en train de tomber de sa chaise
> en s'apercevant dans le miroir[2].

Je remercie Stéphanie qui en nommant sa propre
métisserie ouvre de nouvelles voies pour continuer à for-
ger nos identités. Il n'est pas ici question d'arbre généalogique (bien que la plupart des Québécois comptent
des ancêtres autochtones), mais d'un état d'être, d'un
état d'esprit.

---

2. Lien Internet: www.facebook.com/stephanie.lapointe.33/posts/
10154212657267246 (Page consultée le 4 septembre 2016). Reproduit avec l'aimable autorisation de l'auteure.

La route sacrée m'a amenée sur notre terre, sur nos rivières, à la suite d'ancêtres nés ici et d'ancêtres venus de France – et du monde entier. Quand je réussis à me détacher des débats actuels (notamment sur l'appropriation culturelle) et des questions sémantiques, quand je me concentre sur ma propre poésie intérieure, sur mon identité, je sens bien que mon âme est métisse. Je le dirais plus fort si je ne craignais d'être mal comprise, mal perçue. Jamais je ne voudrais empiéter sur la prise de parole des Autochtones, jamais je ne revendiquerai de privilèges financiers, territoriaux ou politiques. Je parle simplement de mon âme, qui n'est pas « blanche », pas « française », pas « autochtone », ni surtout « allochtone », ni vraiment « canadienne » ou même « québécoise ». Au sortir de *La route sacrée*, il me semble que le mot qui réunit toutes ces identités serait peut-être « amériquois » : habitant de l'Amériquoisie[3], soit un mélange d'« américain » et d'« Iroquoisie » – comme *Québékoisie*. Je suis Amériquoise. Est Amériquois celui qui pressent que son origine relève de l'univers mental et idéel de l'Amérique du Nord, toutes races confondues.

Nous sommes plus multiples que nous avons tendance à le croire, plus riches. Ainsi la route sacrée se poursuit-elle grâce à chacun de nous, dans la multiplication des chemins pour arriver jusqu'à soi-même et, de là, jusqu'à l'autre et, peut-être, jusqu'au Tshishe Manitu.

---

3. Le dernier essai de Jean Désy, publié chez Mémoire d'encrier, s'intitule d'ailleurs *Amériquoisie*. Lui et moi avons évoqué plusieurs titres avant de reconnaître que celui-là s'imposait.

Postface

Pierre-Olivier Tremblay

Quel bonheur de me plonger dans le récit de notre joyeuse expédition de l'été 2014!

Vivre cette route sacrée fut pour moi un don inestimable. Je n'aurais pu imaginer mieux: toutes les circonstances qui ont entouré ce voyage ont été favorables. La lecture de notre aventure m'a donc tout simplement ravi. Je suis convaincu que chaque expérience que l'on vit mérite d'être relue, intégrée, approfondie: ce travail personnel – puisqu'il s'agit bien d'un travail, parfois même très exigeant – en vaut la peine. Le récit, fait avec tant de talent par mes deux amis écrivains, donne saveur, relief, perspective, luminosité à ce que nous avons vécu ensemble, en plus d'une profondeur incroyable. Je leur en suis vraiment reconnaissant!

Je suis touché et gêné par la gentillesse dont ils font preuve à mon endroit dans ce livre. De mon côté, j'ai vécu les onze jours du voyage dans un sentiment de sérénité, de joie profonde. J'ai contribué à l'expérience avec mon humour, ma foi, ma réflexion sur la religion, la société, l'histoire – et quelques notes de musique. Je me suis senti tout petit devant des univers que je découvre encore. Comme j'ai été enrichi par la sagesse et l'expérience de mes compagnons de route! Leur amour des Autochtones, de la poésie, de la nature, du Nord, sans oublier le rire, le chant, le canot et bien plus encore – tout cela continue de me nourrir et de m'inspirer plusieurs mois plus tard.

Aujourd'hui, avec le recul, je suis encore tout à fait convaincu de la pertinence et de l'audace du projet. Comment, dans notre Québec sécularisé, oser une parole croyante à la fois contemporaine et enracinée dans notre histoire, convaincue et humble en même temps, qui ne soit ni monologue ni prêche moralisateur ou doctrinaire? *La route sacrée*, me semble-t-il, en montre un fort bel exemple. Pourrons-nous un jour parler de notre pays, de notre passé et de notre avenir avec un cœur pacifié, une écoute sincère et une bienveillance mutuelle? Avec confiance? Comme je souhaite qu'au Québec nous puissions enfin, collectivement, «prendre le temps de faire la paix avec quelques souffrances», comme le chante Kevin Parent. Personnellement, j'y crois et j'y travaille.

Je suis, depuis peu, recteur au sanctuaire Notre-Dame-du-Cap. J'y rencontre des gens qui viennent de partout, en recherche, en quête, en marche. Je vois ici la force de toute entreprise de pèlerinage, d'expédition, quelles que soient les croyances ou les valeurs qui l'accompagnent. La démarche des pèlerins d'aujourd'hui – et de demain – n'est pas si différente de celle du père Laure ni de celle de tant d'autres dans le passé. Cela me réjouit.

Pour ma part, j'ai le goût de croire, j'ai le goût d'espérer. Je veux continuer à nager dans les rivières, les lacs et même le fleuve Saint-Laurent, continuer à marcher sur les sentiers, les rues et les boulevards, partout, sur la route sacrée.

Nos plus vifs remerciements...

À ceux que nous avons rencontrés tout au long de cette route, qui nous ont accueillis, hébergés, nourris, inspirés, accompagnés par la pensée et la prière. À Éric Fortier qui nous a aidés à réfléchir au blogue et à le bâtir. À Louis-Edmond Hamelin, mentor et guide. À Jean-Benoît Cantin pour son amitié et tous ses conseils mécaniques. À Geneviève Allard, Geneviève Boudreau, André Carpentier, Denis Boivin, France Ducasse, Anne Saint-Gelais, Wim Dombret, Andrée Levesque-Sioui, Pierre Lussier, Mélanie Carrier, Olivier Higgins, François Prévost, Yasmina Lahlou et Valérie Roberge-Dion, pour les nombreuses discussions qui ont éclairé un pan ou l'autre de notre chemin. À Katy Roy qui nous a convaincus de faire un livre. À Ouanessa Younsi qui nous a lus. Aux gens des Éditions XYZ, en particulier à Pascal Genêt, pour son ouverture et son enthousiasme devant notre route sacrée. À tous ceux qui par l'intermédiaire de notre blogue ou de notre page Facebook ont réagi à nos propos, même silencieusement...

Repères bibliographiques

Monographies et articles

Acquelin, José et Joséphine Bacon, *Nous sommes tous des sauvages,* postface de Louis Hamelin, Montréal, Mémoire d'encrier, 2011.

Aubert, Nicole, *Le culte de l'urgence. La société malade du temps,* Paris, Flammarion, 2003.

Bacon, Joséphine, *Bâtons à message/*Tshissinuatshitakana, Montréal, Mémoire d'encrier, 2009.

Béchard, Deni Ellis et Natasha Kanapé Fontaine, *Kuei, je te salue,* Montréal, Écosociété, 2016.

Bédard, Jean, *Maître Eckhart,* Paris, Stock, 1998.

Blake, William, *Le mariage du Ciel et de l'Enfer,* Paris, José Corti, 1998.

Bobin, Christian, *Le Très-Bas,* Paris, Gallimard, 1995.

Bouchard, Serge, *C'était au temps des mammouths laineux,* Montréal, Boréal, 2012.

Bouchard, Serge et Marie-Christine Lévesque, *Elles ont fait l'Amérique. De remarquables oubliés,* tome 1, Montréal, Lux Éditeur, 2011.

———, *Ils ont couru l'Amérique. De remarquables oubliés,* tome 2, Montréal, Lux Éditeur, 2014.

Boudreau, Geneviève, *Le regard est une longue montée,* Montréal, Éditions de l'Hexagone, 2015.

Boyden, Joseph, *Dans le grand cercle du monde,* Paris, Albin Michel, coll. «Terres d'Amérique», 2014.

————, *Louis Riel et Gabriel Dumont*, Montréal, Boréal, 2011.

BRÉBEUF, Jean de, *Écrits en Huronie*, Montréal, Bibliothèque québécoise, 1996.

BULIARD, Roger, *Inuk «Au dos de la Terre!»*, Paris, Éditions O.P.E.R.A, 1974.

CARPENTIER, André, *Mendiant de l'infini*, Montréal, Boréal, 2002.

CLÉMENT, Daniel, *Le bestiaire innu. Les quadrupèdes*, Québec, Presses de l'Université Laval, 2012.

DÉSY, Jean, *La Baie-James des uns et des autres/Eeyou Istchee*, en collaboration avec François Huot, Québec, Productions FH, 2010.

————, *L'esprit du Nord*, Montréal, Éditions XYZ, 2010.

————, *Isuma*, Montréal, Mémoire d'encrier, 2013.

————, *La nordicité du Québec*, réalisé en collaboration avec Daniel Chartier et Louis-Edmond Hamelin, Québec, Presses de l'Université du Québec, 2014.

FONTAINE, Naomi, Kuessipan/*À toi*, Montréal, Mémoire d'encrier, 2011.

FORTIER, Éric, *Cahiers de fonds de tiroir*, [inédit], 2013.

GIRARD, Fabien, *Secrets de plantes 1 et 2*, Chicoutimi, Éditions JCL, 2008 et 2013.

GIRARD, René, *La violence et le sacré*, Paris, Grasset, 1972.

HACKETT FISCHER, David, *Le rêve de Champlain*, Montréal, Boréal, coll. «Boréal Compact», 2012.

HAMELIN, Louis, *Betsi Larousse ou l'ineffable eccéité de la loutre*, Montréal, Éditions XYZ, 1994.

HAMELIN, Louis-Edmond, *L'âme de la Terre. Parcours d'un géographe,* Québec, Éditions MultiMondes, 2006.

———, *L'Ouitchchouap du Tchiché Manitou, comme patrimoine* [inédit].

———, «La Colline-Blanche au nord-est de Mistassini. Géomorphologie et sciences humaines», *Travaux,* n° 6, Centre d'études nordiques, 1964 (en collaboration avec Benoît Dumont).

HÉBERT, Alain, *Norditude ou L'appel des Grands Jardins,* [s.n.], 2000.

HÉMON, Louis, *Maria Chapdelaine,* Montréal, Boréal, 1981.

HESSE, Hermann, *Le jeu des perles de verre,* Paris, Éditions Calmann-Lévy, 1991.

JOVENAU, Alexis, «*Eka takushameshkui*: Ne mets pas tes raquettes sur les miennes», *Histoire Québec,* vol. 15, n° 1, 2009.

KANAPÉ FONTAINE, Natasha, *N'entre pas dans mon âme avec tes chaussures,* Montréal, Mémoire d'encrier, 2012.

LAO-TSEU, *Tao-tö King,* (Stance XI), Paris, Gallimard, 2003.

LAPOINTE, Maryse, *Dieu dans tous ses états!,* Montréal, Stanké, 1999.

LAURE, Pierre-Michel, *Mission du Saguenay/Relation inédite du R.P. Pierre Laure, S.J., 1720 à 1730,* colligé par P. Arthur E. Jones, Montréal, Archives du collège Sainte-Marie, 1889.

LUSSIER, Pierre, *Promenade dans les pensées d'un peintre,* Anjou, Fides, 2014.

Maltais-Landry, Aude, *Récits de Nutashkuan: la création d'une réserve indienne en territoire innu* (mémoire de maîtrise), Montréal, Université Concordia, 2014.

Mestokosho, Rita et Jean Désy, Uashtessiu/*Lumière d'automne,* Montréal, Mémoire d'encrier, 2010.

Miron, Gaston, *L'homme rapaillé,* Montréal, Éditions de l'Hexagone, 1994.

Morali, Laure, Aimititau!/*Parlons-nous!* (textes rassemblés et présentés par Laure Morali), Montréal, Mémoire d'encrier, 2008.

Nepveu, Pierre, *Les verbes majeurs,* Montréal, Éditions du Noroît, 2009.

Pape François, *Loué sois-tu: lettre encyclique* Laudato si' *sur la sauvegarde de la maison commune,* Montréal, Médiaspaul, 2015.

Perrault, Pierre, *Toutes isles,* Montréal, Éditions de l'Hexagone, 1990.

———, *Le mal du Nord,* Hull, Éditions Vents d'Ouest, 1999.

Pessoa, Fernando, *Le gardeur de troupeaux* (et autres poèmes d'Alberto Caeiro, avec *Poésie* d'Alvaro de Campos), Paris, Gallimard, 1997.

Pirsig, Robert M., *Traité du zen et de l'entretien des motocyclettes,* Paris, Éditions du Seuil, 1998.

Poulin, Jacques, *Volkswagen Blues,* Montréal, Éditions Québec Amérique, 1989.

———, *Les grandes marées,* Montréal, Bibliothèque québécoise, 1990.

Proulx, Monique, *Ce qu'il reste de moi,* Montréal, Boréal, 2015.

PROVENCHER, Paul, *Le dernier des coureurs de bois,* Montréal, Éditions de l'Homme, 1974.

RIGAL, Jean, *L'Église en quête d'avenir. Réflexions et propositions pour des temps nouveaux,* Paris, Cerf, 2003.

RILKE, Rainer Maria, *Les Cahiers de Malte Laurids Brigge,* Trad. de l'allemand par Maurice Betz, Paris, Seuil, 1966; Points, 1995.

RIMBAUD, Arthur, *Poésies – Une saison en enfer – Illuminations,* Paris, Gallimard, 1984.

ROY, Gabrielle, *La montagne secrète,* Montréal, Boréal, 1994.

SAINT-DENYS GARNEAU, Hector de, *Regards et jeux dans l'espace,* Montréal, Bibliothèque québécoise, 1993.

SALES, François de, *Œuvres complètes,* tome 3, Paris, Éditions Albanel et Martin, 1839.

SCHMITT, Éric-Emmanuel, *La nuit de feu,* Paris, Albin Michel, 2015.

SIOUI, George E., *Pour une autohistoire amérindienne. Essai sur les fondements d'une morale sociale,* Québec, Presses de l'Université Laval, 1989.

TAYLOR, Charles, *L'âge séculier,* Montréal, Boréal, 2011.

TEILHARD DE CHARDIN, Pierre, *La messe sur le monde,* Paris, Éditions du Seuil, 1965.

THIBODEAU, Serge Patrice, *Sous la banquise,* Montréal, Éditions du Noroît, 2013.

THOREAU, Henry David, *Walden ou la vie dans les bois,* Paris, Aubier, 1967.

VADEBONCŒUR, Pierre, *Le bonheur excessif,* Montréal, Bellarmin, 1992.

VANIER, Jean, *Toute personne est une histoire sacrée,* Paris, Plon, 1994.

WHITE, Kenneth, *La figure du dehors,* Paris, Grasset, 1981.

———, *Le plateau de l'albatros,* Paris Grasset, 1984.

Carte

LAURE, Pierre-Michel (1688-1738). Cartographie. *Carte du domaine du roy en Canada, 1731/par le père Laure, jésuite missionnaire,* 1731. Source: Bibliothèque nationale de France.

Discographie

DESJARDINS, Richard, *Les derniers humains,* Foukinik, 1988-1992.

SAINTE-MARIE, Chloé, *Parle-moi,* DGC disques, 2005.

Vidéos

BERESFORD, Bruce, Black Robe *(Robe noire),* Australie et Canada, 1991, drame, [1 h 41 min].

CARRIER, Mélanie et Olivier HIGGINS, *Québékoisie,* Möfilms, Canada, 2014, documentaire, [1 h 20 min].

———, *Rencontre,* Möfilms, Canada, 2011, documentaire, [52 min].

DURIVAGE, David-Étienne, *Le peuple perdu,* Dizifilms, 2013 [projet].

DUVAL, Isabelle, *Le prêtre et l'aventurier,* Vidéo Femmes, Canada, 2010, documentaire, [10 min 30 s].

JOFFÉ, Roland, The Mission *(La Mission),* Royaume-Uni, 1986, drame, [2 h 06 min].

PERRAULT, Pierre, *Le goût de la farine,* Office national du film, Canada, 1977, documentaire, [108 min].

BIBLIOGRAPHIE

POLIQUIN, Carole et Yvan DUBUC, *L'empreinte,* Isca Productions, Canada, 2015, documentaire, [86 min].

TREMBLAY, Guillaume, *L'heureux naufrage,* Ovizion, Canada, 2014, documentaire, [47 min].

Table des matières

Suivez-nous :

Achevé d'imprimer en janvier deux mille dix-sept
sur les presses de Marquis-Gagné,
Louiseville, Québec